全国高速铁路客运乘务专业规划教材

总主编 鄢向荣

高铁乘务
服务心理学

GAOTIE
CHENGWU
FUWU XINLIXUE

朱艳 主编
钟瑶 卢恬 副主编

旅游教育出版社
·北京·

策　　划：刘彦会
责任编辑：何　丹

图书在版编目（CIP）数据

高铁乘务服务心理学 / 朱艳主编. -- 北京：旅游教育出版社，2020.6（2021.8重印）
　全国高速铁路客运乘务专业规划教材
　ISBN 978-7-5637-4113-7

Ⅰ. ①高… Ⅱ. ①朱… Ⅲ. ①高速动车－旅客运输－客运服务－商业心理学－高等职业教育－教材 Ⅳ. ①U293.3-05

中国版本图书馆CIP数据核字(2020)第100615号

全国高速铁路客运乘务专业规划教材

高铁乘务服务心理学

朱艳　主编

钟瑶　卢恬　副主编

出版单位	旅游教育出版社
地　　址	北京市朝阳区定福庄南里1号
邮　　编	100024
发行电话	（010）65778403　65728372　65767462（传真）
本社网址	www.tepcb.com
E - mail	tepfx@163.com
排版单位	北京旅教文化传播有限公司
印刷单位	三河市灵山芝兰印刷有限公司
经销单位	新华书店
开　　本	720毫米 × 960毫米　1/16
印　　张	17
字　　数	223千字
版　　次	2020年6月第1版
印　　次	2021年8月第2次印刷
定　　价	36.00元

（图书如有装订差错请与发行部联系）

全国高速铁路客运乘务专业规划教材编委会

主　任：

鄢向荣

编　委：（排名不分先后）

苏　枫	门利娟	舒　忠	黄　芹	王兆杰
粟艾华	刘海田	王亚娟	谢　芳	罗　想
张言纯	罗　敏	邓　妍	谢曼丽	朱淑靖
刘亚琼	马国平	默刘娜	苏　健	高　琳
孙　琳	林　健	朱　艳	钟　瑶	卢　恬
康思超	欧阳剑	陈　曦	胡家莹	赵　倩
陈春梅	张　姝	蓝　穆	胡凤群	

前 言

根据《中长期铁路网规划》：中国高速铁路网由所有设计速度每小时 250 千米以上新线和部分经改造后设计速度达到每小时 200 千米以上的既有线铁路共同组成。至 2019 年底，我国高速铁路营业总里程已达到 3.5 万千米，居世界第一。2019 年我国高铁动车组发送旅客量增长 14.1%，为全国铁路客运量增速的 2 倍左右，截至 2019 年末高铁客运量占比提升至 64.1%，取代普客成为主要铁路客运方式。随着高速铁路旅客运输的发展，旅客运输服务面临着巨大的考验。要做好高铁旅客服务工作，服务人员必须了解、把握旅客的消费心理，如感知觉、情绪情感、态度、需要、个性等与其行为之间的关系；同时也要把握好自身的心理和行为的特点，培养良好的心理素质和职业素养。因此，这就要求高速铁路客运服务从业人员学习和掌握心理学方面的相关知识，将心理学与客运服务工作有机结合起来。正是在这种背景下，结合编写组成员在心理学这门课程教学中总结出来的经验，结合学生从事高铁乘务、客运服务等岗位的工作需要，我们编写了这本教材，以期对高速铁路客运乘务专业以及其他现代服务类专业学生的学习和工作有所启迪和帮助。

本书在借鉴前人研究成果的基础上，紧密结合专业特点和铁路旅客运输行业的特征，注重知识的系统性、针对性和应用性。在内容选取上，注重理论联系实际；在结构安排上，注重引发学生的主动思考；在编写体系上，穿插"拓展知识""小故事"等板块，形式活泼新颖。

全书共分为五篇、十一章。第一篇为绪论；第二篇为高铁旅客消费心理，包括旅客消费知觉、旅客旅行的消费需要、旅客动机、旅客情绪情感、旅客个性与态度几章内容；第三篇为高铁乘务服务心理，包括高铁乘务客我角色与交往心理，高铁乘务客运服务心理，高铁服务中的冲突、投诉与应急心理；第四篇为高铁乘务管理心理；第五篇为高铁服务人员心理健康。

本书由江西环境工程职业学院朱艳任主编，钟瑶、卢恬任副主编。朱艳承担了全书的总体设计、组织稿件、修改定稿及第一章、第二章、第八章、第九章、第十章、第十一章的撰写工作。钟瑶承担了第五章、第六章、第七章的编写任务；卢恬承担了第三章、第四章的编写任务。在教材编写过程中，参阅了国内外旅客运输心理学、民航服务心理学、旅游心理学、酒店服务心理学、管理心理学、消费心理学、服务心理学等领域的一些教材或著作，并引用了其中的相关资料，在此谨向这些文献的作者致以诚挚的谢意。

由于时间仓促和水平有限，本书在编写中还存在许多不足，希望能得到广大学生、老师及专业人士的批评和建议，以期不断改进。

编 者

2020 年 6 月

目 录
Contents

第一篇 绪 论

第一章 高铁乘务服务心理学概述 ·· 3
   第一节 心理学概述 ·· 5
   第二节 高铁乘务服务心理学 ·· 19

第二篇 高铁旅客消费心理

第二章 旅客消费知觉 ·· 35
   第一节 旅客感觉 ·· 37
   第二节 旅客知觉 ·· 41
   第三节 旅客知觉的影响因素 ·· 48
   第四节 旅客消费知觉与消费行为 ··································· 56

第三章 旅客旅行的消费需要 ··· 63
   第一节 旅客需要概述 ··· 65
   第二节 旅客消费需要的多样化 ····································· 70
   第三节 旅客的消费需要与对策 ····································· 73

第四章 旅客动机 ··· 77
   第一节 旅客动机概述 ··· 79
   第二节 旅客动机与旅游行为 ·· 84

第三节　旅客动机的影响因素 ································· 86

　　第四节　旅客动机的激发 ····································· 89

第五章　旅客情绪情感 ··· 93

　　第一节　旅客情绪情感概述 ··································· 95

　　第二节　旅客情绪情感与旅途行为 ···························· 105

　　第三节　旅客情绪情感与高铁乘务服务 ························ 107

第六章　旅客个性与态度 ·· 119

　　第一节　个性概述 ··· 121

　　第二节　态度概述 ··· 135

　　第三节　高铁服务个性要求与旅客个性化服务 ·················· 144

第三篇　高铁乘务服务心理

第七章　高铁乘务客我角色与交往心理 ································ 155

　　第一节　客我角色心理 ····································· 157

　　第二节　客我交往心理与服务 ······························· 158

第八章　高铁乘务客运服务心理 ······································ 165

　　第一节　旅客旅行心理 ····································· 167

　　第二节　客运服务主要岗位服务心理与策略 ···················· 181

第九章　高铁乘务服务中的冲突、投诉与应急心理 ······················ 193

　　第一节　高铁乘务服务中的冲突、投诉心理与服务 ·············· 195

　　第二节　高铁乘务服务中的应急心理与服务 ···················· 204

第四篇　高铁乘务管理心理

第十章　高铁乘务管理心理 ……………………………………… 215
第一节　领导行为 ………………………………………………… 217
第二节　激励行为 ………………………………………………… 227

第五篇　高铁服务人员心理健康

第十一章　高铁服务人员心理健康 ……………………………… 243
第一节　高铁服务人员心理健康及保健 ………………………… 245
第二节　高铁服务人员心理挫折的防御与调节 ………………… 251
第三节　高铁服务人员职业倦怠的预防与调节 ………………… 256

参考文献 ……………………………………………………………… 262

第一篇

绪 论

第一章
高铁乘务服务心理学概述

引言

进入21世纪，高铁的发展进入高峰期，运输市场的竞争也越来越激烈，旅客对服务质量和服务者的素质要求也越来越高。高铁乘务服务心理学是以与高铁运输活动相关的人作为研究对象，既研究人的心理活动规律，又研究人的行为规律。本章从心理学的产生和发展入手，引出心理学的含义、研究内容和研究方法；阐述高铁乘务服务心理学的含义、研究对象、研究内容；明确学习和研究高铁乘务服务心理学的重要意义。

学习目标

1. 知识目标

了解"心理学"的含义、研究内容、研究方法；理解心理的实质；掌握"高铁乘务服务心理学"的含义、研究对象、研究内容；明确高铁乘务服务心理学研究的意义。

2. 技能目标

深刻理解心理的本质特征，为高铁乘务服务工作打好基础。

第一章

■学習日標

1. 知識目標

2. 能力目標

第一节 心理学概述

一、心理学的产生和发展

（一）心理学的产生

心理学是一门古老而又年轻的学科。在心理学成为独立学科以前，有关"知识""观念""心""心灵""意识""欲望"和"人性"等心理学的问题，一直是古代哲学家、教育家、文学家、艺术家和医生们共同关心的问题。例如公元前4世纪，古希腊哲学家亚里士多德就著有《论灵魂》一书，柏拉图也提出了关于记忆的"蜡板假说"。我国春秋战国时代的孟子、荀子提出了"性善论""性恶论"等关于人性的观点。在西方，从文艺复兴到19世纪中叶，人的心理特性一直都是哲学家研究的对象，英国的培根、霍布斯、洛克等人以及18世纪末法国的百科全书派思想家都试图纠正中古时代被神学歪曲的心理学思想。

直到19世纪初叶，德国哲学家、教育家赫尔巴特首次提出心理学是一门科学。19世纪中叶，由于生产力的进一步发展，自然科学取得了长足的进步，科学逐渐在人们的头脑中树立威信，心理学开始摆脱哲学的一般讨论转向具体问题的研究。这种时代背景为心理学成为一门独立的学科奠定了基础。

1874年，德国著名心理学家、生理学家威廉·冯特出版了心理学教科书——《生理心理学原理》，他在序言里宣称："要建立一个新的科学领域"，因此冯特也被称为"心理学之父"。1879年，他又在莱比锡大学建立了世界上第一个心理学实验室，用自然科学的实验方法研究心理学。此后的十余年，美国各大学纷纷仿效此举，建立起数十座心理学实验室。不久，在1892年，斯坦利·霍尔建立了美国心理学会。截至1900年，美国已经有超过40个心理学实验室。

● 拓展知识

威廉·冯特

威廉·冯特（Wilhelm Wundt，1832—1920），德国生理学家、心理学家、哲学家，被公认为"实验心理学之父"。1879年他在莱比锡大学创立了世界上第一个专门研究心理学的实验室，这是心理学成为一门独立学科的标志。他学识渊博，研究领域涉及心理学、生理学、哲学、物理学、逻辑学、语言学、伦理学、宗教等。

1832年8月16日，冯特出生在德国巴登地区曼海姆市的内卡劳镇，父亲是一位教会牧师。4岁时他和家人一起搬到了巴登地区中部的海德尔斯海姆镇，在那里他度过了自己的童年。1845年，冯特在父母的安排下进入布鲁赫萨尔高中学习，然而胆小、腼腆的冯特没有适应那里的环境，学习成绩特别差。于是冯特的父母把他送到海德堡的姑母家，他开始在那里上大学预科。在海德堡期间，冯特变得开朗了很多，结识了一些朋友，并积极参加课外活动，但是学习还是很平常。1851年，冯特进入图宾根大学，一年后他转入到海德堡大学学医。在海德堡大学期间，冯特学习特别努力。有一次为了研究食盐对身体的影响，他连续几天控制食盐的摄入量，直到身体出现代谢紊乱。基于这次研究，他发表了自己的第一篇论文《谈尿液中的氯化钠》。1855年，冯特参加了医师执业资格考试，他在各科考试里都名列前茅。1856年，冯特到柏林大学跟约翰尼斯·彼得·穆勒和埃米尔·杜波依斯学习生理学。同年，他从海德堡大学医学系毕业，取得博士学位，并取得了该校讲师资格。

1857年，冯特开始在海德堡大学开设实验生理学课程。次年，赫尔曼·冯·亥姆霍兹来到海德堡大学担任生理研究所教授，冯特成为他的实验室助手。1862年，冯特开设了"自然科学的心理学"课程，并第一次提出"实验心理学"一词。在这个课程中他使用自然科学的实验方法和神经生理学的研究成果来研究心理学。1874年，《生理心理学原理》出版，这是第一本专门以心理学为内容的教材。在书中，冯特把关于心理实验的结果整理成为一个系统，研究了人的心理活动：感觉、情感、意志、知觉和思维。

1875年，冯特被莱比锡大学聘为哲学教授，此后一直生活在莱比锡。

> 1879年12月，冯特在大学里创建了世界上第一个心理学实验室。起初学校并不太支持这个实验室的运行，但是冯特的课越来越受欢迎，实验室也从开始的一个单间发展到11个房间再到一栋独立的楼。除此之外，冯特还创办了《哲学研究》杂志，这也是第一个专业的实验心理学的杂志。
>
> 1917年，冯特从教学岗位退休，3年后他在莱比锡附近的大博滕去世，享年88岁。同年，他花费了20年时间完成的十卷巨著《民族心理学》全部出版。

（二）心理学的发展

继1879年心理学产生以后，现代心理学已有100多年的历史，心理学的研究取得了很大的进展，人们对自身心理活动的规律已经有了深刻的认识，并且能够利用心理活动的规律去指导实践活动，人类的内心已不再是神秘而不可捉摸的了。如今，心理学已形成一个由主干学科和众多分支学科所构成的庞大体系。例如普通心理学、社会心理学、教育心理学、管理心理学、消费心理学、旅游心理学、广告心理学等，并且随着实践的发展还会出现更多，高铁乘务服务心理学就是这个学科体系新的一员。

从19世纪末到20世纪二三十年代，是心理学派别林立的时期，其中最具代表性的有构造主义、机能主义、行为主义、格式塔心理学和精神分析学派。各学派在研究对象、研究领域和方法以及对心理现象的理解等方面都存在着尖锐的分歧，但每个派别都从一个侧面丰富和发展了心理学的宝库。

第二次世界大战后心理学得到了迅速的发展，原来占统治地位的传统心理学（如精神分析、行为主义等）受到猛烈的冲击，新的心理学思潮相继产生。这些思潮不是以学派的形式出现，而是作为一种范式、一种潮流、一种发展方向去影响心理学的各个领域。门户之间的对峙缓和下来，学科中的整合趋势加强了。具有代表性的研究方向有：生理心理学、行为主义、心理分析、认知心理和人本主义心理学等。

在中国，现代心理学开始于清代末年改革教育制度、创办新式学校的时期。在当时的师范学校里首先开设了心理学课程，用的教材多是从国外翻译过来的。1907年王国维从英文版重译丹麦霍夫丁所著的《心理学概论》。

1918年陈大齐所著的《心理学大纲》出版，这是中国最早以心理学命名的书籍。1917年北京大学建立心理学实验室，1920年南京高等师范学校建立中国第一个心理学系。这时，构造心理学、行为主义心理学、格式塔心理学、精神分析等都被介绍到中国来，中国也开始有了自己的心理学研究。中华人民共和国成立后，1951年便成立了中国科学院心理研究所，几所大学和各师范院校也都设立了心理学专业和教研室。

几十年来，心理学获得了迅速的发展，其中一个值得注意的特点是，心理学各派之间的争论已经不再激烈，而是趋向求同存异，它们之间的区别正在缩小。这种在心理学对象、方法问题上争论的减弱，表明心理学作为一门学科已逐渐走上了成熟的道路。

【小知识】

心理学的三大派别

在心理学的发展史上，精神分析学派、行为主义、人本主义心理学影响最大。

1. 精神分析学派

弗洛伊德是精神分析学派的代表人物。精神分析学派主要着重于精神分析和治疗。它是弗洛伊德在毕生的精神医疗实践中，通过对人的病态心理的无数次总结而成的。弗洛伊德精神分析学说的最大特点，就是强调人本能的、自然性的一面，并首次阐述了无意识的作用，开辟了潜意识研究的新领域，肯定了非理性因素在行为中的作用；同时它还重视对人格的研究。

2. 行为主义

华生、斯金纳是行为主义的代表人物。

行为主义是美国现代心理学的主要流派之一，也是对西方心理学影响最大的流派之一。它常常被区分为旧行为主义和新行为主义。旧行为主义的代表人物是华生。新行为主义的代表人物则为斯金纳。

华生认为人类的行为都是后天习得的，环境决定了一个人的行为模式，无论是正常的行为还是病态的行为，都是经过学习而获得的，也可以通过学习而更改、增加或消除。他认为找到了环境刺激与行为反应之间的规律性关系，就能根据刺激预知反应，或根据反应推断刺激，达到预测并控制动物和人的行为的目的。

斯金纳认为心理学所关心的是可以观察到的外表的行为，而不是行为的内部机制。他认为科学必须在自然科学的范围内进行研究，其任务就是要确定实验者控制的刺激与有机体反应之间的函数关系。

无论哪种行为主义，主要观点都是认为心理学不应该研究意识，只应该研究行为，把行为与意识完全对立起来。在研究方法上，行为主义主张采用客观的实验方法，而不是内省法。

3. 人本主义

马斯洛、罗杰斯是人本主义的代表人物。

马斯洛认为人类行为的心理驱力是人的需要，他将其分为五个层次，由下而上依次是生理需要、安全需要、归属和爱的需要、尊重需要、自我实现需要。

罗杰斯则让人领悟自己的本性，不再倚重外来的价值观念，让人重新信赖、依靠机体估价过程来处理经验，消除外界环境通过内化而强加给人的价值观，让人可以自由表达自己的思想和感情，由自己的意志来决定自己的行为，掌握自己的命运，修复被破坏的自我实现潜力，促进个性的健康发展。

人本主义反对将人的心理低俗化、动物化的倾向，反对仅仅以病态人作为研究对象、把人看为本能牺牲品的精神分析学派，也反对把人看作物理的、化学的、客体的行为主义学派。主张研究对人类进步富有意义的问题，关心人的价值和尊严。

二、"心理学"的含义与研究内容

（一）含义

"心理学"（Psychology）一词来源于西方哲学，希腊文中"Psyche"的意思是关于灵魂的科学。灵魂在希腊文中也有"气体"或"呼吸"的意思，因为古代人们认为生命依赖于呼吸，呼吸停止，生命就完结。在汉语中，"心理"一词中的"心"，是指"心思""心意"，而"理"，是指"条理""准则"。从字面上来看，"心理"就是心思、思想、理念等的总称。

直到19世纪初，德国哲学家、教育学家赫尔巴特才首次提出心理学是一门学科。而原先，心理学、教育学都同属于哲学的范畴，后来才各自从哲学的襁褓中分离出来。科学的心理学不仅要对心理现象进行描述，更要对心理现象进行说明，从而揭示其发生发展的规律。

心理学是一门研究人类及动物的心理现象发生、发展规律的科学，是包括了心理现象、精神功能和行为的科学。它既是一门理论学科，也是应用学科，包括了理论心理学与应用心理学两大领域。

心理学的研究涉及知觉、认知、情绪、人格、行为和人际关系等许多领域，也与日常生活的许多领域——家庭、教育、健康等发生关联。心理学一方面尝试用大脑运作来解释个人基本的行为与心理机能，同时，心理学也尝试解释个人心理机能在社会行为与社会动力中的角色；同时它也与神经科学、医学、生物学等学科相关，因为这些学科所探讨的生理作用会影响个人的心智。

（二）研究内容

心理学的研究对象是心理现象，又称心理活动，简称"心理"（mind），即我们非常熟悉且随时会接触到、感受到的精神现象。心理活动无时无刻不在，人的一切活动都伴随着心理现象的发生发展。

人的心理活动包括两方面的内容。

1. 心理过程

心理过程包括认识过程、情感过程和意志过程，反映了正常个体心理现象的共同性。

认识过程即认知过程，是个体在实践活动中对认知信息的接受、编码、贮存、提取和适用的心理过程。它主要包括感觉、知觉、记忆、想象、思维、语言等。

情感过程是个体在实践活动中对事物的态度的体验。情感也是人对客观事物的反映，但不是对客观事物的属性、特性的反映，而是对客观事物与人的需要之间关系的反映。这种反映以态度体验的形式表现出来。

意志过程是个体自觉地确定目标，并根据目的调节支配自身的行动，克服困难，以实现预期目标的心理过程。意志活动的三个特点是：自觉确定行动目的；与克服困难、战胜挫折相联系；对行动起激励或克制作用。

以上三种过程不是彼此孤立的，而是相互联系、相互作用构成个体有机统一的心理过程的三个不同方面。

2. 个性心理

个性心理是一个人在社会生活实践中形成的相对稳定的各种心理现象的总和。包括个性倾向性和个性心理特征，反映了人的心理现象的个别性一面。

个性倾向性是推动人进行活动的动力系统，它反映了人对周围世界的趋向和追求。个性倾向性主要包括需要、动机、兴趣、理想、信念、价值观和世界观等。

个性心理特征是个人身上经常表现出来的、本质的、稳定的心理特征，主要包括气质、性格和能力。人在认识和改造客观世界的过程中，都呈现出各自不同于他人的特点，即个人的心理过程都表现出或多或少、或大或小的差异，这种差异既与人的先天素质有关，又与人的后天学习和生活经验有关。

心理过程和个性心理都是心理学的研究对象。简言之，心理学是研究心理过程和个性心理规律的科学，是人类为了认识自身而研究自身的一门基础科学。

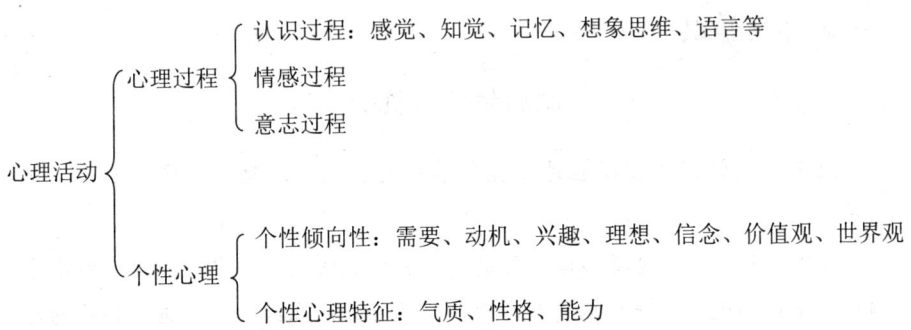

心理过程和个性心理这两个方面是有密切联系的。一方面个性心理经由心理过程形成，并在心理过程中表现出来。如人的认识能力就是在长期认识过程中形成和发展的，而且也只有在认识事物的过程中，才能表现出人的认识能力的强弱。另一方面已经形成的个性心理对人的心理过程起到制约作用。比如气质、能力、性格等都直接影响个人对事物的认识结果。总之，表现在人身上的各种心理现象都不是孤立存在的，而是相互依存、相互作用而形成的一个整体。正因如此，我们要全面深入地了解人的心理，就必须把心理过程和个性心理结合起来进行研究。

三、心理的实质

学习心理学首先应该明确心理是怎样产生的,我们称之为"心理的实质"。心理的实质是:心理是脑的机能,任何心理活动都产生于脑,即心理活动是脑的高级机能的表现;心理是对客观现实的主观反映,即所有心理活动的内容都来源于外界环境,心理是外界事物在脑中的主观能动的反映,心理活动会进一步影响到身体机能。

(一)心理是脑的机能

唯心主义认为,心理是灵魂和精神,它是人出生就随之而来的,是虚无缥缈的。古代唯物主义反对这一观点,认为心理的产生必然有物质为依托,那就是心脏。现代心理学继承和发展了唯物史观,得出的结论是:人的心理是客观现实在人脑中的主观映象。客观现实、社会实践是产生人的心理的决定因素,而人脑是产生人的心理的必要条件和主要器官,它影响着人对客观现实的反映和人的主观能动性的发展。

● **拓展知识**

脑的结构与机能

脑是高级神经中枢所在地,控制着人的感觉、运动、语言、情感、思维等。

大脑又称端脑,是脊椎动物脑的高级神经系统的主要部分,由左右半球组成,是控制运动、产生感觉及实现高级脑功能的高级神经中枢。脊椎动物的端脑在胚胎时是神经管头端薄壁的膨起部分,以后发展成大脑两半球,主要包括大脑皮层和基底核两部分。大脑皮层是覆盖在端脑表面的灰质,主要由神经元的胞体构成。皮层的深部由神经纤维形成的髓质或白质构成。髓质中又有灰质团块,即基底核,纹状体是其中的主要部分。

间脑由丘脑与下丘脑构成。丘脑与大脑皮层、脑干、小脑、脊髓等联络,来自外界感觉器官的输入信息均通过丘脑导向大脑皮层,从而产生视觉、听觉、触觉、味觉等,对控制睡眠和觉醒有着重要意义。下丘脑主要调节"植物性神经",与保持身体恒常性、控制自律神经系统等相关。

> 小脑位于大脑半球后方，覆盖在脑桥及延髓上，横跨在中脑和延髓之间。小脑主要是协助大脑维持身体的平衡与协调动作。
>
> 脑干是脑的一部分，位于大脑的下面，脑干的延髓部分下连脊髓，呈不规则的柱状形。脑干由延髓、脑桥、中脑三部分组成。脑干的功能主要是维持个体生命，包括心跳、呼吸、消化、体温、睡眠等重要生理功能。

（二）心理是脑对客观现实的主观反映

人脑是心理产生的物质器官，而心理的内容必须从客观存在的自然环境与人的社会生活实践中来。所以说，心理是客观现实在人脑中的反映。

一方面，客观现实是人的心理活动内容的源泉。就是说，人脑产生的心理现象是离不开客观现实的，人的大脑好像是个"加工厂"，客观现实便是原材料，人的心理活动，不论简单还是复杂，其内容都来源于客观存在的事物。

另一方面，社会生活实践对人的心理起制约作用。就是说，没有人的社会生活实践，仅有健全的大脑也不会产生正常的心理。例如，山东人刘连仁，日本侵略中国时他被当作劳工抓往日本，因为忍受不了牛马生活和毒打折磨，毅然逃进了深山老林，足足过了十多年的野人生活。由于他昼伏夜出，完全与世隔绝，结果智力减退，就连语言也基本忘光了，并失去了作为人的一些习性。1958年他从日本返回祖国时，心理状态已经很不正常，在现实社会环境中又经历了相当长的适应过程后，才逐渐恢复了正常人的心理状态。

此外，人的心理是一种主观反映。不同世界观的人，对同样的客观现实，会有不同的反映。人能积极主动地认识客观世界的本质和规律，并据此去改造客观世界。

由此可见，人的心理是人脑对客观现实的主观反映，人类社会的生活环境则是人的心理产生和发展的决定性因素。

【小故事】

狼孩的故事

1920年，传教士辛格在印度加尔各答西南的一个小城附近，从狼窝里救出了两个小女孩，小的约 2 岁，大的约 8 岁。她们用四肢行走，用两手和膝盖着地休息，只舔食流质的东西，吃扔在地板上的生肉。她们害怕强光，但夜间视觉敏锐。每到晚上她们就嚎叫，并竭力寻找出路，以便逃回丛林。总之，完全是狼的习性。辛格对她们悉心照顾，想恢复她们的人类习性，但收效甚微。在被送到孤儿院后，小的很快就死了，大的一直活到 1929 年，人们为她取名"卡玛拉"。刚到孤儿院时，卡玛拉的智力只相当于 6 个月婴儿的水平，两年后她才学会站立，4 年后才学会 6 个单词，6 年后学会了直立行走。此外，还学会了用手吃饭，用杯子喝水等。这个例子充分说明，尽管卡玛拉是人类的孩子，具备产生人的心理的物质条件——人脑，但是由于她从小生活在动物世界里，没有参与人的社会实践活动，因此她不具备人的心理意识。最终，在卡玛拉 17 岁临死时，她的智力仍然只相当于正常的 4 岁儿童的智力水平。

（汪红烨，王立新，杜红梅. 旅游心理学［M］. 上海：上海交通大学出版社，2011.）

四、心理学的研究方法

心理学是一门边缘学科，其研究方法兼有自然科学和社会科学两方面的特点。同时，心理学的研究对象是有思想、有情感的人，而人的行为和心理现象又是复杂多样的，因此心理学的研究方法既有自身的特点又存在一定的不精确性，但是这并不影响它的科学性和有效性。心理学常用的研究方法有观察法、调查法、实验法、测量法等。

（一）观察法

观察法是指在自然情况下，有计划、有目的、有系统地直接观察被研究者的外部表现，了解其心理活动，进而分析其心理活动规律的一种方法。观察者一般利用眼睛、耳朵等感觉器官去感知观察对象。但是由于人的感觉器官具有一定的局限性，因此观察者往往也要借助各种现代化的仪器和手段，如照相机、录音机、显微录像机等。

观察法是在自然条件下对被观察者的行为进行的直接观察，这种方法的优点是保持了被观察者心理活动的自然性和客观性，获得的材料真实、可靠，甚至能收集到一些非常细腻的材料。观察法因自身属性和各种条件的影响，也存在明显的不足之处，主要表现在观察者处于被动地位，在自然条件下事件的发生具有偶然性，因而观察到的材料也具有一定的偶然性，观察的结果难以进行检验和验证；同时由于对条件未加以控制，观察时可能出现不需要研究的现象，而要研究的现象却没有出现。此外，观察法操作看似简单，但是对运作者的要求较高，否则容易出现"各取所需"的现象，也就是观察的结果受到观察者本人的兴趣、愿望、知识经验和观察技能的影响。

为了使观察法达到较好的效果，必须注意以下几个问题：

所有的观察一定要有明确的目的和周密的计划；

观察者不能干涉被观察者的正常活动；

观察者应善于捕捉和记录所观察的各种现象。

【小故事】

陈鹤琴观察日记

陈鹤琴是我国著名儿童教育家、儿童心理学家，也是现代幼儿教育的奠基人。

1920年12月26日凌晨陈教授的儿子出生了，望着儿子，初为人父的他来不及激动，便拿着相机对襁褓中的婴儿连连拍照，然后用钢笔在本子上记录下婴儿从出生那一刻起的每一个反应：2秒后儿子开始大哭，延续10分钟后，就是间歇地哭，45分钟后儿子的哭声才停止，后来儿子连续打了6次哈欠，渐渐地睡着了。

此后两年多的时间他对自己儿子的成长发育过程进行了连续观察，并用文字和照片详细记录了下来，材料累积了十余本。他还将自己的观察记录与研究心得编成讲义，在课堂上开设儿童心理学课程。有时，他还会将活泼可爱的儿子抱来课堂做示范，使单调的心理学课程变得十分生动有趣。

在中国，陈鹤琴是最早将观察实验方法运用于研究儿童身心发展规律的教育家。他的专著《儿童心理之研究》于1925年出版，这是中国第一本儿童心理学研究的专著。

（二）调查法

指研究者以所要研究的问题为范围，预先拟定一些问题，让受调查者自由表达态度或者意见，间接了解被调查者心理和行为的一种方法。运用调查法，调查者必须清楚了解所要调查的课题，明确调查的目的和要求，确定调查对象，拟定调查内容、方法和步骤。对调查过程中可能出现的情况和遇到的问题，要有预见。此外，还必须设法使调查对象说真话，反映实际情况。

调查法的途径和方法是多种多样的，最常用的调查法有访谈法、问卷法等。

1. 访谈法

访谈法是研究人员通过与被调查者直接交谈，来探测被调查者的心理状态的研究方法。访谈调查时，研究者与被调查对象面对面交流，针对性强，灵活且真实可靠，便于深入了解人或事件的多种因素的内部原因，但访谈法比较花费人力和时间，调查范围比较窄。

访谈的形式可以是多种多样的，可以是个别访谈，与被调查者逐个谈话；也可以是集体访谈，即以座谈会的形式展开访谈。还可以是非正式或正式访谈。非正式访谈不必详细设计访谈问题，可根据实际情况自由展开，而正式访谈则应有预先的较完善的计划，按部就班地进行。

运用访谈法时，既要根据谈话的目的，保持主要谈话问题的基本内容和方向，也要根据被调查者的回答来对谈话内容进行适当调整，更要善于发现被调查者的顾虑或思想动态来进行有效的引导，还必须注意在整个谈话过程中营造一种无拘无束、轻松愉快的良好气氛。

2. 问卷法

问卷法是通过被调查者填写事先拟定好的表格、问题等形式来研究其心理的一种方法。问卷法大多采用邮寄、网上答题或者发放问卷等方式进行，同一时间可以调查很多人。一般来讲，问卷法比访谈法要更详细、完整和易于控制。问卷法的优点在于标准化和成本低。

问卷法是以设计好的问卷工具进行调查，问卷的设计要求规范化和可计量。问卷一般由卷首语、问题与回答方式、编码和其他资料四个部分组成。卷首语是问卷调查的自我介绍部分，包括调查的目的、意义、主要内容，选择被调查者的途径和方法，对被调查者的希望和要求，填写问卷的说明，回复问卷的方式和时间，调查的匿名和保密原则，以及调查者的名称等。为了能引起被调查者的重视和兴趣，争取被调查者的合作和支持，卷首语的语气要谦虚、诚恳、平易近人，文字要简明、通俗、有可读性。问题与回答方式是问卷的主要组成部分，一般包括调查的问题、回答问题的方式以及对回答方式的指导和说明等。编码就是对每一份问卷、问卷中的每一个问题和每一个答案都编定一个唯一的代码，并以此为依据对问卷进行数据处理。其他资料包括问卷名称、被调查者的地址或单位、调查员姓名、调查开始时间和结束时间、调查完成情况、审核员姓名和审核意见等。这些资料是对问卷进行审核和分析的重要依据。此外，有的自填式问卷还有一个结束语，通常是简短的几句话，对被调查者表示感谢，也可稍长一点，顺便征询一下对问卷设计和问卷调查的看法。

问卷法要求被调查者回复明确，表达准确、实事求是。对得到的材料进行仔细的数量和质量分析，可以确定人们的心理倾向、反映人们在心理方面的某些感受，是研究人的心理状态的常用方法。

（三）实验法

实验法是指有目的地控制一定的条件或创设一定的情境，人为地引起某些心理活动，从而对它进行研究的一种方法。在实验中，研究者可以积极干预被试的活动，创造某些条件使某种心理现象产生。因此，实验法较之观察法的优点在于研究者可以主动地引起他要研究的心理现象，而不是被动地等待某种心理现象的出现。但是实验法的研究设计和操作难度比观察法大，对设施设备要求较高，所需人力物力也较多，因而需要花费的代价比较大。

实验法有实验室实验法和自然实验法两种形式。

实验室实验法是指在实验室内利用一定的设施，控制一定的条件，并借助专门的实验仪器进行研究的一种方法。这种方法便于严格控制各种因素，并通过专门仪器进行测试和记录实验数据，一般具有较高的可信度。通常多用于研究心理过程和某些心理活动的生理机制等问题。

自然实验法是指在日常生活等自然条件下，有目的、有计划地创设和控制一定的条件，给研究对象的心理活动一定的刺激或诱导，从而进行研究的一种方法。自然实验法比较接近人的生活实际，易于实施，又兼有实验法和观察法的优点，所以这种方法被广泛用于研究教育心理学、儿童心理学和社会心理学的大量课题。

> **● 相关链接**
>
> ### 美国地铁里的小实验
>
> 　　约夏·贝尔是世界上最伟大的音乐家之一。2007年一个寒冷的上午，他在美国华盛顿特区地铁站里用一把价值350万美元的小提琴演奏了6首巴赫的作品，共演奏了45分钟左右。在他前面的地上，放着一顶口子朝上的帽子。人们认为这就是一位街头艺人，没人知道，这位在地铁里卖艺的小提琴手就是大名鼎鼎的约夏·贝尔。
>
> 　　在约夏·贝尔演奏的45分钟里，大约有2000人从这个地铁站经过。开始后大约3分钟，一位有音乐修养的中年男子，放慢了脚步，甚至停了几秒钟听了一下，然后又急匆匆继续赶路。4分钟之后，一位女士把一块钱丢到了帽子里，没有停留，继续往前走。6分钟之后，一位小伙子靠在墙上倾听他的演奏，然后看看手表，又开始往前走。10分钟时，一位3岁的小男孩停了下来，但他妈妈使劲拉扯着他匆匆忙忙地离去。到了45分钟时，约有20人给了钱，只有6个人停下来听了一会儿。约夏·贝尔总共收到32美元。要知道，两天前，约夏·贝尔在波士顿一家剧院的演出，所有门票都被抢购一空，想要坐在剧院里聆听他的演奏，平均要花200美元。
>
> 　　其实，约夏·贝尔在地铁里的演奏，是《华盛顿邮报》主办的关于感知、品位和人的优先选择的社会实验的一部分。
>
> 　　实验的结果告诉我们：当世界上最好的音乐家，用世界上最美的乐器来演奏世界上最优秀的音乐时，如果我们连停留倾听都做不到，那么，在我们匆匆而过的人生中，我们又会错过多少其他东西呢？

（四）测量法

　　测量法是采用标准化的心理测验量表或精密的测验仪器来测量被试有关心理品质的一种研究方法。心理学研究成果表明，通过一些心理测试量表，可以测试出被试的相关心理品质，这种方法被称为"心理测验"，是测量法中的重要方法。心理测验按内容可分为智力测验、成就测验、态度测验、人格测验；按形式可分为文字测验和非文字测验；按规模可分为个别测验和团体测验。这一方法往往用在对从业人员的心理测试上，用以研究员工的心理品质与服务行为的关系，对研究管理心理学具有积极作用。

第二节　高铁乘务服务心理学

一、服务与服务心理

（一）服务概述

1. "服务"的定义

几乎每一个人对"服务"一词都不会陌生，但如果要回答"什么是服务"，相信没有几个人能说得清楚。"服务"也和"管理"一样，很多学者都给它下过定义。但由于它是看不到、摸不着的东西，而且应用的范围越来越广，难以简单概括，所以直到今天，还没有一个权威的定义能为人们所普遍接受。

"服务"在古代是"侍候，服侍"的意思，随着时代的发展，"服务"被不断赋予新意，如今，"服务"已成为整个社会不可或缺的人际关系的基础。社会学意义上的"服务"，是指为别人或集体的利益而工作或为某种事业而工作。经济学意义上的"服务"，是指以等价交换的形式，为满足企业、公共团体或其他社会公众的需要而提供的劳务活动，它通常与有形的产品联系在一起。

1960年，美国市场营销协会（AMA）最先给"服务"下的定义为："用于出售或者是同产品连在一起进行出售的活动、利益或满足感。"这一定义在此后的很多年里一直被人们广泛采用。

1974年，斯坦通（Stanton）指出："服务是一种特殊的无形活动。它向顾客或工业用户提供所需的满足感，它与其他产品销售和其他服务并无必然联系。"

1983年，莱特南（Lehtinen）认为："服务是与某个中介人或机器设备相互作用并为消费者提供满足的一种或一系列活动。"

1990年，格鲁诺斯（Gronroos）给"服务"下的定义是："服务是以无形的方式，在顾客与服务职员、有形资源等产品或服务系统之间发生的，可以解决顾客问题的一种或一系列行为。"当代市场营销学泰斗菲利普·科特勒（Philip Kotler）下的定义是："一方提供给另一方的不可感知且不导致任何所有权转移的活动或利益，它在本质上是无形的，它的生产可能与实际产品有关，也可能无关。"我们也可以这样来理解服务：服务就是本着诚恳的态度，为别人着想，为别人提供方便或帮助。

综上所述，我们认为，"服务"就是指为他人做事，并使他人从中受益的一种有偿或无偿的活动，它不以实物形式而以提供劳务的形式满足他人的某种特殊需要。

2.服务的特征

服务是一种无形产品，具有四种基本特征。

（1）无形性

商品和服务之间最基本的，也是最常被提到的区别是服务的无形性，因为服务是由一系列活动所组成的过程，而不是实物，这个过程中我们不能像感觉有形商品那样看到、感觉到或者触摸到服务。对于大多数服务来说，购买服务并不等于拥有其所有权，如航空公司为乘客提供服务，但这并不意味着乘客拥有了飞机上的座位。

（2）异质性

服务是由人表现出来的一系列行动，而且员工所提供的服务通常是顾客眼中的服务，由于没有两个完全一样的员工，也没有两个完全一样的顾客，那么就没有两种完全一致的服务。

服务的异质性主要是由于员工和顾客之间的相互作用以及伴随这一过程的所有变化因素所导致的，它也导致了服务质量取决于服务提供商不能完全控制的许多因素，如顾客对其需求的清楚表达的能力、员工满足这些需求的能力和意愿、其他顾客的到来以及顾客对服务的需求程度。由于这些因素，服务提供商无法确定服务是否按照原来的计划和宣传的那样提供给顾客，有时候服务也可能会由中间商提供，那更加大了服务的异质性，因为从顾客的角度来讲，这些中间商提供的服务仍代表服务提供商。

（3）生产和消费的同步性

大多数商品是先生产，然后存储、销售和消费，大部分的服务却是先销售，然后同时进行生产和消费。

这通常意味着服务生产的时候，顾客是在现场的，而且会观察甚至参加到生产过程中来。有些服务是很多顾客共同消费的，即同一个服务由大量消费者同时分享，比如一场音乐会，这也说明了在服务的生产过程中，顾客之间往往会有相互作用，因而会影响彼此的体验。

服务生产和消费的同步性使服务难以进行大规模的生产，服务不太可能通过集中化来获得显著的规模经济效应，问题顾客（扰乱服务流程的人）会在服务提供过程中给自己和他人造成麻烦，并降低自己或者其他顾客的感知满意度。另外，服务生产和消费的同步性要求顾客和服务人员都必须了解整个服务的传递过程。

（4）易逝性

指服务具有不能被储存、转售或者退回的特性。比如一个有100个座位的列车车厢，如果在某天只有80个旅客，它不可能将剩余的20个座位储存起来留待下趟列车销售；一个咨询师提供的咨询也无法退货，无法重新咨询或者转让给他人。

由于服务无法储存和运输，服务分销渠道的结构与性质和有形产品差异很大，充分利用生产能力、对需求进行预测并制定有创造性的计划，成了重要和富于挑战性的决策问题。而且由于服务无法像有形产品一样可以被退回，服务组织必须制定强有力的补救策略，以弥补服务失误，尽管咨询师糟糕的咨询没法退回，但是咨询企业可以通过更换咨询师来重拾顾客的信心。

（二）**服务心理**

1. 心理学与服务

心理学以人的心理活动为研究对象，它不仅能帮助人们认识世界，还能够帮助人们预测和调节心理活动和行为。服务产品的生产经营过程与人的活动密不可分，不论是服务提供者的生产过程，还是顾客的消费过程都离不开心理学所关注的领域，服务环境、服务产品、企业广告、经营策划、服务艺术等无不与心理学密切相关。

（1）心理学与服务环境

心理学认为，人的情感是由周围环境刺激引起的，除了人的行为会引发情感变化外，外界环境如空间、温度、气味、声音、色彩等都会引起人情绪情感的变化。例如，空间宽敞，使人心情舒畅，空间狭小，往往给人一种压抑的感觉；温度适宜，使人心情平静，温度过高，则会使人烦躁不安；噪声使人心情烦躁，悦耳的音乐则会使人心情愉悦。此外，颜色也会影响人的情绪情感，红色令人兴奋，蓝色让人沉静，绿色使人安静。因此企业应据此来创造适合消费者的服务环境。

（2）心理学与服务产品

顾客的需求是获得满意的商品和服务。顾客在购买商品和服务时首先关注的就是商品和服务的价值。而随着消费水平的提高，顾客在购买商品和服务时，所关注的往往不仅仅是它的价值，还有要满足其他方面的需要，如心理上的满足感、受尊重感等，了解顾客的心理需求是提供优质商品和服务的前提条件。

【小故事】

超越芭比的"丑娃娃"

十多年前，老板拉里恩开办了一家小小的玩具娃娃公司，并为他的娃娃取了一个很可爱的名字：Bratz。

拉里恩的朋友都说他疯了，因为在玩具娃娃当中，已经有个完美经典之作——芭比！芭比娃娃以高贵典雅著称，在人们的心目中芭比就像公主一般完美。果然，拉里恩的 Bratz 娃娃一生产出来就被积压在仓库里无人问津，两个月后，他就暂时关闭了工厂。

一个周末的清晨，他独自一人拿起陈列在书房里的 Bratz 娃娃陷入深思，这时他七岁的孩子走了进来，在玩耍的时候，孩子不小心将几滴墨水溅到了 Bratz 的脸上，可让人意外的是，他的孩子反而开心地抱起 Bratz 走到镜子前哈哈大笑起来。拉里恩奇怪极了，孩子平时并不喜欢这个陈列在家的娃娃，可为什么它的脸上一有瑕疵，孩子反而喜欢了？

"你不觉得她和我很像吗？看她那一脸的雀斑，真可爱！"孩子指着Bratz脸上的墨水污渍说。

"雀斑？"拉里恩细细看去，发现孩子说得确实很形象，娃娃脸上的墨水污点果真像极了孩子脸上的雀斑。拉里恩豁然开朗，他大胆地想：太完美的形象容易给人一种不真实的感觉，瑕疵的出现却使这些娃娃成了人们身边切实存在的朋友或者他们自己？拉里恩这样一想，顿时一阵激动。

不久，拉里恩打造了一个有5位成员的娃娃系列，娃娃们肤色各异，来自不同种族，着装前卫，热力四射。最特别的是，拉里恩有意识地在娃娃们的脸上制造了一些雀斑，让人们一看到就觉得耳目一新，同时其平民化的特点也得到了消费者的认同。在当年圣诞节礼物的销售市场中，Bratz娃娃一举击败芭比，排名时装玩偶第一，受欢迎程度震惊了整个玩具业。

后来经过十年的发展，拉里恩的Bratz成了世界上最受欢迎的玩具娃娃之一，美国《时代》杂志评价说："拉里恩创造了一个不可思议的奇迹——用瑕疵超越了完美的经典！"

（3）心理学与企业广告

广告作为一种促销手段，为顾客提供商品和服务信息，为顾客的消费活动提供方便。从心理学的角度来讲，广告的最终目的是吸引消费者的注意。而要引起消费者的注意：一是要迎合消费者的某种兴趣，能激起消费者心理上的某种感应；二是必须满足消费者的某种需要。

【小故事】

旅游广告要"对症下药"

为了开拓英国旅游市场，美国曾对英国人进行调查。询问他们在决定去美国旅游时，考虑的最重要的因素是什么？英国人的回答是："费用"。根据这一调查结果，美国人在英国开展了大规模广告宣传："去美国旅游的费用，要比你们想象得便宜，一天只要15美元，就能游览美国。"按照这个推广计划，理应有成千上万的英国人去美国旅游，但是事与愿违，广告只吸引了数百名游客。问题出在哪里呢？美国旅游部门决定对英国人的心理进行深层次的调查，结果显示：英国人表面上在乎的是费用，但实际上他们真正害怕的是在美国可能看到的那些东西——高耸入云的摩天大楼、复杂的高速公路网、令人毛骨悚然且没有感情的消费经济。更令他们担忧的是英国正步美国后尘，宁静的生活正在遭到破坏，几年或几十年后，英国也许会变得和美国一样。在深知英国人的旅游心理后，美国改变宣传内容，大力宣传科罗拉多大峡谷、黄石公园、尼亚加拉大瀑布、夏威夷热带海洋等独特、优美的自然风光，这种宣传一下子就吸引了大量的英国旅游者。

（张国宪.旅游心理学［M］.合肥：合肥工业大学出版社，2008.）

（4）心理学与经营策划

企业在经营活动中要努力打造自己的品牌，要不断去拓展市场份额，就离不开经营策划。而每一个成功的策划都必须知己知彼，既要了解企业自身的资源优势，又要了解不断变化的市场需求，还要了解不断变化的顾客心理，尤其是要注意顾客已经形成的心理定式。

【小故事】

"康师傅"方便面的由来

1988年，28岁的魏应行，带着家族重托，揣着股东股本寻找合适的投资项目。他先后建立了制油、制蛋酥卷的工厂，但这两者均由于价格过高，而当时老百姓的收入有限，市场很难打开。到了1992年，魏应行所带的全部资产几乎都赔了进去。

有一次，魏应行去外地出差，返回北京要坐18个小时的火车。在列车上他拿出了从中国台湾带来的方便面，冲泡后香味四散，人们都说这方便面怎么这么香，他又把方便面分给大家吃，都说很好吃。魏应行想，既然大家这么喜欢，为什么不能生产方便面呢？

经过调查，魏应行发现当时市场上的方便面，两极分化严重：一种是价格低廉，品质较差的方便面。几角钱一包，一泡就软了，而且包装简陋，又不注重宣传，十几年如一日一个模样。另一种是价格昂贵、品质较高的进口方便面，价格都在5元、10元钱一包，普通老百姓消费不起，多在宾馆和机场销售。魏应行认为，在高价位及低价位中间，应该有个中价位市场，因此，他决定进军方便面市场。

目标定好后，他又想到要给方便面取一个消费者都喜欢的名字。通过调查，他发现"师傅"这个词使用频率很高，给人一种亲切的感觉。尤其在饮食行业，"师傅"往往让人联想到"大厨"，会使人产生一种信任感和好感。而"康"字与人们所追求的"小康""健康""安康"相关，于是他决定把方便面定名为"康师傅"。

终于，1992年8月21日，第一袋康师傅方便面上市了。它品质精良、汤料香浓，而且它还有一个很有亲和力的名字——"康师傅"。自此，"康师傅"方便面香飘各地。

（5）心理学与服务艺术

顾客到商场购物，他们希望得到的不仅是称心如意的商品，还希望得到心理上的满足，这种满足感往往会进一步提升顾客的消费欲望。为了使顾客达到这种心理上的满足感，企业服务工作应做到"自然式的"售前服务、熟练而正确的售中服务，周到而温馨的售后服务。

2. 服务心理

服务心理就是在服务过程中，服务者与被服务者所具有的心理特点和由此产生的心理活动。服务者能否正确认识自己的工作性质、是否尊重并热爱这份工作、工作是否积极主动；被服务者在选择服务项目和接受服务时会有怎样的心理倾向和个性特征等，这些都是服务心理所要关注的内容。服务工作中时时刻刻都要与人进行沟通，因此必须要以人为本，努力了解人的各种心理特点和心理规律，在此基础上才能提高服务技能，更好地满足服务对象的需求。

二、高铁乘务服务心理学

（一）含义

"高铁乘务服务心理学"是为满足高铁旅客的服务需要，为其提供优质的、令人满意的服务而研究高铁旅客及高铁服务人员的心理活动及其变化规律的科学。

高铁乘务服务心理学属于应用心理学范畴。在高铁乘务服务心理学的理论构建过程中,既要关注旅客和高铁从业者的一般心理特征和行为规律,又要尤其重视铁路运输活动中旅客和铁路从业者以某种形式表现出来的心理现象和行为规律。

俗话说,没有十全十美的产品,但有百分之百的服务。如今,市场的竞争越来越激烈,企业对服务的重视程度越来越高,提升服务品质,已经不仅是提升企业竞争力的重要手段,而且已经成为决定现代企业成败的关键因素。正所谓"一流的企业卖服务,二流的企业卖产品"。为客户提供持续的优质服务是促进高铁运输企业发展的一把利器,是打造高铁核心竞争力的重要内容。

(二)研究对象

高铁乘务服务心理学属于心理学的一个分支,是心理学基本理论和方法在服务领域的应用与发展。

高铁乘务服务心理学的研究对象包括高铁旅客的消费心理和行为、高铁服务人员的服务心理和行为,以及企业管理心理。具体地讲,高铁乘务服务心理学既要研究高铁旅客的服务需要、动机、情绪情感等相关心理活动的特点和规律,又要研究高铁相关服务人员的心理活动特点和规律。随着社会的快节奏发展,人们的工作压力不断加大,缓解高铁服务人员的心理压力与增强其心理调节能力也成了高铁乘务服务心理学的研究内容。

(三)研究内容

高铁乘务服务心理学的研究内容,主要包括以下几个方面。

1. 研究高铁乘务服务心理学的基础理论知识。理解心理学的含义、研究内容、研究方法,认识研究高铁乘务服务心理学的意义,掌握高铁乘务服务心理学的基础理论,这是研究高铁乘务心理学的基本前提。

2. 研究高铁旅客的消费心理。旅客是高铁乘务服务的对象,是高铁运输消费活动的主体。了解旅客的心理活动特点、规律,掌握研究旅客消费心理的方法,才能更好地为高铁旅客服务。

3. 研究高铁运输过程中的服务心理。高铁服务是高铁运输业的灵魂。要想提高服务质量,除了研究旅客的消费心理,还要研究高铁从业人员心理及二者之间的关系,为高铁旅客提供情感化、个性化、针对化的服务。高铁乘务服务心理学主要研究高铁从业人员与旅客的沟通技巧、客我交往技巧、岗位服务技巧以及冲突、投诉、应急处理技巧等。

4. 研究高铁运输企业管理中的管理心理。高铁乘务服务心理学不仅通过研究旅客的心理来提高企业的服务质量及提升员工的服务技巧；还要进一步研究高铁企业管理者的管理行为以及客运服务人员的问题行为。

5. 研究高铁服务人员的心理。高铁服务人员的心理素质对旅客的安全、旅行中的服务质量有着至关重要的影响，在一定程度上还影响着旅客的身心健康。高铁乘务服务心理学主要研究高铁服务人员的心理健康、情绪管理、心理调适、挫折应对等诸多方面。

总而言之，高铁乘务服务心理学是一门新兴的应用学科。它是应社会发展和铁路运输业发展的需要而产生的，是铁路运输业中非常重要的一门学科。

（四）研究意义

近几年来，我国高铁发展迅猛，逐渐影响着人们的出行方式。2012年底，我国的高铁路运营里程达97625公里，居世界第一位。目前已有的高铁主要有：京沪高铁、京津城际、武广高铁、郑西高铁等。随着高铁时代的开启，高铁运输业对高铁服务人才的需求逐年增长，也对高铁乘务服务心理学的研究提出了越来越高的要求，高铁乘务服务心理学的研究工作可谓任重道远。研究高铁乘务服务心理学的意义具体表现在以下四个方面：

1. 有助于提高高铁运输企业的服务质量

学习和研究高铁乘务服务心理学对提高高铁运输企业从业人员的心理素质，提高高铁服务的整体水平，有着积极的作用。服务工作是依靠人来进行的，服务者的心理素质直接影响着服务工作的质量。人的心理活动对服务态度的好坏有着重要影响，端正的服务态度是提高服务质量的内在动力。提高服务工作者的心理素质，一方面取决于服务工作者的工作实践，另一方面取决于服务工作者对服务心理学理论的学习。通过服务心理学的学习，乘务人员可以正确地了解自己，培养良好的心理素质，从而有助于提高企业的服务质量。

要提高服务质量，还要了解旅客内在的、深层次的心理因素，从知觉、学习、动机、需要、态度、个性等方面来了解旅客，了解不同顾客的心理倾向和特点，从而可以自觉地、主动地、有针对性地对旅客施加影响，提高服务质量，从而赢得旅客。由此可见，学习和研究高铁乘务服务心理学是提高企业服务质量的基础。

2. 有助于提高高铁运输企业的经营管理水平

高铁乘务服务心理学揭示的原理和规律可以帮助高铁运输企业分析旅客的心理，了解旅客需求。企业可以据此开展有针对性的产品促销宣传，吸引旅客；可以根据不断变化的市场走向，不断调整经营方针和策略，提高经营效果；还可以在充分了解旅客心理的基础上进行科学的市场预测和决策。这样才能保持充足的客源，使高铁运输企业健康发展。

对人的管理也是企业管理的重要部分。通过学习和研究高铁乘务服务心理的理论，有助于高铁运输企业的管理阶层了解员工的心理状态并进行深入分析，从而有针对性地做好员工的思想工作，进行心理引导，解决员工的心理问题；有助于管理阶层了解及有效调节企业内部人际关系，避免产生各种不必要的矛盾；有助于管理阶层能够有的放矢地运用激励机制调动全体员工的积极性和创造性，从而更好地实现组织目标。

3. 有助于提高高铁从业人员的心理素质

高铁运输企业的竞争包括很多内容，但是人才的竞争才是核心。提高员工的素质，最重要的就是提高其心理素质，包括对自己和他人心理活动的认识、理解和把握。高铁乘务服务心理学能有效地帮助高铁运输企业从业人员正确认识服务对象，正确处理客我关系；能使高铁运输企业从业人员增强对生活和事业的信心，掌握处理人际关系和人际沟通的技能，提高工作效率；能全面提高职工的素质，使他们更加积极主动、富有创造力地去完成高铁服务工作；能学会自我心理分析，进行自我心理的调适，塑造健康心理，以一个良好的心理状态去迎接八方来客。

4. 有助于科学合理地设计高铁运输企业产品

高铁运输企业为旅客创造方便、舒适、安全的环境，在设施安排上应充分考虑旅客的生理和心理特点，最大限度地满足旅客安全、快捷、舒适的心理需求。在高铁客运服务中一定要考虑旅客的心理活动规律，否则就会事倍功半，浪费人力物力，高铁乘务服务心理学正可为产品的合理设计提供理论基础。

本章小结

1. 心理学是研究人类及动物的心理现象发生、发展规律的科学。高铁乘务服务心理学是为满足高铁旅客的服务需要，为其提供优质的、令人满意的服务而研究高铁旅客及高铁服务人员的心理活动及其变化规律的科学。

2. 心理活动包括心理过程和个性心理，心理过程又包括包括认识过程、情感过程和意志过程，个性心理包括个性倾向性和个性心理特征。

3. 研究心理学的常用方法有：观察法、调查法、实验法、测量法。

4. 研究高铁乘务服务心理学的意义在于：有助于提高高铁运输企业的服务质量；有助于提高高铁运输企业的经营管理水平；有助于提高高铁从业人员的心理素质；有助于科学合理地设计高铁运输企业产品。

思考与练习

一、思考题

1. 心理的实质。
2. 简述心理学的研究方法。
3. 简述服务的特征。
4. 高铁乘务服务心理学的研究对象和研究内容。
5. 结合实际谈谈研究高铁乘务服务心理学的意义。

二、实践题

试用观察法探究不同类型旅客的消费行为差异。

三、案例分析

速溶咖啡为何卖不动？

20世纪40年代初期，速溶咖啡首先在美国问世。它方便、省时，配方固定且价格低于现煮咖啡。于是，厂家踌躇满志，以为该产品一定会大受欢迎，广告制作者也觉得只要刻意宣传其价廉与方便，一定能拨动消费者的心弦而迅速占领市场。结果，销售状况大大出乎他们的意料，速溶咖啡不受欢迎！

于是厂家请来消费心理学家探究其中的奥秘。初期的调查结果是，速溶咖啡的味道比现煮咖啡要差，但消费者又说不出速溶咖啡到底差在哪里。为此厂家和广告制作者都很茫然。

美国加州大学的海尔认为，消费者并没有回答拒绝购买的真正原因，味道只是他们的一个托词，实际是一种潜在的心理在起抵制作用。于是海尔采取了间接的角色扮演法来进行深入调查。他制定了两种购物单，列出数种食品，除咖啡外，其余项目完全相同。在咖啡一项中，一种写速溶咖啡，另一种写新鲜咖啡豆。如表1-1：

表1-1 购物清单

购物单 A	购物单 B
面包	面包
土豆	土豆
胡萝卜	胡萝卜
发酵粉	发酵粉
速溶咖啡	新鲜咖啡豆
桃子罐头	桃子罐头
汉堡牛肉饼	汉堡牛肉饼

在调查中，他把两种购物清单分别发给A、B两组各50名家庭主妇，要求她们描述按该购物清单买东西的家庭主妇的个性。调查结果显示，购买速溶咖啡的人被看作懒汉，是一个生活无计划的、邋遢的人；而购买新鲜咖啡豆的人则被认为是有经验的、勤俭的、讲究生活品质的、有家庭观念和喜欢烹调的人。有谁愿意被冠之以"懒汉"称号呢？有哪个家庭主妇愿意被他人看成是不能很好地照顾丈夫和家庭的妻子呢？广告制作者刻意宣扬的"方便"特征并没有与消费者的需求相契合，而是正好与其需求抵触。不难想象，这样的宣传愈是卖力，则愈是容易引起消费者的反感与厌恶，正可谓事与愿违。

在深切认识到这一点后，广告制作者便改变策略，不再强调速溶咖啡方便的特点，而是着力宣传现煮咖啡所具有的美味、芳香等特点，速溶咖啡也同样具备。他们在杂志的整版广告上画了这样一幅图画：一杯美味的咖啡，它后面高高地堆着大量的褐色咖啡豆，并在速溶咖啡罐头上写上了"100%的真正咖啡"的标签，很快速溶咖啡最初的消极印象被克服了，它成了咖啡中最受欢迎的产品。

　　思考：这个案例分析使用了什么研究方法？速溶咖啡开始卖不动的原因是什么？结合实际谈谈这个案例能给我们带来什么启示？

第二篇

高铁旅客消费心理

第二章 旅客消费知觉

引 言

随着社会的不断进步和发展，人们的物质生活水平不断提高，越来越多的人外出旅游、走亲访友、经贸洽谈，而这些行为的实现几乎都离不开交通运输，特别是铁路运输。对铁路运输业来说，为了更好地为旅客提供优质服务，就要了解旅客的感受产生过程，对旅客的感觉和知觉进行分析和研究。本章从"感觉"的含义入手，深入介绍了"知觉"的含义、特征、分类；分析了影响旅客知觉的主客观因素和心理效应等原因。

学习目标

1. 知识目标

了解"感觉"和"知觉"的含义；掌握知觉的本质特征；理解影响旅客知觉的因素；了解旅客的消费知觉和消费行为。

2. 技能目标

能运用感知觉知识，采取有效措施影响旅客的感知觉，引导旅客消费行为。

第一节 旅客感觉

一、"感觉"的含义和本质

（一）含义

"感觉"是客观刺激作用于感觉器官所产生的对事物个别属性的反映。

人对客观事物的认识是从感觉开始的，它是最简单的认识形式。例如当一个苹果作用于我们的感觉器官时，我们可以通过视觉感觉到它的颜色，通过味觉感觉到它的酸甜味，通过嗅觉感觉到它的清香气味，通过触觉感觉到它光滑的表皮。人类是通过对客观事物的各种感觉认识到事物的各种属性。

感觉不仅反映客观事物的个别属性，而且也反映我们身体各部分的运动和状态。例如，我们可以感觉到双手在举起，感觉到身体的倾斜，以及感觉到肠胃的剧烈收缩等。

（二）本质

感觉的本质主要体现在以下两个方面。

首先，感觉是一种直接反映，它要求客观事物直接作用于人的感官。从空间上看，感觉所反映的事物，是人的感官直接触及的范围；从时间上看，感觉所反映的对象是此时此刻正作用于感官的事物，而不是过去或将来的事物。

其次，感觉所反映的是客观事物的个别属性，且任何一种感觉都是人脑对事物个别属性的反映。

与其他的心理现象一样，感觉具有二重性。从感觉的来源和内容来看，感觉是客观的，它反映的是不依赖于人的意识而独立存在的客观事物；从感觉的形式和表现来看，它是主观的，感觉是在具体的人的头脑中形成、表现和存在着的，在不同的人身上，感觉带有其个性特点和知识经验的痕迹，体现着个性心理的影响。

【小知识】

感觉剥夺实验

"感觉剥夺",是指将被试与外界环境刺激高度隔绝的特殊状态。在这种状态下,各种感觉器官都接收不到外界的任何刺激信号,经过一段时间被试就会产生病理心理现象。

1954年,加拿大的麦克吉尔大学的心理学家贝克斯顿等进行了首例感觉剥夺实验。他们在付给大学生每天20美元的报酬后,让他们待在缺乏刺激的环境中。具体地说,就是在没有图形知觉(戴上特制的、半透明的塑料眼镜),限制触觉(套有纸板做的手套和袖头)和听觉(在隔音室里进行,用空气调节器的单调嗡嗡声代替其听觉)的环境中,让其静静地躺在舒适的帆布床上。当时大学生打工一小时只能挣5美分,因此很多大学生跃跃欲试,认为利用这个机会不仅可以大赚一笔还可以好好睡一觉。结果却令人大跌眼镜:没过几天,大学生们就纷纷退出。

但是,这些志愿者在实验室连续待了几天后,产生了很多的病理现象:他们感到非常难受,不能进行思考,哪怕是在很短的时间内注意力都无法集中。50%的人出现了幻觉,包括视幻觉、听幻觉和触幻觉。视幻觉如出现光的闪烁;听幻觉似乎听到狗叫声、打字声、滴水声等;触幻觉则感到有冰冷的钢板压在前额和面颊,或感到有人从身体下面把床垫抽走。在过后的几天里,他们注意力涣散,智力测试的成绩不理想。通过对脑电波的分析,证明他们的活动机能严重失调。

感觉剥夺实验证明:丰富的、多变的环境刺激是人生存的必要条件,在被剥夺感觉后,人会产生难以忍受的痛苦,各种心理功能将受到不同程度的损伤。

二、感觉的生理机制

感觉是分析器官活动的结果。感觉的产生有赖于两个因素:一是有机体的内外环境中不断变化的事物或现象,即刺激;二是有机体对刺激做出反应。

从神经生理学的角度分析,感觉的产生过程包括三个阶段:首先,有机体内外环境的刺激直接作用于感觉器官，转变为神经脉冲；然后，经由传入神经，把脉冲传递到神经中枢；最后，在大脑皮层的相应感觉投射中枢产生特定的感觉。

理解感觉的生理机制必须注意以下问题。

（1）感觉器官是在进化过程中应对专门刺激长期适应的结果。对于每一种感觉器官，适宜的刺激物只有一种。

（2）感觉的产生总是伴随着相应的应答性活动。

（3）从接受刺激到产生应答性的感觉反应，有一个潜伏期。在不同的感觉反应中，潜伏期是不同的。

三、感觉的分类

我们可以把感觉分成两大类：外部感觉和内部感觉。

第一类是外部感觉，有视觉、听觉、嗅觉、味觉和肤觉五种，这类感觉的感受器位于身体表面，或接近身体表面的地方。

视觉，人类可以看得到从 0.39—0.77 微米波长的电磁波。

听觉，人类能听到物体振动所发出的 20—20000 赫兹的声波。可以分辨出声音的音调（高低）、音强（大小）和音色（波形的特点），通过音色我们可以分辨出什么是火车的声音，什么是汽车的声音，能够分辨出熟人的说话声，甚至走路声。还可以确定声源的位置、距离和移动。

嗅觉是挥发性物质的分子作用于嗅觉器官的结果。通过嗅觉我们也可以分辨物体。

味觉是由溶于水的物质作用于味觉器官（舌）产生的。味觉有甜、酸、咸、苦四种不同的性质。

肤觉也称触觉，是具有机械的和温度的特性物体作用于肤觉器官而引起的感觉。分为痛、温、冷、触（压）四种基本感觉。

第二类感觉是对机体本身各部分运动或内部器官发生变化的反映，这类感觉的感觉器位于各有关组织的深处（如肌肉）或内部器官的表面（如胃壁、呼吸道）。这类感觉有运动觉、平衡觉和机体觉。

运动觉反映了我们四肢的位置、行动以及肌肉收缩的程度，运动觉的感受器是肌肉、筋腱和关节表面上的感觉神经末梢。

平衡觉反映了头部的位置和身体平衡状态的感觉。平衡觉的感受器位于内耳的半规管和前庭。

机体觉反映了机体内部状态和各种器官的状态。它的感受器多半位于内部器官，分布在食道、胃肠、肺、血管以及其他器官。

四、感觉的意义

感觉是人们对客观世界认识的最简单形式，是一切高级复杂心理现象的基础。它在我们的工作和生活实践中具有重要的意义，只有在感觉的基础上，我们才能对事物的整体和事物之间的联系进行更复杂的反映，获得更深的认知。例如列车车厢内的色调、明亮度、背景音乐、气味等；服务人员的着装、礼仪、面部表情等都会影响旅客对铁路运输公司的认知，而这又会对旅客的后续行为产生直接的影响。因此，我们说，感觉是各种复杂的心理过程的基础，感觉是人关于世界的一切知识的源泉。

五、感受性与感觉的适应

对刺激物的感觉能力叫感受性。有的人对刺激反应慢或没有反应，有的人反应快而敏锐，这说明人的感受性是有差别的。感受性可以通过练习来提高，专门从事某种职业的人由于长期使用某种感觉器官，相应的感觉就得到了发展。例如，法国的一些著名香水制造大师，能够准确地分辨出4000多种香味。因此根据自己的工作需要，通过反复刺激相应的感觉器官，就会使其感受性得到提高。

【小故事】

珍珠翡翠白菜汤

民间流传着这样一个故事，说的是明朝开国皇帝朱元璋，每天美酒佳肴，山珍海味，但他总觉得寡淡无味。常常想起当年做和尚云游四海病倒在破庙、饥饿又口渴时，一位讨饭的老婆子做给他喝的"鲜美无比"的珍珠翡翠白玉汤。

皇后马娘娘知道后，千辛万苦找来了当年做汤的讨饭婆子，让她照着当年老样子用剩饭、剩菜、黑锅巴、白菜煮了一碗汤。汤端到朱元璋面前，他看到是一碗残羹剩饭，顿时火冒三丈。正要发作的时候，他认出了当年的讨饭婆子，只得舀了一勺倒进嘴里，真是"咸、酸、苦、辣、焦、糊、馊、臭"样样味道都有，可就是没有当年的香味。为了顾全面子，朱元璋只得强忍着喝了下去，然后佯装着笑脸说："真是珍珠翡翠白玉汤，好喝！"

朱元璋当年沦落他乡，饥渴交加，一顿残羹剩饭已经足以让他感到好吃极了，以至终生不忘；而当了皇帝后，他天天山珍海味，却总觉得乏味。其实这种现象，心理学上称作"感觉的适应"。也就是说，在同一刺激物对感觉器官持续作用下而引起的感受性变化的现象。感觉的适应可以使感受性提高，也可以使感受性降低。感觉的适应性有利于减少身心负担，但是也容易使人丧失警觉性。

第二节　旅客知觉

一、"知觉"的含义和本质

（一）含义

"知觉"是人脑对直接作用于感觉器官的事物整体属性的反映。知觉是在感觉的基础上形成的，但不是感觉信息的简单结合。感觉信息是简单而具体的，主要由刺激物的物理特性所决定。知觉则较为复杂，要利用已有的经验，对所获得的感觉信息进行组织，同时解释这些信息，使之成为有意义的整体。

（二）本质

（1）知觉是对感觉属性的概括。它是对不同感觉信息进行综合加工的结果，所以知觉是一种概括的过程。

（2）知觉反映的是事物的意义。知觉的目的是解释作用于感觉器官的事物是什么，并尝试着用词去表述它，所以知觉是一种对事物进行解释的过程。

（3）知觉包含思维的因素。知觉要根据感觉信息和个体主观状态所提供的补充经验来共同决定反映的结果。从这个意义上讲，知觉是人脑主动对感觉信息进行加工、推论和理解的过程。

总之，任何一种感觉，反映的都是事物的个别属性，当人们把对事物的不同个别属性加以综合时，就产生了对事物的全面反映，这就是知觉。

二、知觉的生理机制

知觉是由多种分析器协同活动而实现的，其生理机制的产生主要有三种情况。

一是当事物的属性、成分同时或先后作用于同一分析器时，引起该分析器内的神经兴奋，经由大脑的分析综合，形成对事物的整体反映。

二是事物的各种属性相互联系、相互依存，构成了复合刺激物。当复合刺激物作用于人们的感官时，可引起大脑皮层不同区域的神经兴奋。兴奋区域相互沟通，在各个分析器之间建立暂时的神经联系，同时恢复经验中相应的暂时联系。此外，大脑通过分析，把事物的关键属性从背景中区分出来并通过一系列的神经过程进行分析，实现对感觉信息的加工，从而形成了对事物的整体知觉。

三是复合刺激物的各个成分以及复合刺激物之间都可以形成不同的相互关系。当复合刺激物的各种成分以不同的关系相互联系、组合时，大脑就会反映出不同的知觉整体。

在分析知觉生理机制的过程中，还必须注意以下两个问题。

首先，在多种分析器的活动中，常以一种分析器为主，特别是视觉分析器和听觉分析器往往在许多知觉中起着主导作用。

其次，在知觉过程中，第二信号系统活动起着重要的作用，这在刺激物提供的信息不足时表现得尤为明显。因为第二信号系统可以激活头脑中第一信号系统的图式，恢复已有的知识经验和相关的形象以补充对当前事物的知觉，使人的知觉更具有随意性和目的性。

【小知识】

感觉与知觉的区别与联系

人的心理现象是人脑对客观现实的反映。感觉和知觉是比较简单但很重要的心理现象,在现实生活中感觉和知觉是很难分开的,二者既有区别又有联系。

感觉和知觉是不同的心理过程,感觉反映的是事物的个别属性,知觉反映的是事物的整体,即事物的各种不同属性、各个部分及其相互关系;感觉仅依赖个别感觉器官的活动,而知觉则依赖多种感觉器官的联合活动。可见,知觉比感觉复杂。

感觉和知觉有相同的一面。它们都是对直接作用于感觉器官的事物的反映,如果事物不再直接作用于我们的感觉器官,那么我们对该事物的感觉和知觉也将停止。感觉和知觉都是人类认识世界的初级形式,反映的是事物的外部特征和外部联系。如果要想揭示事物的本质特征,光靠感觉和知觉是不行的,还必须在感觉、知觉的基础上进行更复杂的心理活动,如记忆、想象、思维等。知觉是在感觉的基础上产生的,没有感觉,也就没有知觉。我们感觉到的事物的个别属性越多、越丰富,对事物的知觉也就越准确、越完整,但知觉并不是感觉的简单相加,因为在知觉过程中还有人的主观经验在起作用,人们要借助已有的经验去解释所获得的当前事物的感觉信息,从而对当前事物进行识别。

总之,知觉的产生以头脑中的感觉信息为前提,并且与感觉同时进行。但知觉不是各种感觉的简单相加。因为除了感觉,知觉中还包含记忆、思维和言语活动等。知觉属于高于感觉的感性认识阶段。但知觉和感觉一样,都是事物直接作用于感觉器官产生的。离开了事物对感官的直接作用,既没有感觉也没有知觉。

(朱晓宁. 旅客运输心理学 [M]. 北京:中国铁道出版社有限公司,2013.)

三、知觉的分类

知觉有很多种,可以从不同的维度进行划分。根据知觉过程中起主导作用的感觉器官,可以分为视知觉、听知觉、味知觉、嗅知觉、触知觉;根据知觉对象所反映事物的特性,可分为空间知觉、时间知觉、运动知觉。根据知觉对象的不同,可分为社会知觉(包括对他人的知觉、人际知觉、自我知觉)和物体知觉(即时间知觉、空间知觉、运动知觉)。

此外还有一种知觉,叫作错觉。错觉是在特定条件下产生的对客观事物的歪曲知觉。但是在日常生活中，出于种种原因，常被人们所利用，如广告设计、产品设计常会利用错觉来增加美感和满足感。中国有句俗语："欢乐嫌夜短，寂寞恨夜长。"说的也是一种错觉，即时间错觉。

● **相关链接**

错觉

错觉是在特定条件下产生的对客观事物的歪曲知觉。错觉又叫错误知觉，是指不符合客观实际的知觉，包括几何图形错觉（高估错觉、对比错觉、线条干扰错觉）、时间错觉、运动错觉、空间错觉，以及光渗错觉、整体影响部分的错觉、声音方位错觉、形重错觉、触觉错觉等。

错觉是对客观事物的一种不正确的、歪曲的知觉。错觉可以发生在视觉方面，也可以发生在其他知觉方面。如当你掂量一千克棉花和一千克铁块时，你会感到铁块重，这是形重错觉；当你坐在正在开着的火车上，看车窗外的树木时，会以为树木在移动，这是运动错觉。

引起错觉的原因是多种多样的。例如感知条件不佳、客观刺激不清晰、视听觉功能减退、强烈情绪影响、想象、暗示以及意识障碍等都能引起错觉。胆小者夜晚独经旷野，心中恐惧，会把树木当成人形，把自己的脚步声误认为是有人在追赶；对亲人的长久思念，会把风声误认为有人敲门。错觉本身不一定都说明有病，因为健康人也能出现错觉，只是健康人对错觉都能自行矫正罢了。

此外，在现实生活中有一些人会将错觉与幻觉混为一谈。幻觉实际上是在没有相应的外界客观事物直接作用下发生的不真实感知。

幻觉具有两个主要特点：第一，幻觉是一种感受，由于缺乏相应的现实刺激，所以这种感受是虚幻的，但对于产生幻觉的主体而言，却并不感到虚幻；第二，虽然幻觉源于主观体验，没有客观现实根源，但产生幻觉的主体坚信其感受来自客观现实。正常人在某些状态下，如强烈的情绪体验并伴有生动的想象、回忆，或期待的心情、紧张的情绪，或处于催眠状态时，也能产生幻觉。人在入睡或醒觉状态的过程中，也会产生幻觉。

四、知觉的特性

（一）选择性

客观事物是多种多样的，在特定时间内，人只能感受少量或少数刺激，对其他事物只作模糊的反映。被选为知觉内容的事物被称为"对象"，其他衬托对象的事物则被称为"背景"。某事物一旦被选为知觉对象，就好像立即从背景中突现出来，被认识得更鲜明、更清晰。一般情况下，面积小的比面积大的、被包围的比包围的、垂直或水平的比倾斜的、暖色的比冷色的，以及同周围明晰度差别大的东西都较容易被选为知觉对象。即使是对同一知觉刺激，如观察者采取的角度或选取的焦点不同，亦可产生截然不同的知觉经验。影响知觉选择性的因素有刺激的变化、对比、位置、运动、大小程度、强度、反复等，还受经验、情绪、动机、兴趣、需要等主观影响。

● **知识拓展**

知觉选择性的影响因素及其应用

现实生活中，引起我们知觉的事物很多，但面对同样的事物，每个人选择知觉的对象是不同的，那么，什么事物会引起我们知觉的选择性呢？

一般来说，人的知觉选择性与个体的需要、愿望、兴趣、爱好、情绪状态等相关。另外，刺激本身的特点也影响着我们的知觉，刺激的变化、对比、大小程度等都影响着人们的知觉选择性。如天空中飞过一架飞机，我们总是先看到飞机，然后再注意到周围的蓝天和白云；又如城市马路旁的栏杆、路标等涂上黑白相间的条纹，这样便可突出事物的对比度而引人注目；再比如一个小孩特别喜欢芭比娃娃，在一堆娃娃面前，她首先知觉到的就是自己最爱的芭比。

知觉的选择性在实际中的应用也很广泛。比如，在学校里，教师用白色的粉笔在黑板上写字，用红色的水笔批改作业，利用黑白、黑红两色形成极大的反差，从而引起学生的注意；在舞台上，光柱一般会照射到主要演员身上，这是为了引起观众的注意。与此相反，在军事上，为了避免引起注意，就必须进行伪装。比如士兵所穿的迷彩服由绿色、黄色和褐色三色组成，图案混杂着斑点和条纹,因为这与自然环境的颜色最相似。此外,生活中我们要学会利用知觉的选择性,有技巧地突出我们想要强调的部分。例如记笔记时可以用不同颜色的笔来记录重要知识点。

(二)整体性

知觉的对象都是由不同属性的许多部分组成的,人们在知觉它时却能依据以往经验组成一个整体。知觉的这一特性就是知觉的整体性(或完整性)。例如,一株绿树上开有红花,绿叶是一部分刺激,红花也是一部分刺激,我们将红花绿叶合起来,在心理上所得的美感知觉,超过了红与绿两种物理属性之和。

知觉并非感觉信息的机械相加,而是源于感觉又高于感觉的一种认识活动。当人感知一个熟悉的对象时,只要感觉了它的个别属性或主要特征,就可以根据经验而知道它的其他属性或特征,从而整个地知觉它。如果感觉的对象是不熟悉的,知觉会更多地依赖于感觉,并以感知对象的特点为转移,把它知觉为具有一定结构的整体。知觉的整体性纯粹是一种心理现象。有时即使引起知觉的刺激是零散的,但所得的知觉经验仍然是整体的。

● 相关链接

知觉的组织原则

在感觉资料转化为知觉经验的过程中,人们需要对资料进行主观的选择处理,这种主观的选择处理过程是有组织性的、系统的、合于逻辑的。因此,心理学上将这种由感觉转化到知觉的选择处理历程称为知觉组织。心理学的格式塔理论认为,知觉的组织原则主要有以下四种。

相似原则。如果知觉过程中有多种刺激物同时存在,各刺激物之间在某方面的特征(如大小、形状、颜色等)如有相似之处,在知觉上即倾向于将它们归属于一类。如旅游活动中,人们习惯于把黄山、泰山、华山、庐山、三清山等景点知觉为一个整体,把北京故宫、西安秦始皇陵及兵马俑又知觉为另一整体。这种按刺激物相似特征组成知觉经验的心理倾向称为相似原则。

接近原则。有时候，知觉过程中刺激物的特征并不十分清楚，在这种情境之下，我们常根据以往经验，主观地寻找刺激物之间的关系，以增加其特征，从而获得有意义的或合于逻辑的知觉经验。如教室里同学们两组紧密相邻，中间通过过道与其他组同学分隔开来，那么我们在知觉的过程中，就会把紧密相连的两组知觉为一个整体。这种按刺激物间距离关系而组成知觉经验的心理倾向称为接近原则。

闭合原则。如果知觉过程中刺激物表面看起来各有可供辨别的特征，但仅凭这些特征，仍不能确定刺激物之间的关系。这时，观察者常运用自己的经验，主动地为之补充（或减少）刺激物之间的关系，从而增加它们的特征，以有助于获得有意义的或合于逻辑的知觉经验。如电视广告中，我们经常看到一些产品广告开始都是播放完整版的，等大家对广告内容十分熟悉之后，为了节约费用一般会对广告内容进行删减，只留下核心部分，但是观众在看广告时会不自觉地在脑海里把广告补充完整，广告仍可以达到良好的效果。事实上，广告缺失的部分是根本不存在的，只是在观看者的知觉经验中存在，而这种存在是根据闭合原则建立起来的。

连续原则。与闭合原则类似的是连续原则。知觉上的连续原则所指的"连续"，未必指事实上的连续，而是指心理上的连续。知觉上的连续原则在绘画艺术、建筑艺术以及服装设计上早已广泛应用。以实物形象上的不连续使观察者产生心理上的连续知觉，从而形成更多的线条或色彩的变化，以增加美的表达。听知觉也会有连续心理组织倾向，如多人一起合唱，或多种乐器合奏，有音乐修养的人，不会把不同声音混而为一，而是分辨出每一种声音的前后连续。

（三）理解性

人在感知某一事物时，总是依据既往经验力图解释它究竟是什么，这就是知觉的理解性。人的知觉是一个积极主动的过程，知觉的理解性正是这种积极主动的表现。人们的知识经验不同、需要不同、期望不同，对同一知觉对象的理解也不同。一张检验报告单，病人除了知觉一系列的符号和数字之外，却不知道什么意思；而医生看到它，不仅了解这些符号和数字的意义，而且可以进行准确的判断。因此，知觉与记忆和经验有深刻的联系。当知觉时，对事物的理解是通过知觉过程中的思维活动达到的，而思维与语言则有着密切关系，因此语言的指导能使人对知觉对象的理解更迅速、更完整。

【小知识】

知觉恒常性的产生

知觉恒常性的产生是需要经过反复练习的，年纪过小的婴儿没有完整的知觉恒常性。网络上曾经流传一段视频，一位外国男子长满了大胡子，有一天他剪掉自己的大胡子，变得干净又清爽，但是当他抱起自己的孩子时，孩子似乎不认识他了，吓得哇哇大哭起来，弄得这位爸爸哭笑不得。

据说，美国科学家也针对南美洲热带雨林中的土著人做过知觉恒常性的实验。由于土著人一生都生活在热带雨林中，他们的视野不开阔，因此大小恒常性比较不完善。科学家邀请了一位土著人跟随他们去到开阔的平原，指着远处的牦牛问："那是什么？"土著人回答说："苍蝇"；走近一段距离之后再次询问，土著人十分不解地说："变成了野狗"；再一次接近后，土著人瞪大双眼惊叹道："竟然变成了一只牦牛！"这个故事再次告诉我们，知觉恒常性的产生是依托大脑短暂神经连接的反复建立而形成的。

第三节 旅客知觉的影响因素

旅客的知觉并非是对客观现实照镜子似的反映，它不仅受知觉对象本身所具有的特征的影响，而且极大地依赖于个人知识、经验的积累，同时也受知觉者的需要、动机、兴趣、爱好、情绪、情感、阶层意识及心理定式等多种因素的影响。

一、影响旅客知觉的客观因素

在铁路旅客运输过程中,刺激物本身的特点是影响旅客选择倾向的客观因素,即旅客知觉对象本身具有的特征对旅客的影响。

1. 知觉对象的强度

一般而言,具有较强刺激属性的对象比弱刺激属性的对象更能引起人们的注意。旅客总是注意到最大、最好、最强的事物,而忽视特征不鲜明的事物。如果大小、声音、颜色、运动明显地出乎意料,就会对人们的知觉产生十分重大的影响。

知觉对象的刺激强度具有相对意义。比如在白天听不到的声音在寂静的夜晚很容易听到。例如,夜晚的卧铺车厢里小孩的哭闹声更加容易引起其他旅客的注意。

2. 知觉对象的对比

知觉对象和背景的差别越大,越容易被人知觉到。比如,当人们坐在餐车里用餐,耳畔响起的音乐所发挥的作用就是背景,为你的就餐创造一种良好的氛围,而当你坐下来聆听的时候,音乐又变成了知觉的对象。

3. 知觉对象的状态

我们都有这样的体会,晚上漫步城市街头,那些不断变化形状和色彩的霓虹灯广告总是容易引起我们的注意,成为知觉对象。这说明对象的状态会影响我们的知觉,变化和运动的事物往往比处于静止状态的事物更容易成为知觉对象。如公园里翻滚的过山车、悬崖间倾泻的瀑布、草原上疾驰的列车等,都很容易成为知觉对象。

二、影响旅客知觉的主观因素

1. 需要和动机

能满足旅客需要、符合旅客动机的事物,往往会首先成为旅客知觉的对象。动机,就是直接推动人们从事某种活动的内在驱动力。随着市场经济的发展和全球经济竞争的加剧,时间成了决定人们成功的重要因素。近年商务旅行的客人在选择交通工具时对高铁表现出了一定的偏好,因为高铁的方便快捷和安全稳定能够满足他们对时间和安全的双重需要。此外,高铁优质的服务、整洁的环境也可以满足部分高需求的旅客。总之，人们的需要和动机对知觉有着非常显著的影响。

2. 知识和经验

旅客过去的知识和经验也会对知觉的选择性产生很大的影响。凭借以往的知识和经验，人们可以很快地对知觉对象进行理解和判断，从而节约感知时间，扩大知觉范围，获得更多、更深的知觉体验。比如，某位旅客在一次远行中乘坐了高铁列车，其整洁的车厢环境、优质的乘务服务等给他留下了深刻的印象，他非常满意，那么该游客在下次出行时仍可能会选择这趟高速列车。原因就在于他对这趟高速列车良好的印象，以往的经验会促使他成为该趟高速列车的忠实旅客。

3. 兴趣和爱好

人与人之间兴趣和爱好各不相同，兴趣和爱好的差异决定了人们知觉的选择性，促使人们把他们不感兴趣的事物放到知觉背景中去，集中注意力于感兴趣的事物。比如一家人看电视，奶奶往往喜欢听戏曲，爸爸喜欢看足球，妈妈喜欢看电视剧，孩子则喜欢看动画片，兴趣会影响他们对不同电视频道的选择。

4. 情绪和情感

情绪和情感是人对客观事物态度的反映。情绪情感对旅客知觉的影响很大。当我们情绪愉快的时候，做事情的效率会很高；当我们情绪低落的时候，做事情的效率就很低。在旅客运输过程中也是一样的，当旅客情绪高涨、心情愉快时，其知觉主动性会提高，知觉范围会扩大，会积极主动地感知周围的一切。反之，当旅客情绪低落、心情苦闷时，其知觉主动性就会降低，知觉范围就会缩小，周围环境很难成为其知觉对象。

5. 阶层意识

在我国现阶段，受价值观念、生活方式、经济收入、受教育水平等的影响，人们的选择和行为往往也会不同。在铁路旅客运输过程中，不同的人们对于服务质量、速度、环境等有不同的要求。例如，商务人士出行常以高速列车作为交通工具，对服务和环境要求较高；也有人由于受经济等条件的影响，出行往往青睐物美价廉的普通列车。

三、影响旅客知觉的心理效应

1. 首因效应

首因效应又称第一印象，是指在第一次交往过程中形成的最初印象。这种印象不但会左右人们对自己的交往对象或者所接触事物的评价，而且还会在很大程度上决定着双方关系的好坏，或者人们对于某一事物的接受与否。

【小故事】

找工作

一个新闻系的毕业生正急于寻找工作。一天，他到某报社对总编说："你们需要一个编辑吗？""不需要！""那么记者呢？""不需要！""排版员、校对呢？""不需要，我们现在什么空缺也没有了。""那么，你们一定需要这个东西。"说着他从公文包里拿出一块精致的小牌子，上面写着"额满，暂不招聘"。总编看了看牌子，微笑着点了点头，说："如果你愿意，可以到我们广告部工作。"这个大学生通过自己制作的牌子表达了自己的机智和乐观，给总编留下了美好的"第一印象"，引起了他的兴趣，从而为自己赢得了一份满意的工作。这种"第一印象"的微妙作用，在心理学上称为"首因效应"。

心理学研究发现，与一个人初次见面，45秒钟内就能产生第一印象。第一印象作用最强，持续时间也长。首因效应本质上是一种优先效应，也就是说，当不同的信息结合在一起时，人们总是倾向于前面的信息。即使人们同样看重后面的信息，也会认为后面的信息是非本质的、偶然的，人们习惯于按照前面的信息解释后面的信息，即使后面的信息与前面的信息不一致，也会屈从于前面的信息，以形成整体一致的印象。

事实上，人们对于某人、某事、某物的第一印象一旦形成，通常都是难以逆转的。而且要去改变它，不仅麻烦，搞不好还会适得其反。所以在铁路运输服务中，全体从业人员都应努力给旅客留下良好的第一印象。

此外，首因效应（第一印象）在生活中也是随处可见，例如"新官上任三把火""早来晚走""恶人先告状""先发制人""下马威"等，都是想利用首因效应占得先机。

（魏全斌. 民航服务心理与实务［M］. 北京：旅游教育出版社，2007.）

【小知识】

如何塑造良好的第一印象

1. 形象

注重个人形象是职业素养的重要环节，着装是职业素养的第一标志，也是最明显的标志。穿着打扮得体、注意个人卫生，不仅能够表现出正确的工作态度，而且还可以使人变得更加自信。

2. 姿势

正确的姿势可以给我们带来美感，不良的姿势不仅会引起健康问题，还能传达出一种拒人于千里之外的感觉。以一个优雅的姿态面向旅客，正是在传达你很愿意随时为旅客提供服务的友好态度。

3. 语言

良好的第一印象可以通过视觉形成，也能在你一开口说话时就轻易毁掉。旅客不一定仅仅听你说了什么，他们还关注你说话的语音语调、语速节奏等。一旦你开口说话，就应该把"音量"调节到最佳状态，正确的说话方式应做到4个"C"：Control（控制）、Clarity（清楚）、Caring（关心）、Cheerfulness（愉快）。

4. 态度

要留下好的印象，必须要有正确的态度。一个容易令人接受的表情或几句恰当的话语都能表达出一定的态度。当旅客向你走来时，如果你可以抬起头并露出真诚的微笑，这样就会赢得一个好印象。作为高铁服务人员，第一要喜欢见到旅客，第二要享受自己的工作，这两点很重要。

2. 晕轮效应

晕轮效应，又称"光环效应""成见效应""光晕现象"，是指在人际相互作用过程中形成的一种夸大的社会印象，正如日月的光辉在云雾的作用下扩大到四周，形成一种光环作用。一个人对另一个人（或事物）的局部印象往往决定了他对这个人的总体看法,而忽视了对方的真实品质,从而形成了一种好的或坏的"成见"。所以晕轮效应也可以称为"以点概面效应"。

晕轮效应有时候会产生积极的作用。例如,如果旅客对某铁路运输公司的乘务服务非常满意,形成了良好的印象,那么,其他某些不足或令人不快的方面,如晚点、服务设施较为陈旧等,就容易被旅客忽视,不会产生不快。这就是铁路运输服务中的"晕轮效应"。

名人效应也是一种典型的晕轮效应。不难发现,拍广告的多数是著名的歌星、影星,很少见到名不见经传的小人物。因为明星推出的商品更容易得到大家的认同。一个作家一旦出名,以前压箱底的稿件全都不愁发表,所有作品都不愁销售,这都是晕轮效应。

> **● 相关链接**
>
> ### "晕轮效应"一词的由来
>
> "晕轮效应"最早由美国著名心理学家爱德华·桑戴克于20世纪20年代提出。他认为,人们对人的认知和判断往往只从局部出发,扩散而得出整体印象,即常常以偏概全。
>
> 一个人如果被标明是好的,他就会被一种积极肯定的光环笼罩,并被赋予一切都好的品质;如果一个人被标明是坏的,他就被一种消极否定的光环所笼罩,并被认为具有各种坏品质。这就好像刮风天气前夜月亮周围出现的圆环(月晕),其实,圆环不过是月亮光的扩大化而已。据此,桑戴克为这一心理现象起了一个恰如其分的名称"晕轮效应",也称"光环作用"。

3. 刻板效应

刻板效应,又称刻板印象,是指社会上对某一类人或事物产生的比较固定、概括而笼统的看法。这种看法不是一种个别现象,而是群体的一种"共识",是一定范围内人群共有的、积淀深厚而广阔的心理定式。例如在日常生活中,人们通常认为老年人是保守的,年轻人是爱冲动的;北方人是豪爽的,南方人是善于经商的;英国人是保守的,美国人是热情的;农民是质朴的,商人是精明的等。

刻板效应虽然可以使人在一定范围内进行判断,不用搜集信息而迅速洞悉概况,节省时间与精力,但是可能会形成偏见,忽略个体差异性。人们往往把某个具体的人或事看作是某类人或事的典型代表,把对某类人或事的评价视为对某个人或事的评价,因而影响正确的判断,若不及时纠正进一步发展或可扭曲为歧视。在《三国演义》中,曾与诸葛亮齐名的庞统去拜见孙权,"权见其浓眉掀鼻、黑面短髯、形容古怪,心中不喜";庞统又见刘备,"玄德见统貌陋,心中不悦"。孙权和刘备都认为庞统这样面貌丑陋之人不会有什么才能,因而产生不悦情绪,这实际上就是刻板效应的负面影响在发生作用。

● 相关链接

刻板效应实验

社会心理学家包达列夫做过这样的实验,他将一个人的照片分别给两组被试看,照片的特征是眼睛深凹,下巴外翘。给两组被试的背景资料,给甲组介绍情况时说"此人是个罪犯";给乙组介绍情况时说"此人是位著名学者",然后,请两组被试分别对此人的照片特征进行评价。

评价的结果,甲组被试认为:此人眼睛深凹表明他凶狠、狡猾,下巴外翘反映了其顽固不化的性格;乙组被试认为:此人眼睛深凹,表明他具有深邃的思想,下巴外翘反映了他具有探索真理的顽强精神。

为什么两组被试对同一照片的面部特征的评价竟有如此大的差异?原因很简单,是人们对社会各类的人有着一定的定型认知。把他当罪犯来看时,自然就把其眼睛、下巴的特征归类为凶狠、狡猾和顽固不化;而把他当学者来看时,便把相同的特征归为思想的深邃和意志的坚韧。刻板效应实际就是一种心理定式。

4. 定式效应

定式效应是指有准备的心理状态能影响后续活动的趋向、程度以及方式。

仪表、相貌的定式效应主要表现为刻板效应和晕轮效应。

所谓定式效应，是指人们局限于既有的信息或认识的现象。人们在一定的环境中工作和生活，久而久之就会形成一种固定的思维模式，习惯于从固定的角度来观察、思考事物，以固定的方式来接受事物。

【小故事】

智商测试

美国科普作家阿西莫夫曾经讲过一个关于自己的故事。阿西莫夫从小就聪明，年轻时多次参加"智商测试"，得分总在160左右，属于"天赋极高者"，他一直为此而骄傲。有一次，他遇到一位汽车修理工，是他的老熟人。修理工对阿西莫夫说："嗨，博士！我来考考你，出一道思考题，看你能不能回答正确。"

阿西莫夫点头同意。修理工便开始说思考题："有一位既聋又哑的人，想买几根钉子，来到五金商店，对售货员做了这样一个手势——左手两个指头立在柜台上，右手握拳做出敲击状的样子。售货员见状，先给他拿来一把锤子；他摇摇头，指了指立着的那两根指头。于是售货员就明白了，他想买的是钉子。接着进来一位盲人。他想买一把剪刀，请问：他将会怎样做？"阿西莫夫顺口答道："他肯定会这样。"说着，伸出食指和中指，比出剪刀的形状。汽车修理工一听笑了："哈哈，你答错了吧！他只需要开口说'我买剪刀'就行了。"

智商160的阿西莫夫，这时不得不承认自己确实是个"笨蛋"。而那位汽车修理工却得理不饶人，用教训的口吻说："在考你之前，我就料定你肯定要答错，因为，你所受的教育太多了，不可能很聪明。"实际上，修理工所说的"受教育多"与"不可能聪明"，并不是因为学的知识多了人反而变笨了，而是因为人的知识和经验多，会在头脑中形成较多的思维定式。这种思维定式会束缚人的思维，使思维按照固有的路径展开。

定式效应在铁路运输服务中表现为旅客对服务人员进行感知觉时，已经有了一定的心理上的准备或印象，并把这种印象进行归类，从而对铁路服务人员产生定式的现象。

旅客的不同心理定式会产生不同的效应，从而对其知觉、心理和行为产生影响。因此必须把握好旅客的这一心理特点，尤其是一些远离客观事实的定式或不利于服务工作的心理定式，在思想上应有所准备，努力用优质的服务消除旅客的这些心理定式，而不是采取消极的态度，造成服务障碍。

（魏全斌.民航服务心理与实务［M］.北京：旅游教育出版社，2007.）

第四节 旅客消费知觉与消费行为

在高铁客运服务中，旅客是全程服务的主体。旅客的知觉直接影响和决定着他们的行为。了解和掌握旅客的感知觉心理和行为，是高铁服务工作的关键。

一、旅客对服务环境的知觉

人的心理活动起源于感知觉，这种感知觉必然离不开人所处的环境。旅客经常出入车站售票大厅、候车室、餐厅、商场等，这些环境是否整洁、宽敞、明亮等都会使得旅客产生不同的感受，并影响到他们的心理活动和行为。

1. 旅客对服务环境中色彩的知觉

色彩是通过眼、脑和人们的生活经验所产生的一种对光的视觉效应，不同的色彩会给人不同的感觉，不同的心理感受。例如，蓝色、淡雅、清新，给人感觉宁静、平和；红色，喜庆的色彩，具有刺激效果，容易使人产生热情、活力的感觉；绿色，表现出青春和活力，让人产生健康、活力的感觉。就铁路运输服务环境来说，色彩的搭配十分重要，它会使旅客产生不同的感知觉和心理感受。通常情况下，候车室多采用蓝色、绿色为主色调，带给旅客一种整洁、舒适、宁静的感觉，使旅客产生一种良好的知觉印象。

【小知识】

色彩的心理效应

1. 色彩的味觉效应

色彩源于自然界，视觉感受也会影响味觉，食品的色彩、造型、体积在某种程度上会提高味觉的感受力，我们的大脑经过长期生活经验的积累，会形成相关的联系能力。

色彩与滋味产生某种大致的对应：黄色→甜；绿色→酸；深红色→咸；黑色→苦；白色→清淡。

从另一个角度看，红色能解馋，黄色可止渴，蓝色给人清凉的感觉，这都是视觉与味觉相互影响的表现。

2. 色彩的情绪效应

色彩本身是没有情感的，我们之所以能感受到色彩的情感，是因为长期生活在一个色彩环境中，积累了许多视觉经验，这些经验与某种色彩刺激发生呼应时，就会激发某种情绪。

（1）色彩与情绪对应关系如下：

红色→热烈、冲动；橙色→富足、快乐、幸福；黄色→骄傲；绿色→平和；蓝色→冷漠、平静、理智、冷酷；紫色→虔诚、孤独、忧郁、消极；黑色和白色→恐怖、绝望、悲哀、崇高、纯净；灰色→冷静。

（2）色彩与性格对应关系如下：

红色是外向型的性格，其特点是刚烈、热情、大方、健忘、善于交际、不拘小节；

黄色是力量型的性格，其特点是习惯于领导别人，喜欢支配；

蓝色是有条理的性格，其特点是个性稳重，不轻易进行判断；

绿色是适应型的性格，其特点是顺从、听话、愿意倾听别人的倾诉。

（魏全斌.民航服务心理与实务［M］.北京：旅游教育出版社，2007.）

2. 旅客对服务环境中温度的知觉

温度感觉是皮肤受到不同温度刺激而产生的感觉。温度过高或过低，都会使人注意力分散、心烦意乱，甚至使人情绪急躁或低落。因此，铁路运输服务环境，如售票处、候车室等地方都需要注意环境温度对旅客感知觉的影响，保持适宜的温度，以调节旅客的情绪。

3. 旅客对服务环境中音量的知觉

音量又称响度、音强，是指人耳对所听到的声音大小强弱的主观感受。一个人对声音高低的感受主要取决于声波振动的频率，是人对声波频率刺激的反映。频率高，声音就高；频率低，声音就低。在铁路运输服务环境中，声音特别是广播的声音不宜过大，否则会让旅客产生不舒服的触压觉和痛觉。在使用广播时应注意音量的大小，给旅客提供柔和、甜美而亲切的广播声音，让旅客有一个舒适的感知觉。

4. 旅客对服务环境中设施的知觉

对于旅客来说，齐全、便利的服务设施会使其产生愉悦的心理感受，反之，则会让其产生失望、不满的心理。例如，候车室缺乏问讯处、小卖部、时刻表等配套服务设施，旅客需要的时候如果找不到，就会产生不愉快、不舒服的感知觉。因此，铁路运输系统应该完善各类服务设施，创造良好的服务环境。

二、旅客对运行线路、运行时间的知觉

对于铁路运输旅客来说，火车运行线路、出发和到达时间，是旅客对铁路运输公司形成感知觉的重要因素。对于大多数铁路旅客而言，火车出发和到达时间，是其非常重视的一个因素，同时，他们还很重视火车运行线路的安排，更倾向于选择直达线路，以节约时间。

三、旅客对高铁服务人员的知觉

在铁路运输过程中，旅客必然会接触到服务人员，并对其产生一定的感知觉。旅客对高铁服务人员的感知觉主要是通过服务人员的外表、表情、语言等来推测其心理活动。

1. 外表

旅客对服务人员的感知首先是通过服务人员的外表，如着装、发型、体态等。这些外表特征成为旅客了解服务人员年龄、工种等信息的有效途径，从中旅客也对服务人员形成初步的印象。

2. 表情

在铁路交通运输服务中，表情是旅客感知服务人员的重要途径。表情包括面部表情、体态表情等。这些不同的表情是人们心理活动的外在表现，也是人们感知他人心理状态的重要指标。服务人员的面部表情是服务人员在与旅客交往中心理活动在面部的表现，是旅客了解服务人员思想、情感、情绪的重要线索；服务人员的体态表情是指服务人员的动作、手势等，是旅客感知服务性格、气质的客观依据。

3. 言语

言语是一个人与他人交往时感知他人的重要途径。人们常说，闻其言知其人。在铁路运输服务中，服务人员的言语成为旅客感知服务人员的一个重要途径。旅客通过服务人员的言语来感知服务人员的态度、理解服务人员所要传递的意思和思想。因此，服务人员努力使自己的用词准确，表达清晰，使自己在语言上给旅客留下一个良好的感知觉印象。

四、旅客对服务质量的知觉

旅客知觉服务时，主要注意的是服务质量，知觉印象取决于服务质量的高低。对服务质量的评价，主要从五个方面来看：有形性、可靠性、信任性、责任心和移情作用。有形性，指设施、服务人员的仪表；可靠性，指可靠、准确地提供许诺服务的能力；信任性，指给人以信任和信心的服务人员；责任心，指热情帮助旅客的意愿；移情作用，指对旅客的关心和个别照顾，体现了服务人员对旅客需要的理解。总之，友好、热情、周到、礼貌的服务，容易使旅客产生舒适感、安全感和公平感，从而给其留下良好的印象。

● 知识拓展

车票"无纸化"

随着"互联网+"时代的到来，人们的生活方式发生了翻天覆地的变化，特别是二维码"扫一扫"，凭借着方便、快捷、安全等优势，在我国消费市场上迅速占领了大片江山。现在大家外出吃饭时直接用微信"扫一扫"点餐；结账时直接"扫一扫"支付，生活变得越来越方便。

同时，近年来高铁运输在我国也取得了巨大的发展，高铁出行已变成老百姓出行的首选。但高铁出行虽然便利，进出站仍要耗费大量时间。旅客通过检票口的速度也极为缓慢，为了不耽误乘车，不少旅客还是会提前很长时间到车站候车，这样高铁方便快捷的优势就大打折扣。

　　而车票"无纸化"则给旅客带来了出行的便捷，只要出示身份证或者手机上的车票二维码信息，就能轻松扫一扫进站乘车；除了让旅客出行更快速外，车票"无纸化"也让出行更环保，不用打印火车票，可以节约车票的制作成本，也更符合我国"爱护环境，从我做起"的国情。同时也减少了废弃车票泄露个人信息的可能风险。因此，车票"无纸化"的全面推行，不仅提升了进出站的速度，也加强了安全保障，更加人性化。

　　对于铁路部门而言，实行"车票无纸化"，也可以释放劳动力，提高检票的效率，减轻工作人员的工作强度，还可以避免出现假票的风险。随着铁路部门改革的步伐不断向前，一项项便民利民的政策举措正不断加入服务旅客的行列中来，这将让广大民众感受到铁路部门进一步优化改革的丰硕成果。

本章小结

　　1. 感觉是客观刺激作用于感觉器官所产生的对事物个别属性的反映。知觉是人脑对直接作用于感觉器官的客观事物的整体属性的反映。感觉和知觉都是人类认识世界的初级形式。感觉是知觉的基础，知觉是感觉的整合和深化。

　　2. 知觉的主要特性包括选择性、整体性、理解性、恒常性。

　　3. 影响知觉的主要因素有主观、客观和各种心理效应。主观因素包括知觉对象的强度、知觉对象的对比、知觉对象的状态；客观因素包括需要和动机、知识和经验、兴趣和爱好、情绪和情感、阶层意识等；心理效应包括首因效应、晕轮效应、刻板效应、定式效应。

　　4. 旅客对服务环境、运行线路和运行时间、服务人员、服务质量的知觉，直接影响着其消费行为。

思考与练习

一、思考题

1. 知觉的定义及特性。
2. 影响旅客知觉的因素。
3. 作为一名高铁服务人员,如何给旅客留下良好的第一印象?
4. 举例说明什么是晕轮效应,什么是刻板印象,什么是定式效应。
5. 旅客对高铁客运服务的知觉包括哪些,请简要分析。

二、实践题

1. 调查你所在城市的铁路客运站并分析你对它的感知觉。
2. 以身边的某个人物为研究对象,谈谈你对他的印象,并分析形成这种印象的原因。

第三章 旅客旅行的消费需要

引 言

旅客是旅行活动的主体,他们在旅行过程中有什么需要,他们为什么要外出旅游,这些问题都是高铁服务人员需要了解的内容,通过本章的学习学生要掌握"需要"的定义、特征及分类,马斯洛需要层次理论的具体内容,不同旅客的不同需要,如何及时发现并满足旅客的需要。

学习目标

1. 知识目标

了解"需要"的定义、特征、分类,掌握马斯洛的需要层次理论。

2. 技能目标

根据需要的理论知识,能够判断出旅客的消费需要。

第一节 旅客需要概述

一、"需要"的定义

人感到饿的时候需要吃饭,感到口渴的时候需要喝水,感到累的时候需要休息,人的一生中总是有各种各样的需要。心理学上把当人的生理或是心理上缺少某项东西所产生的主观体验称之为"需要"。此定义中有三个要注意的地方:第一,当个体的生活体缺乏时称为缺乏状态,例如人口渴了,人感到饿了,感到寒冷了,这些都是缺乏状态;第二,当人处于缺乏状态的时候就需要个体生活体去平衡这种状态,这种就叫作个体生活体内部的自动平衡;第三,个人生活体会根据缺失去选择缺乏物。比如说人口渴是因为血液中水分的缺乏,从而会产生喝水的需要;人饿了是因为血糖成分的降低,从而导致对食物的需要。通过对缺失物的填补,从而回到个体生活体的内部平衡状态。当需要被满足后,这种不平衡的状态会暂时消失,当出现新的不平衡的时候,新的需要又会产生。

需要是应个体对某些客观事物的要求而产生的,这种要求可能来自人的内部,也有可能来自人的周围的环境。如人饿了需要食物,人渴了需要喝水,这些需要都是由机体内部的要求而引起的;父母的"望子成龙,望女成凤",这种需要则是由外部的环境要求而引起的。当人们感受到这些要求、并引发了个体内部的不平衡时,就会转而为某种需要。

同时需要也是个体活动的基本动力,是激发个体行为动力的重要因素,人们从事各种活动或行为,从因饥择食,因渴择饮到文学艺术物品的创作和科学技术的创造发明,都是在人的需要的基础上产生的。

二、需要的特征

(一)对象性

需要产生时,总是指向某种特定的事物,如果离开了具体的事物,那需要也会变成空谈。例如，人们饿了是对食物的需要，人们对知识的需要是需要看具体的报纸、杂志，人们对爱和友谊的需要是需要与人交往来得以实现的，所以说需要总是指向某种具体的事物。

（二）周期性

人的需要也是有一定周期的，尤其是人类的本能需要。例如一个人的作息时间是相对固定的，当他困了需要睡觉，当睡醒时往往对睡眠不再产生需要，到了晚上他对睡眠的需要又会重新出现。

（三）紧张性

人一旦出现某种需要没有得到满足的情况，心里就会产生对某种缺失物的不平衡感和紧张感。例如，人一旦产生了对友情的需要，当没有交到朋友时就会感到紧张、沮丧。

（四）驱动性

需要是推动有机体的动力，需要一旦出现人们就会行动起来努力去满足这种需要。例如，当一个饥寒交迫的人对食物和温暖产生需要之后他便会努力去解决温饱问题，当他解决温饱后，就开始需要更加好吃的食物，当好吃的食物得到满足后他又开始需要娱乐。所以需要是推动人不断前进和发展的驱动力。

三、需要的分类

（一）按起源不同

1. 自然需要

自然需要也被称为生物学需要，是人类为了维持生命和种族延续所必须要的，它包含了人类的吃喝拉撒睡等本能需要，这些需要是有周期性的。这些需要的产生是由机体内部的某些生理的不平衡状态所引起的，对人类维持生命和繁衍后代有着重要意义。

2. 社会文化需要

社会文化需要是人类所特有的需要，即在一定的社会环境中对劳动、社交活动、社会道德等方面的需要。社会文化需要根据不同的社会文化背景会有相应的不同。例如，中国古代的主要交通工具是马，因此人们有学会骑马的需要，但是当今社会的主要交通工具是汽车，所以现代人有了对学开汽车的需要。在不同的历史文化背景下人们的需求也是不同的。

(二) 按对象不同

1. 物质需要

指人们对物质和物质产品的需要。例如，人们对衣食住行等日常物品的需要，对劳动工具的需要，对文化用品等的需要，这些都是物质需要。

2. 精神需要

指人们对精神生活和精神产品的需要。人们有对美的享受的需要，因此人们会通过各式各样的东西来打扮自己；人们有对打发时间的需要，就会有观看电视和电影的需要，人们有对知识的需要，就会去探索自然和人的奥秘，从而催生了各式各样的科研活动。

物质需要和精神需要是相对的，又是相辅相成的。例如，为了满足对知识的需要（精神需要），那就需要书、笔等各种文具（物质需要），通过这些文具再进行创造则属于精神需要，所以二者又是相互联系着的。

四、需要的结构

关于"需要"的结构研究中，心理学界中存在着不同的观点和理论，比较著名的有莫里（Murray）的需要理论和马斯洛（A. H. Mallow，1908—1970）的需要层次理论，其中马斯洛的需要层次理论影响最为广泛。

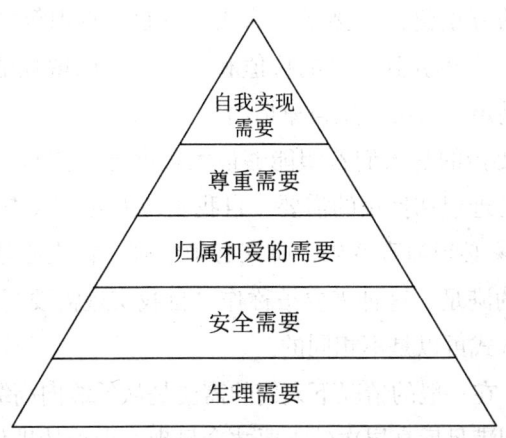

马斯洛1943年在《动机和人格》一书中提出了他的需要层次理论。他认为可把人的需要分为五个层次，即生理需要、安全需要、归属和爱的需要、

尊重需要、自我实现需要。

生理需要就是人们对食物、空气、水和休息的本能需要，是人们为了能够生存而必须满足的需要。马斯洛认为生理需要是人最为首要的需要，如果生理需要得不到满足，人们将会无视其他需要。如果一个人连温饱问题都没有解决，他是不会想要去得到别人的尊重和实现自我价值的。所以生理需要是人类最原始、最基本的需要，也是较低层次的需要。

安全需要。人们在满足了基本的生理需要后，就出现了对生命财产的安全、秩序、稳定，驱除恐惧、焦虑的需要。安全需要的表现为人们会要求稳定、安全、受到保护，这里的"安全"不仅是空间上的安全，还包含了心理上的安全感。例如，人们都希望有稳定的住所，有一份稳定的工作，而且愿意买各种保险，这些都是安全需要。马斯洛认为，安全需要贯穿人的一生，但是在婴幼儿时期这种需要最为强烈。

归属和爱的需要也被称为社交需要。当人的生理需要和安全需要得到满足之后，归属和爱的需要就出现了。社交需要就是人要求与他人建立情感联系，如结交朋友、追求爱情，希望融入某一群体并在群体中享有一定地位。

尊重需要在归属和爱的需要满足之后，马斯洛把人们对尊重的需要分为两类，包括自尊和受到别人尊重的需要。其中"自尊"指一个人希望在各种不同情境中有实力、能胜任、充满信心，能独立自主。自尊也叫"内部尊重"。来自他人的尊重包含了接受、承认、关心、赏识等。尊重的这种需要在得到满足后会使人体验到自己的价值和力量，从而增强他的自信心。要是尊重需要得不到满足，人会产生自卑情绪。

自我实现需要指的是人们希望能够最大程度地发挥自己的潜能，不断完善自己，实现自己理想和抱负的需要。自我实现需要是人类最高层次的需要，马斯洛说："音乐家必须演奏音乐，画家必须绘画，诗人必须写诗，这样才能使他们得到最大的满足，这种需要被称作'自我实现需要'"，但各人达到自我实现的途径和方式可以是不相同的。

马斯洛认为，在一般的情况下人们的需要是从低级向高级逐步发展的，当低层次的需要得到满足后高层次的需要才会显现。无论从进化的角度，还是从个体发展的角度来看，都是层次越高的需要出现得越晚。层次越低的需要力量越强，它们能否得到满足直接关系到个体的生存，因而又叫"缺失性需要"。

高层次需要的满足有益于健康,并令人精力旺盛,所以这些需要又叫"生长需要"。已经满足了的需要不再是人活动的动力,只有还未满足的需要才是当前推动人活动的动力。当所有较低层次的需要都得到持续不断的满足时,人才会受到自我实现需要的支配。但是真正达到自我实现境界的人还是少数。

● 拓展知识

马斯洛

马斯洛是美国著名社会心理学家,他提出了融合精神分析心理学和行为主义心理学的人本主义心理学。

马斯洛出生在美国纽约市布鲁克林区的一个犹太家庭,他是家中七个孩子的老大,父亲酗酒,对孩子要求十分苛刻,母亲极度迷信且性格冷漠暴躁。马斯洛的童年生活十分痛苦,从未得到过母亲的关爱。

上学后,马斯洛展现出自己极高的天赋,学习成绩十分优秀。他从五岁起就是一个读书迷,经常到街区图书馆阅读书籍。当他在低年级学习美国历史时,托马斯·杰斐逊和亚伯拉罕·林肯就成了他心中的英雄。进入大学,他的父母坚持让他学习法律,但仅仅两个星期,他就断定自己的兴趣并非在法律上,三个学期之后,他转往康奈尔大学,1930年获威斯康星大学心理学学士学位,次年获得心理学硕士学位,1934年获心理学哲学博士学位。

1951年马斯洛应马萨诸塞州新成立的布兰代斯大学之邀担任心理学系主任和心理学教授,1954年他首次提出"人本主义心理学"的概念,但当时行为主义思想正盛行,因而未受到重视,连他的文章都无法在心理学刊物上发表。1961年,他与志同道合者一同创办了《人本主义心理学》期刊,次年正式成立了美国人本主义心理学会,至此人本主义心理学思想才获得一席之地。

马斯洛的人本主义心理学的理论核心是人通过"自我实现",满足多层次的需要系统,达到"高峰体验",重新找回被技术排斥的人的价值,实现完美人格。他认为人作为一个有机整体,具有多种需要和动机,包括生理需要、安全需要、归属和爱的需要、尊重需要和自我实现需要。马斯洛认为,当人的低层次需要被满足之后,会转而寻求实现更高层次的需要。其中自我实现需要是超越性的,追求真、善、美,将最终导向完美人格的塑造,高峰体验代表了人的这种最佳状态。

《纽约时报》曾评论说:"马斯洛心理学是人类了解自己过程中的一块里程碑"。

第二节 旅客消费需要的多样化

高铁旅客的需要是人的一般需要在消费活动中的反映。高铁旅客在高铁上的生理需要、安全需要、尊重需要与马斯洛的需要层次理论相吻合。

一、高铁旅客的一般需要

(一) 生理需要

生理需要指的是旅客对饮食、环境等方面的需要。随着我国经济的发展和人民生活水平的提高,高铁成为越来越多人旅游出行的选择。高铁作为便捷人们出行的选择之一,搭载着人们日常需求。人们会要求列车车厢内环境干净整洁,高铁服务人员服务热情,列车上的食物卫生可口。绝大多数的乘客都会希望能坐到靠窗的位置,方便观看沿途的风景。乘客们都希望能够有一个放松舒适、身心愉快的旅程。

(二) 安全需要

在人们的印象中,火车是最为安全的交通方式,高速铁路由于在全封闭环境中自动化运行,又有一系列完善的安全保障系统,所以其安全程度非常高。旅客出行最大的愿望就是能够安全准时地到达目的地,安全需要是旅客的首位需要。因此,列车的延迟、故障等情况都会导致旅客的情绪有很大的波动。旅客在出行的过程中对人身安全、财产安全的需要也是很强烈的,高铁服务人员应该在这些方面努力达到旅客的期望。

(三) 尊重需要

高铁旅客作为消费者,在消费的过程中希望能够得到乘务人员的理解和尊重、关心和帮助。其表现方式为能够得到工作人员悉心周到的服务和人性化的关怀。这样能够让旅客感觉到自己被尊重，从而实现自我肯定和自我发展的需要。特别是针对老弱病残孕的乘客的需要，乘务人员更是要全心全意服务好，使得他们的尊重需要得以满足。

以旅客为主的服务是无止境的，因为旅客的需要是在不断变化的，当今社会旅客对服务的要求越来越高，个性化需要也越来越多。因此对高铁服务人员来说，应及时了解旅客的需要并给予满足。

二、高铁旅客的特殊服务需要

（一）不同类别旅客的特殊服务需要

随着我国社会经济的发展，交通越来越便利，人民生活水平的提高，选择乘坐高铁出行的人越来越多。国外旅客与国内旅客的需要有着明显的不同。国内旅客的需要，从物质需要逐步向精神需要发展。除了满足基本的物质需要，对精神需要，如尊重、友善、理解等方面也有了越来越高的要求。他们希望在旅行过程中能够得到高铁服务人员的尊重、善意的关怀、周到的照顾，从而获得心理的满足与平衡。

国外的旅客，他们的需要更倾向于安全、稳妥、方便，对服务的质量和水平也要求较高。

（二）不同收入、不同年龄和不同性别旅客的特殊服务需要

收入较高的旅客，更看重舒适的交通工具、好的环境以及一流的服务，所以这类旅客通常都会选择一等座。而收入一般的旅客，则以经济实惠为主，通常会选择二等座，他们选择高铁是为了更快捷地到达目的地。

不同年龄的旅客也有不同的需要。老年旅客对服务水平要求很高，对尊重的需要、自我实现的需要特别强烈。

旅客的需要，在不同性别上也有很大的差异。一般来说，男性乘客追求新奇，讲究身份和地位，比较注重尊重等精神需要。而女性乘客比较感性，着眼于安全与舒适，具有明显的求美和从众心理，相对于男性来说，比较注重物质需要的满足，对服务的要求相对较高。

此外，不同的教育程度，不同的个性特征，不同的民族和种族，旅客的需要也都不相同。

● **相关链接**

特殊旅客的服务需要

特殊旅客是指在年龄、身体、身份等方面比较特殊,有别于其他旅客的旅客。正是由于他们的特殊性,所以会产生一些特殊的服务需要。特殊旅客的服务需要主要有以下几种。

1. 老年旅客

老年旅客由于体力和精力有限,反应能力相对青年来说相对缓慢,动作比较迟缓,应变能力相对较差。而且大部分老年旅客在乘车过程中还会特别关心安全问题,因此高铁服务人员与老年旅客说话时语速要放缓,声音要稍微大一点,要主动关心老人,积极回答老年旅客的相关问题。

2. 病残旅客

指在乘车过程中突发疾病的旅客和有生理缺陷的旅客。面对突发疾病的旅客一方面需要高铁服务人员及时、细心的帮助,这类旅客一般有着极强的自尊心,不愿意别人将他们看作残疾人而特殊照顾。为此,高铁服务人员要懂得他们的心理,要特别尊重他们,对他们的照顾也要特别掌握方式和方法,让他们既能满足了自尊心,又能得到无微不至的关心和帮助。

3. 儿童旅客

儿童旅客通常活泼天真,好奇心强、爱模仿,判断能力较差。因此高铁服务人员在为儿童旅客服务时,要注意防止一些不安全因素的发生。例如,防止活泼好动的小旅客乱摸乱碰车上的设施按钮等;要注意防止小旅客四处走失;要防止他们被开水烫伤等。

4. 重要旅客

重要旅客是有较高社会地位和特殊身份的旅客。这类旅客相对普通旅客来说,自我意识强烈,希望得到尊重;他们对环境的舒适性要求更高,对乘务人员的服务要求更高。因此,高铁服务人员在为他们服务时要特别注意言语得体、落落大方、热情周到,还应注意提供个性化服务。

(魏全斌.民航服务心理与实务[M].北京:旅游教育出版社,2007.)

第三节 旅客的消费需要与对策

一、高铁旅客的消费需要

（一）不同国籍旅客的消费需要

外国旅客，如来自美国、加拿大、英国、法国、德国、韩国、日本等各国的游客。他们都希望受到友好的接待。他们对悠久的中国文化和中国人的生活方式有着浓厚的兴趣。他们很看重所到之处的卫生条件、服务人员的态度和工作人员的效率。

国内旅客，近年越来越多地利用节假日到各名胜古迹、风景区参观游览。但是限于经济能力，多数旅客消费水平不太高，大都以能到达目的地为满足，对吃、住、交通等条件不做过高要求。

（二）不同年龄旅客的消费需要

不同年龄的旅客有着不同的消费需要。年轻旅客经济收入偏低，喜欢轻松自在，对乘车条件不太看重。年长的旅客，一般都有一定的积蓄及社会地位，喜欢悠闲轻松，不愿太劳累，对饮食等要求较高，希望获得较舒适的享受。

老年人愿意在尚有活动能力的时候到外地走一走，看看祖国的大好河山，愿意将自己离退休前积蓄的一小笔钱用于旅游。老年旅客通常选择交通方便的城市或知名旅游地，花钱也较节约。儿童旅客一般由学校组织或家长带领，他们活泼好动，出行较看重安全、饮食和卫生条件等。

（三）不同性别旅客的消费需要

旅客的性别不同，消费需要也不同。女性旅客对于乘车环境要求较高，特别注重卫生条件的好坏，易受环境气氛的感染，也易受他人影响，非常在意别人对她的态度。对女性旅客应特别关心，多给予照顾。男性旅客对乘车的舒适度较关注，异地的商贸、经济、政治等话题也能引起他们的兴趣，不喜欢别人以指导者的身份对自己喋喋不休。

应根据不同类型旅客的需要特点,为其提供相应的服务。

二、高铁服务要满足旅客的第一需要

对于不同的旅客,每个人的第一需要都是不一样的,有的要求安全,有的则要求快速,有的要求便捷,但对大多数的乘客来说,安全快速到达目的地就是他们的第一需求。

(一)高铁服务要重视旅客安全方面的需要

安全需要是很多人最为重视的一种需要,人们愿意选择乘坐高铁出行,往往是因为高铁是大众认可的安全系数较高的出行方式。所以高铁部门应当严把安全关,要为旅客提供热情周到的服务,为旅客出行提供安全保障。

(二)高铁服务要重视旅客生理方面的需要

高铁旅客的生理需要包括高铁上的饮食、休息、车厢内环境及设施等方面。高铁要针对上述旅客的生理需要提供便利的服务。

● 相关链接

高铁人性化服务

现如今,高铁上的服务越来越人性化,据悉通过"高铁列车Wi-Fi热点通信控制方法和系统"中国发明专利的应用,可以让旅客在高铁车厢中实现Wi-Fi上网功能。中国铁路总公司相关人士介绍,使用该系统,每个节点可以容纳120部手机同时上网。同时旅客通过扫描座位之间小桌板上的二维码,还可以在座位上直接网上点餐,当完成手机支付后,餐车人员很快就会把旅客所点餐饮按座位号送到旅客手上。

近年来,铁路部门在餐饮改革上动作频频,不仅推出了以"互联网+"为基础的互联网订餐,还可以让旅客在"饿了么"或者是"美团"等软件平台上选餐,之后直接送到各站台和车厢,为旅客的就餐提供方便。同时各高铁服务还积极与社会接轨,融入市场,根据线路不同,提供不同地域的特色美食,使铁路餐饮从过去的单一乏味到现在的多样化,为旅客带来了全新的服务体验。

G324是由厦门北开往北京南站的高铁列车,因为考虑到该车儿童居多,特意在餐车上设立儿童乐园,在儿童乐园里配备了绘画本、玩具、故事书、贴纸等玩具供儿童旅客玩。这趟高铁列车还特意为老弱病残孕等特殊旅客提供特殊服务,高铁服务人员每人都有一套五彩中国结,对有需要重点关注的特殊旅客会将中国结挂在显眼位置,以便及时地关注到他们并为其提供服务。

各种人性化的服务,是为了更好去落实"人民铁路为人民"的服务宗旨。在高铁的旅途中给予旅客最好最优的服务,提升为旅客服务水平,是高铁乘务始终关注的重点。

(三)高铁服务要重视旅客尊重方面的需要

高铁服务要重视旅客尊重方面的需要,主要表现在重视旅客的自主选择、消费的权利,重视老弱病残孕及带小孩的乘客的特殊需要,重视旅客被尊重的需要。随着社会经济的发展,社会文明程度的不断提高,人们的自主意识不断增强,旅客对出行中被尊重的需要是越来越强烈。

本章小结

1. 需要是应个体对某些客观事物的要求而产生的,这种要求可能来自人的内部,也有可能来自人周围的环境。需要具有对象性、周期性、紧张性、驱动性四个特征。需要按起源不同可以分为自然需要和社会文化需要,按对象不同可以分为物质需要和精神需要。

2. 马斯洛把人的需要分为五个层次,即生理需要、安全需要、归属和爱的需要、尊重需要、自我实现需要。

3. 不同类型旅客有不同的需求,高铁服务人员应该满足不同旅行者的不同需求。

思考与练习

一、思考题

1. 如何理解马斯洛的需要层次理论的主要观点及意义?

2. 如何理解旅客在旅行过程中需要的变化？

二、实践题

请调查你身边不同年龄、不同性别、不同身份的旅客对其乘车过程中的需要有何不同？

第四章 旅客动机

引言

人的动机是否存在和如何变化，我们无法直接加以观察，个人行为的变化却是可以直接加以观察的。为了解释人行为上的变化与差异，心理学家会就人产生行为及导致其变化的有关心理和生理因素加以分析，这就是我们所要讨论的"动机"。了解"动机"的相关知识，对提高高铁服务人员的素质、服务水平有着重要的意义。

学习目标

1. 知识目标

了解"动机"的含义、种类和功能，旅游动机的影响因素，及如何激发旅游动机。

2. 技能目标

理解旅客动机的影响因素，为高铁乘务服务工作打好基础。

第一节 旅客动机概述

一、"动机"的含义

所谓"动机"是指激起人们行动或抑制这个行动的愿望和意图,这是一种推动人的行为的内在原因。我们可以从以下三个方面理解这一概念。

(一)动机是一种驱动力

如果说需要还停留在倾向阶段的话,动机则已经是一种实实在在的"驱动力"了。这种驱动力存在于主体内部,驱动着主体向一定的目标行动。比如,有人由于没文化,吃了亏,于是有了学文化的需要,进而演化为学文化的动机,拜师求学的目标行为。可见,缺乏文化—学文化的需要(倾向)—学文化动机(内驱力)—学文化行为,是人们行为形成的规律之一。

(二)动机是被意识到的需要

这就是说,需要只有在意识中得到适当的表现,即被意识到,才会转化为动机,从"倾向"转化为"内驱力"。如果没有这种"适当表现",需要可能只是需要,倾向可能只是倾向,难以促成行为。就这一意义而言,动机较之需要具有更大的主观性。了解这一点,对我们研究动机的培养和激发等课题,有极其重要的意义。

(三)动机是目标明确的驱动力

需要本身就具有指向性,但这种指向目标尚不具体,仅以满足缺乏为限。到了动机阶段,就有了具体的目标,这样,动机驱动力的方向就更加明确,并且,与具体目标紧密相连,从而使人们的行为具有了方向与目的。

二、动机的组成部分

(一)内驱力

指有机体在需要的基础之上产生的一种内部矛盾推动力,是一种内部刺激。当有机体产生需要而且并未得到满足时,就会产生内驱力,内驱力推动有机体尝试相应的反应,从而导致需要的满足。例如,当有机体感到饥饿出现进食需要时,内驱力会驱使人表现出寻找食物的行为以满足这种生理需要,随着进食需要的满足,内驱力降低,行为也就停止了,所以说,"内驱力"和"需要"基本上是同义的,经常被替换使用。但从严格意义上来讲,"需要"指的是主体的感受,而"内驱力"表现的是作用于行为的刺激,内驱力的作用可以通过行为强度来测量,它本身也可以通过一些外界手段来操纵。例如,腾布里通里在1930年从被饿了几天的狗身上抽取血液,注射到刚吃饱了的狗身上,这些狗又会继续吃,好像已经饿了几天一样。这说明血液中某些化学成分的变化有可能成为进食的内驱力。

(二)诱因

指能够激起有机体的定向行为并能满足某种需要的外部条件或刺激物,是机体趋向或回避的目标。满足有机体需要的诱因是后天通过个体经验而逐步形成的,如食物的颜色、气味是饥饿时觅食的诱因;商品的精美包装是顾客购买需求的诱因等。诱因可分为正诱因和负诱因两种。正诱因使人产生积极的行动,即趋向或接近某一目标;而负诱因产生消极行为,即离开或回避某一目标。当有机体在个体活动中把自己的某种需要与能满足需要的物体、情境联系在一起,这些物体就成了行为的目标。诱因和目标在动机中是同意义的,内驱力与诱因是紧密联系的。内驱力较内隐,是推动有机体行动的内部原因;诱因是与内驱力相联系的外界刺激物,它能吸引有机体的活动,并使需要有可能得到满足,从而降低内驱力强度。因此,没有内驱力,就不会有行为目标;反之,没有行为目标,也就不会有特定的内驱力,所以说,人的行为往往取决于内驱力与诱因的相互作用。

三、动机的种类

(一)内部动机与外部动机

根据引起动机的原因,可以将动机分为内部动机和外部动机。内部动机是由内部因素引起的动机,外部动机则是由外界的刺激作用而引起的。例如,有些孩子刻苦学习是因为他们在学习方面有强烈的好奇心、求知欲、责任心、上进心等,这种学习动机就是内部动机,有的孩子努力学习只是为了得到父母和教师的表扬和奖励，避免受到批评或惩罚，这种学习就是外部动机。相对而言，内部动机比较稳定且会随着目标的实现而增强；而外部动机则是不稳定的，往往会因目标的实现而减弱。应当指出，内部动机和外部动机的划分不是绝对的，在一定条件下，外部动机可以转化为内部动机。个体的许多社会性动机就是通过外部动机转化而来的。

（二）生理性动机与社会性动机

根据动机的起源，可以把动机分为生理性动机和社会性动机。生理性动机是以个体生理需要为基础的动机。例如，饥饿、渴、排泄、性欲、母性等都是生理性动机。社会性需要是以人的社会性需要为基础的动机。例如劳动动机、创造动机、交往动机、成就动机等都是社会性动机。严格来说，由于人类生理需要的满足要受社会生活的影响，因此，人没有纯粹的生理性动机。例如，吃饭本来是满足人对食物的需要，但朋友之间的请客吃饭，就不单纯是为了果腹，而是包含了一定交往的动机。

（三）主导动机与非主导动机

根据动机对行为作用的大小，可以将动机分为主导动机和非主导动机。主导动机是个体最重要、最强烈、对行为影响最大的动机。非主导动机是强度相对较弱、处于相对次要地位的动机。人的行为实际上是由不同重要性的动机构成的动机系统决定的。在这个动机系统中，主导动机可以抑制那些与其目标不一致的动机，对个体的行为起决定作用；非主导动机则起辅助作用。通常所说的"公而忘私"就是主导动机起作用的体现。在这里，"公"是主导动机，"私"则是非主导动机。

（四）近景性动机与远景性动机

根据动机引起的行为与目标之间的远近关系，可以将动机分为近景性动机和远景性动机。近景性动机是指与近期目标相联系的动机；远景性动机则是与较长远的目标相联系的动机。例如，学习外语，有的只是为了四六级考试取得一个好分数，有的则是为了将来能很好地使用外语这个工具。

近景性动机与远景性动机的划分是相对的。与一种动机相比是近景性动机，而与另一种动机相比则可能是远景性动机。

四、动机的功能

（一）激活功能

动机的激活功能是指动机有发动有机体活动的作用，使有机体进入活动状态、提高唤醒水平促使人进行某种活动。例如，爱集邮的人，看到一张精美的邮票就会产生占有它的动机。个体一旦产生这种动机，就会想方设法买到或用其他物品换到这张邮票。这里的"买"或"换"的活动就是在"占有"的动机的推动下进行的，如果没有这种动机就不会产生"买"或"换"的行为。

（二）指向功能

动机的指向功能就是指动机使人们的活动指向特定的对象。一个人有了想吃东西的动机，他的活动就指向食品，他就会去寻找或购买食品。在学习动机的支配下，人们会到书店买书或去图书馆借书。一名大学生在考研的动机驱使下，他会勤奋地学习。

（三）维持和调整功能

当活动产生以后，如果其活动指向了个体追求的目标，其动机就会加强，这种活动就能继续下去；如果其活动偏离了追求的目标，其动机就得不到强化，这种活动就会减弱或停止。这就是动机对活动的维持功能。例如，由于学习动机的作用，学生会表现出渴求知识的迫切愿望、主动认真的学习态度和高涨的学习积极性，从而主动自觉地进行学习活动，并克服困难将学习活动长时间地进行下去。

五、动机的形成与相互作用

（一）需要是动机形成的基础

人的动机是在需要的基础上形成的。当人们感到生理上或心理上存在着某种缺失或不足时，就会产生需要。一旦有了需要，人们就会设法满足这个需要。只要外界环境中存在着能满足个体需要的对象，个体活动的动机就可能出现。例如，一个腹中空空的路人，就会产生吃东西的需要。如果发现了食品店，其想吃东西的需要就会转化为购买食品的动机。

并非任何需要都可以转化为动机。只有需要达到一定的强度后，才会转化为相应的动机。当需要的强度较弱时，人们只能模糊地意识到它的存在，这种需要叫意向。由于意向不能为人们清晰地意识到，因而难以推动人们的活动，形成活动的动机。当需要的强度达到一定的程度时，就能被人们清晰地意识到。这种需要叫愿望。只有当人们具有一定的愿望时，才能形成动机。当然，个体的愿望要转化为动机，还要有诱因的作用。否则，只能停留在大脑里。例如，一个人无论多么想读书，如果没有读书的必要条件，他读书的愿望就不能付诸行动，也就不能形成读书的动机了。

（二）诱因是动机形成的外部条件

诱因是指能满足个体需要的外部刺激物。想买衣服的人，看到商场陈列的服装，就可能产生购买的动机。商场里的服装就是购买活动的诱因。诱因使个体的需要指向具体的目标，从而引发个体的活动。因此，诱因是引起相应动机的外部条件。

（三）动机的相互作用

人在同一时间往往有多种动机，这些动机有的是目标相一致的，有的则是相互矛盾或对立的。人的行为到底由什么动机决定，主要取决于这些动机相互作用的结果。

1. 动机的联合

当个体同时出现的几种动机在最终目标上基本一致时，它们将联合起来推动个体的行为。例如，个体有在将来找到好工作的动机、有喜欢学习的动机、有追求当前物质利益（如奖学金）的动机，而取得好成绩是这些动机的共同目标。这些动机就联合起来，推动个体的学习活动。在几种相互联合的动机中，强度最大的是主导动机。它对其他动机具有调节作用。这种调节作用主要表现为：首先，主导动机有凝聚作用，将相关动机联合起来，指向最终目标；主导动机还决定了个体实现具体目标的先后顺序。其次，主导动机具有维持作用，可将相关动机的行为目标维持在一定的目标上，阻止个体行为指向其他目标。非主导动机的影响力较小，但其作用也是不可忽视的。非主导动机可以增强或削弱这种动机联合的强度。

2. 动机的冲突

当个体同时出现的几种动机在最终目标上相互矛盾或相互对立时，这些动机就会产生冲突。如果几种相互对立的动机在强度上差异较大，强度较大的动机很容易会战胜其他动机而成为主导动机，这时的动机冲突就不明显，不易为人们所察觉。如果几种相互对立的动机在强度上差异较小，这时的动机冲突就显得十分激烈。通常，动机冲突是专指这种较为明显的两种动机之间的冲突。常见的动机冲突有双趋冲突、双避冲突、趋避冲突。

双趋冲突是指两种对个体都具有吸引力的目标同时出现，且形成强度相同的两个动机。由于条件限制，只能选其中的一个目标，此时个体往往会表现出难于取舍的矛盾心理，这就是双趋冲突。"鱼与熊掌不可兼得"就是双趋冲突的真实写照。

双避冲突是指两种对个体都具有威胁性的目标同时出现，使个体对这两个目标均产生逃避动机，但由于条件和环境的限制，也只能选择其中的一个目标，这种选择时的心理冲突称为双避冲突。"前遇大河，后有追兵"正是这种处境的表现。

趋避冲突是指某一事物对个体具有利与弊的双重意义时，会使人产生两种动机态度：一方面好而趋之，另一方面则恶而远之。所谓"想吃鱼又怕鱼刺"就是这种冲突的表现。

在现实生活中，一个人常常遇到各种动机冲突。如果不能很好处理，就会产生强烈的消极情绪，使人陷入困惑和苦闷之中，甚至颓废和绝望，无力自拔。动机冲突不但会影响人的正常工作和学习的积极性，还会给人的身心健康带来严重威胁，甚至使人的精神状态趋于崩溃，乃至行为失常。

第二节　旅客动机与旅游行为

一、旅客动机的分类

人们外出乘坐高铁的动机通常是多种多样的，这主要是因为人们的需要是复杂多样的。旅客动机按照不同的划分角度可以划分为许多不同的类型，主要动机有以下几类。

（一）安全动机

安全动机是指旅客为了得到出行安全而引发的动机。高铁在大众的眼中是安全的，但是少数人会因为高铁的高速行驶而感到不安和紧张，所以会产生对人身安全的强烈渴望。因为高铁快速行驶会使有的人感到耳鸣等身体不适，所以他们希望能够准时安全地到达终点。

（二）舒适动机

这是指旅客为了追求环境整洁舒适而引发的动机。对于高铁旅客来讲，他们希望在旅行过程中，从购票、行李存放直至到达目的地，都能够得到高铁服务员热情、细致的服务。

（三）快捷动机

这是指旅客为了求得交通便利快捷而引发的动机。旅客乘坐高铁出游的动机，最主要的就是快捷。因为对大多数旅客来讲，选择高铁出行正是看中其方便、快捷的优势。现代社会，商场如战场，时间就是金钱，时间就是生命。从这点来看，高铁是除了飞机之外第二快的交通工具，具有快速到达目的地的优势。

（四）自我动机

高铁中针对不同的服务类型分成了二等座、一等座、商务座三种类型，乘坐高铁的旅客可以根据自己的情况选择不同的座位。对于某些旅客来讲，乘坐高铁是一种身份和地位的象征，借此他们可以体验到自身的身份、地位和价值。

二、旅客的旅游行为

旅游行为指的是旅客离开常居地前往一个新的目的地进行休闲旅游、探亲或是商务的行为。旅游动机是指推动人们进行旅游活动，并使人处于积极状态以达到一定旅游目标的动力或内驱力。

旅客的出行动机可以分成三大类。第一是休闲观光旅游的需要。此类是在日常工作、生活之余，为了休闲放松、康体娱乐而进行的观光休闲、度假疗养等旅游活动。具有休闲、健康动机的旅游者，在选择旅游目的地和旅游活动项目上，更看重那些能够增进身心健康、使人全身心投入的活动，如轻松愉快的参观游览、不太激烈的体育健身活动、各种修养治疗活动以及令人开怀的文化娱乐活动等。各种自然风光、历史古园、海滨、温泉疗养区以及有较好的艺术活动传统的地区,常常是具有健康、娱乐动机的旅游者选择的对象。第二是探亲访友的需要。人们为了探亲访友、寻根问祖、结识新朋友等而进行的出游,是社会交往动机的体现。社会交往的动机以加强沟通交流、发展人际关系、公共关系为目的。第三是商务出行的需要。商务出行是指人们为了各种商务、公务活动外出。另外,参加学术考察交流、到异地洽谈业务,例如出差、经商等,都属于商务的动机。此外,各种专业团、政府代表团以及交易会、洽谈会等所参与的旅游行为也都属于此类动机。

第三节 旅客动机的影响因素

了解旅客的消费动机,分析影响旅客消费动机的重要因素,有利于提高高铁服务人员的服务水平。

旅客动机产生的影响因素主要有三种:一是经济因素,二是时间因素,三是社会因素。

一、经济因素

旅客出行活动是一种消费行为,是以一定的经济基础条件来支撑的。经济因素对旅客动机的产生有决定性的影响,它是影响旅客动机所有外部因素中最重要的因素。在前面的内容中,我们分析了旅客出行动机一般是旅游、探亲访友、商务等原因。有学者研究指出旅游与人均国民收入之间存在着明显的联系。研究表明:人均国民年收入达到350美元时,就会产生国内旅游的欲望;达到800美元时,就有出国旅游的初步条件;达到2000—8000美元的中等发达国家,就会成为输出旅游的主要客源地;同时,客源地的政治、文化背景又决定着人们的旅游偏好。此外,高铁票价相对较高,也限制了一部分低收入人群的出行动机。

● **拓展知识**

高铁票价的计算方法

一、定价标准

按《国家计委关于高等级软座快速列车票价问题的复函》（计价管〔1997〕1068号）的规定，旅行速度达到每小时110千米以上的动车组列车软座票价基准价：每人每千米一等座车为0.3366元，二等座车为0.2805元，可上下浮动10%。

按《国家计委关于广深铁路运价的复函》（计价管〔1996〕261号）的规定，广深线开行的动车组列车票价可在国铁统一运价为中准价上下浮动50%的基础上再上下浮动50%，由企业自主定价。

二、动车组公布票价

一等座车公布票价 = 0.3366 ×（1+10%）× 运价里程

二等座车公布票价 = 0.2805 ×（1+10%）× 运价里程

另，票价外按规定加收按硬座基准价的2%计算的强制保险。

广深线上的动车组列车公布票价由企业在规定水平内自行确定。

三、票价执行

动车组票价可按公布票价打折，但应符合下列条件：

1. 根据不同区域、不同季节、不同时段的市场需求，实行不同形式的打折票价；

2. 二等座车公布票价打折后不得低于相同运价里程的新空软座票价。在短途，公布票价低于新空软座票时，按公布票价执行。70公里及以下运价里程的动车组不进行任何形式打折优惠，一律按公布票价执行；

3. 经过相同路径、相同站间、相同时段，不同车次应执行同一票价；

4. 同一车次，各经停站的票价在里程上不能倒挂；

5. 一等座车与二等座车的比价在1∶1.2—1.25。

（铁运电〔2007〕75号文）

二、时间因素

旅客出行是需要一定闲暇时间的,旅客出行活动需要有自己能支配的时间,能从繁忙的工作、学习和家庭事务中脱身来实现出行的计划。时间对旅客出行消费行为的影响往往大于金钱。旅客出行行为多发生在闲暇时间内,闲暇时间是保持身心平衡的因素。然而人们能自由安排的时间不是工作之外的全部时间,它只是其中的一部分,而且一个人闲暇时间的多少,是因人、因家庭、因经济条件而异的。

时间对旅客出行的影响,不仅指没有时间人们不可能出行,还包括时间对人的出行消费行为的影响。在一个经济发达的社会里,时间是一种很珍贵的资源。人们埋头苦干、勤奋工作,不愿意将时间花费在无用的、不出成果的事情上。在平时,他们样样都舍不得割舍,把生活的节奏加快到疯狂的程度,在度过他的"空闲"时间时,他像平时一样,也要有所收获,他们外出时也要像往常那样充分利用每一秒,因此会选择飞机、高铁等快速交通工具作为出行的首选。

三、社会因素

旅游是旅客出行的重要动机,也是现代人的一种生活方式,不可能脱离社会背景而单独存在。这里的社会条件,主要指一个国家或地区的经济状况、文化因素以及社会风气等社会因素。

一个国家的旅客出行量与旅游发达程度密切相关,而旅游发达程度又同这个国家或地区的经济发展水平成正比。只有当一个国家或地区的经济发达时,才有足够的实力改善和建设旅游设施,开发旅游资源,促进交通运输业的发展,从而提高旅游综合吸引力和接待能力,激发人们的旅游兴趣,带来旅客接待量的增长。便利化的交通工具、完善的旅游设施能提高旅游地的吸引力和接待力。一个国家或地区有积极优惠的旅游开放政策和方便出行的交通,以及安全稳定的社会生活环境和独特的社会文化生活、民族风情、风俗习惯、宗教文化等也能推动旅游者的旅游行为,从而促进旅客人数增加。

总之,旅客出行动机产生的根本原因是"需要"的存在。这种需要的构成，一部分是人们的低级生理需要（如精神放松、呼吸新鲜空气等）；另一部分是人们好奇心的增强，即复杂性需要的不断增多；还有一部分是人们的审美需要（如距离美）；再有一部分是高级的社会需要（如人际关系、获得尊重和自我实现等）。影响旅客动机的外因，与自身具备的经济条件和时间条件、周围旅游风气和习惯的影响、生产力发展水平，特别是旅游业的总体发展水平等都有一定的关系。

第四节 旅客动机的激发

激发旅游动机，可以从消除人们对旅游的顾虑、唤起人们的旅游愿望、增强旅游的吸引力和接待力等方面下手。可采用如下措施。

一、积极营造乘坐高铁的良好乘车环境

在候车大厅设立平安航母警务室，专人做好巡逻安保工作，依法对喊客、强行揽客、扰乱社会治安等人员进行行政强制措施或警告、拘留等行政处罚。依法严厉打击高铁站前广场"黑车"非法营运、出租车不按计价器收费等违法违规经营行为。依法对违停车辆进行处罚，严禁乱停乱占，维护道路整洁通畅，及时有效处理旅客的诉求。在高铁站站前广场设立出租车即停即走点和排队通道，设立明显的指示标志。通过多部门联合执法，有力保障高铁站站前广场社会治安、运营秩序、周边环境。营造良好的候车乘车环境，会有越来越多的旅客选择高铁出行。

二、加强与旅游城市、旅游景区的合作，开设高铁旅游线路

高铁旅游线路应加强旅游宣传，在高铁上播放旅行宣传片，为旅游者提供信息，帮助他们认识旅游的价值、使他们消除顾虑。以便捷快速的出行方式，改变人们的旅游态度，唤起欲望，激发动机。

高铁线路与旅游城市、旅游企业要和各种传播媒介搞好关系。通过他们

的宣传，可以树立一个国家、一个地区甚至一个企业的良好形象。旅游宣传也可以通过旅游企业自己的各种促销活动来进行。比如，广告宣传就是一种很好的方式。旅游广告是向旅游者传播旅游产品信息的宣传手段，它主要是为了突出旅游企业形象，树立企业声誉，争取客源，介绍新的旅游线路和服务项目等。

● 相关链接

"高铁+"产品助用户实现"快旅慢游"

随着旅客消费方式的改变，现在高铁旅游的热度也在持续提升，人们现在出行喜欢选择高铁票附加其他类型的方式，例如："高铁+酒店""高铁+门票""高铁+一日游"等类型，让旅客在买高铁票的同时可以购买旅行配套的服务，为游客提供更加个性化的服务。

随着高铁网的连横纵贯，越来越多的乘客愿意选择乘坐高铁出行。像旅行的一些热门城市，北京、上海、广州、南京、深圳、武汉、成都、杭州、郑州、重庆等城市客源最集中。经济发达的一、二线城市依旧是高铁游主要客源地，这些城市高铁网络的连贯也成了重要的助推力。从途牛网统计的高铁游客户年龄分布来看，高铁出游以70后、80后为主，合计占比62%。因为高铁游安全、舒适、快捷，不少老年人出行也会选择高铁出行，老年人高铁出行的占比达12%。年轻时尚、喜欢新事物的90后也对高铁游保持了较高热情，占比达23%。

从出游方式来看，年长的游客选择"高铁跟团游"的服务较多，即从全国各地乘高铁抵达目的地后散客成团出行，方便快捷，而80后、90后用户选择"高铁+"产品，喜欢搭配一日游、门票、酒店、当地玩乐套票的居多。这种方式行程自由度更高，更能符合个性化出行的需要，满足不同年龄段旅客的不同旅行需求。

长线游中西部人气较高

高铁网络的发达，使得一些城市成为热门的旅游城市，根据途牛网2018年统计的数据，最受高铁游客户欢迎的周边游目的地城市前十名分别为杭州、上海、桂林、南京、无锡、池州、宁波、长沙、苏州、黄山,长三角地区是高铁周边游的主要目的地,这些城市有着丰富的旅游资源,而且高铁比较发达。

以杭州为例,杭州目前拥有沪杭高铁、宁杭高铁、杭长高铁、杭甬高铁四条高铁线路,是长三角地区仅次于上海的高铁枢纽城市。杭州作为中华旅游文化名城,拥有2个国家级风景名胜区、2个国家级自然保护区、7个国家森林公园等丰富的旅游资源,健全的高铁网络给杭州带来了更多的游客。同时,被誉为"最美高铁线"的杭黄高铁已于2018年12月正式通车,此条高铁线路沿途连接了富春江、千岛湖、黄山等7个5A级风景区,自高铁线路开通之后形成了一条"黄金旅游通道",能够进一步推动浙西、皖南旅游业的发展。

之前内地游客前往香港旅游,通常都是乘坐飞机、汽车等交通工具,通行比较烦琐,广深港高铁香港段通车后,给内地游客赴港旅游提供了更多便利,同时"一地两检"的政策更是提高了出入境通关效率,高铁沿线城市赴港游人数大幅度上升,很多游客都愿意体验乘高铁到香港的便利。

本章小结

1. 所谓"动机"是指激起人们行动或抑制这个行动的愿望和意图,这是一种推动人的行为的内在原因。动机由内驱力和诱因组成。动机分为内部动机与外部动机、生理性动机与社会性动机、主导动机与非主导动机、近景性动机与远景性动机等。动机具有激活功能、指向功能、维持和调整功能。

2. 旅客动机可以分成安全动机、舒适动机、快捷动机和自我动机。

3. 影响旅客动机的因素主要包括经济因素、时间因素和社会因素。

4. 旅客动机的激发主要采取如下措施:积极营造乘坐高铁的良好的乘车环境,加强与旅游城市、旅游景区的合作,开设高铁旅游线路等。

思考与练习

一、思考题

1. "动机"的含义。
2. 简述动机的功能。
3. 简述旅客动机的分类。
4. 请简述影响旅客的动机的因素。

二、实践题

试用调查法调查一下周围人的旅游动机并进行分析。

第五章
旅客情绪情感

引 言

在实际社会生活中，我们需要面对各种社会现象，会要接触到不同的人。有的现象和人可以让人产生喜欢、愉快、激动、赞叹等积极的心理体验，有的则会让人产生厌恶、忧虑、恐惧、痛苦等消极心理体验。旅客在旅途中也是一个情绪情感的体验过程，本章先从心理学理论知识着手，讲述了"情绪情感"的含义、种类，理解旅客情绪情感的特征，进而分析了情绪情感与旅客行为、情绪情感与高铁乘务服务的关系，最后总结出高铁服务人员应该具备的情绪控制步骤和方法。通过本章内容的学习，希望能够更加正确地分析旅客情绪情感特点，以提高高铁乘务服务水平。

学习目标

1. 知识目标

了解"情绪情感"的含义和种类；理解旅客情绪情感的特征。

2. 技能目标

能正确熟练地分析旅客的情绪情感特点，根据其外在表现来分析其内在心理状态，并控制好自我情绪，提供优质服务。

第一节 旅客情绪情感概述

一、"情绪情感"的含义和关系

（一）含义

情绪情感是人对客观事物的主观的心理体验。同一个人对待不同的客观事物会产生不同的心理体验，不同的人对待同一个客观事物也会产生千差万别的心理体验。这是由客观事物本身是否符合人的需要来决定的，符合需要则容易产生积极的情绪情感，反之，则容易出现消极的情绪情感。比如，人在口渴的时候，看到一瓶矿泉水会积极主动地想打开喝，产生积极的情绪情感体验，因为这瓶水恰巧满足了他此时的需要。

情绪情感是一种复杂的心理现象，可以从以下几个方面来理解。

1. 刺激引起情绪

当外界的客观事物与自身的需要形成某种关系时，这种客观事物就成为对自身的一种刺激。这种刺激使身心处于一种激动状态，人对这种状态的体验就是情绪。刺激可以是外在、具体可见的，如明媚的阳光、舒适的环境、迷人的风景等；刺激也可以是内在的、不可捉摸的，如记忆、想象等。

2. 需要影响情绪

人都有各种各样的需要，个体对各种需要是否满足、满足程度如何等，都会产生一种态度体验，这种体验就是情绪。如果需要能够得到满足，个体就会产生积极正面的情绪；相反，个体就会产生消极负面的情绪。

3. 自身认知影响情绪

人的情绪会受到个人认知的影响，因而面对同一种刺激，不同的人情绪反应会不一样。每个人都有关于自己、他人和社会的一些稳定的态度和信念。这些认知的不同，使人在面对同样的刺激时，会有不同的态度和体验，因而产生不同的情绪。

【小故事】

卖伞和卖鞋

有一个老太太,她有两个儿子,一个在集市上卖伞,另一个在集市上卖布鞋。老太太每天都愁眉苦脸的,晴天的时候,她想到那个卖伞的儿子,"唉,谁来买我儿子的伞哟!"下雨的时候,她想到那个卖布鞋的儿子,"唉,谁来买我儿子的布鞋哟!"所以不管是雨天还是晴天她都不快乐。

想一想,你应该怎样劝说才能让老太太高兴起来?

4. 情绪不易自控

情绪产生后往往伴随着一定的生理变化和行为反应,这通常是个体无法自主控制的。情绪生理反应是指在情绪活动中伴随发生的一系列生理变化,它主要由自主神经系统和内分泌系统活动的改变而引起。例如心跳加快、血压升高、瞳孔放大等。这是机体的一种自我保护功能,是人的一种本能活动,是人的主观意识所无法轻易控制的。

(二)情绪与情感的关系

情绪与情感常常被人们放在一起说,因为它们都是人对客观事物的一种心理反应。但实际生活中,人们往往容易忽略它们的区别。

1. 情绪在先,情感在后

情绪和情感是属于同一类的不同层次,二者呈递进关系,情感是在情绪积累的基础上建立起来的。情绪表现越强,情感越深。比如,婴儿对母亲的依恋是在受到母亲悉心照顾的过程中产生快乐的情绪累积,从而形成的一种情感依赖。

2. 情绪具有生理性,情感具有社会性

情绪更多与生理需要是否被满足有关,是原始的,是人和高级动物所共有的。比如,人在饥饿的时候有食物吃就会开心,是需求得到了满足而表现出开心的情绪。而情感更多与社会性需求是否被满足有关,是人类所独有的。比如,爱国主义情感就是伴随对祖国的爱而产生的社会性情感。

3. 情绪表现在外,富于变化,情感更具有内隐性、稳定性和持续性

情绪表现有明显的外部特征,通过面部表情、肢体语言、言语表达外露出来。情绪来得快,去得也快,是随着客观环境的变化以及需要满足的情况变化而变化的。而情感是比较深的内心体验,不容易被发现的,具有较强的稳定性和持续性,它对人的行为活动起到重要的指导和调节作用。

二、情绪情感的种类、状态,情感的种类

(一)情绪的种类

人类的情绪千姿百态,究竟有多少种不同的情绪是多年来心理学家潜心研究的课题,许多研究试图确立人类的基本情绪种类,由于使用的方法不同,就产生了各种不同的结论。

我国的心理学家林传鼎早在1944年通过查阅《说文解字》找出9353个正篆,发现其中有354个字是表现描述人的情绪的,按其解释的意思可分为18类,即安静、喜悦、愤怒、哀怜、悲痛、忧愁、焦急、烦闷、恐惧、惊骇、恭敬、抚爱、憎恨、贪欲、嫉妒、傲慢、惭愧、耻辱。20世纪70年代初,美国心理学家伊扎德用因素分析和逻辑分析的方法,提出一个"情绪分析表",其中包括9种基本情绪,即兴奋、喜悦、惊骇、悲痛、憎恶、愤怒、羞耻、恐惧、傲慢。

下面,我们介绍四种基本情绪,快乐、愤怒、恐惧和悲哀。

1. 快乐

快乐是一个人追求并达到所期望的目标时产生的情绪体验。快乐是有强度层次的,从满意到开心,再到欢乐,直到欣喜若狂。

快乐的产生以生理、心理和社会的条件为依据,主要包括三个方面:一是感觉快乐,人们生活在舒适的条件中就会感觉很快乐,例如炎热的夏天在空调车厢里就感觉到快乐。二是驱力快乐,即生理需要得到满足所产生的快感,例如困了可以在车上不受打扰地睡一觉。三是玩笑中的快乐,人们在玩笑和娱乐中也能产生快感,例如周末和同学相约旅游踏青等。

2. 愤怒

愤怒是因极度不满而产生的紧张不愉快的情绪。愤怒是一种常见的负面情绪,其发生形式常与搏斗、攻击等行为相联系。

3. 恐惧

恐惧是由于自身缺乏处理可怕状况的能力和手段而导致过度惊吓和惧怕

的情绪体验。恐惧是最有害的情绪，强烈的恐惧所产生的心理震动会威胁人的生命。不确定性和不可预料性是引发恐惧的诱因，在一定时间和空间内期望的或熟悉的事情没有发生可能会让人产生危险意识，从而产生恐惧感。恐惧还受自己所处的文化和生活经验的影响，失业、离婚、盗窃甚至鬼怪传说，都能诱发恐惧。恐惧是可以习得的，也可以由想象或认知所诱发。

● 相关链接

小白鼠恐惧实验

华生在西方心理学史上有着举足轻重的地位，他曾经做过一个备受争议的"小白鼠恐惧实验"。

实验将一个叫艾伯特的小婴儿作为对象，把白色绒毛的小白鼠呈现在他的面前。小婴儿看见可爱的小白鼠之后，情不自禁地想要靠近它。正当小婴儿要触摸到小白鼠时，华生突然猛烈撞击钢条，发出巨大声响。钢条撞击的巨大声响给小婴儿带来了惊吓和恐惧。过了一会儿，小婴儿惊吓消散，想要再次去触摸小白鼠时，同样的剧情再次发生。如此反复，只要小婴儿触摸小白鼠，华生便撞击钢条。几次之后，小婴儿开始把对钢条撞击的恐惧转移到了小白鼠身上，不敢再去摸它。也就是说，小婴儿把巨大声响所带来的恐惧与小白鼠的特征进行了连接，心理学称为"条件反射"。更糟糕的是，进一步实验发现，小婴儿不仅仅对小白鼠产生了恐惧，他对所有白色的、毛茸茸的物体都产生了恐惧情绪，这种情况我们称为"泛化"。

华生的这一研究备受外界指责。虽然事后华生想过很多办法来消除给艾伯特带来的负面影响，但是这种条件反射只是强度有所减弱，由此带来的恐惧却伴随了艾伯特一生。

4.悲哀

悲哀是在失去了心爱的人、物或是愿望破灭时所产生的情绪体验。悲哀也是一种普遍的负面情绪。心理学家认为，悲哀和痛苦是同一种情绪的两种表现形式，悲哀和痛苦是有区别的，例如婴儿由于饥饿而引起的哭闹只能被称为"痛苦"而不能被称为"悲哀"。悲哀是痛苦的发展和延伸,悲哀比痛苦具有更鲜明的情绪色彩。

以上四种情绪是人类的基本情绪,在基本情绪的基础上,可以派生出多种复杂的情绪。这些情绪,有的与感觉刺激有关,如疼痛、厌恶、烦恼、愉快等;有的与自我评价有关,如骄傲、羞耻、罪过、内疚、悔恨等;有的与他人有关,如喜欢、接纳、拒绝、同情、冷漠、爱、恨等。

(二)情绪的状态

情绪状态是指在某种事件或情绪的影响下,在一定时间内所产生的某种情绪,其中较典型的情绪状态有心境、激情和应激三种。

1. 心境

心境是一种微弱的、平静而持久的情绪状态。心境具有感染性,当人处于某种心境时,会以相应的情绪体验来看待周围的事物,如人在伤感时见到落花而伤心落泪。心境具有稳定性和持久性,一种心境可以持续几个小时、几星期或者几个月甚至一年以上。心境持续时间的长短主要依赖于两个因素,一是客观刺激的性质,二是个体的人格特征。

心境在人的现实生活中有重要的意义,良好的心境能使人精神振奋,不良的心境使人精神萎靡。心境对人的生活、学习、工作和身心健康都有很大的影响。高铁旅客若处于积极的心境中,将非常有利于高铁服务人员工作的开展;高铁旅客若处于消极的心境中,则会增加高铁服务人员的工作难度。值得一提的是,人的世界观、理想和信念决定着心境的基本倾向,对心境有着重要的调节作用。

2. 激情

激情是一种爆发式的、猛烈而为时短促的情绪状态,如狂喜、暴怒、痛苦等,通常是由突然发生的、对人具有重大意义的事件引起的。人能够意识到自己的激情状态,也能够有意识地调节和控制它。要善于控制自己的激情,作自己情绪的主人。只要具有正确的思想意识,遇事善于分析判断,在面临激动的情境时,命令自己"冷静",就能使这种情绪减弱或得到控制。此外,激情还有积极性和消极性之分,要学会控制消极的激情。在高铁乘务服务中,脾气急躁的旅客会因为没有受到应有的尊重而感到愤怒,火冒三丈,就是其激情状态的表现。

3. 应激

应激是出乎意料的紧迫情况所引起的急速而高度紧张的情绪状态。例如人们遇到某种意外危险或面临某种突发事变时，必须集中自己的智慧和经验，迅速选择，采取有效行动，此时人的身心处于高度紧张状态，即为应激状态。保持适度的应激状态，能更好地发挥积极性，使思维的判断力明确，增强人的反应能力。一个人要使自己能经常保持适度的应激状态，在很大程度上取决于人对出现意外情况能迅速进行判断和决策的能力，以及具有果断、坚强的意志力等品质，而这些方面又都是可以通过实践而获得或增强的。

● **相关链接**

生死迫降

2018年5月14日，四川航空A319-100/B-6419号机，执行3U8633重庆至拉萨航班。当日06：27飞机从重庆起飞，在9800米巡航过程中，飞机马赫数0.74—0.75，机组发现右侧内风挡出现裂纹，于是立即申请下降高度返航，这时ECAM（电子集中监视系统）出现右风挡玻璃防冰故障信息。在短短的一两分钟时间，右风挡玻璃发生爆裂，机组立即下降高度、减速，戴氧气面罩。由于噪声太大，无法建立无线电通信联系。机组将应答机调至7700（紧急状态）。因高度急剧下降，客舱内氧气面罩脱落，机组人员按程序广播和处置。在执行超重着陆检查单后，飞机于07：42安全落地。面对如此生死迫降，机组临危不惧、应对妥当，119名旅客9位机组成员平安着陆。

（三）情感的种类

人的情感是多样复杂的，它是一种高级社会情感，反映着人们的社会关系和社会生活状况。高级社会情感的内容是由人的世界观、道德行为准则和美学评价所决定的，对人的社会行为起着积极的或消极的作用。高级社会情感一般分为道德感、理智感和美感。

1. 道德感

道德感是按照一定社会的道德准则去感知、衡量、评价自己或他人的社会行为时所产生的体验，如责任感、同情感、友谊感等。一个人的道德感在儿童时期已有明显的发展，青年时期是一个人道德感迅速发展和成熟的重要时期。

道德感在高级情感中占有特殊的地位，对人的言行起着重要的作用。人们按照道德准则去衡量别人，比如，当别人的思想行为符合道德准则时，就会对他产生崇敬之情，反之，则会产生厌恶或愤怒。同时，人们也可以按照道德准则来衡量自己，当自己的思想行为符合道德准则的时候，人们会感到心安和愉悦，反之，则会焦虑和徘徊，会受到良心的谴责。

2. 理智感

理智感是人在智力活动中产生的情感。求知感、惊讶感、怀疑感、坚信感、成就感等都是理智感的不同表现形式。

求知感是指人对未知事物的执着追求，它可以刺激人对事物的不断学习和研究。孩子天生就是学习家，人与生俱来就有发现探索世界的求知欲望，随着年龄的增长、知识的增多，求知感依然存在，变化的只是知识的内容。

惊讶感是指人在认知活动过程中遇到某种新异的、陌生的东西时产生的情感。它是使人积极从事认知活动的推动力。英国物理学家牛顿坐在自家院中的苹果树下时，一只苹果刚好掉落在他的脚边，这次落下引起了牛顿的注意，他产生了惊讶感，终于获得了顿悟，找到了万有引力的规律。

怀疑感是指对某些事物的看法与他人或传统观念不相符的情况下产生的情感。它是有效认知活动的必要条件，能促使人们仔细认证所得资料。英国生物学家达尔文就是对"万物是上帝创造"的言论产生了怀疑而逐渐思考出了人类进化论。

坚信感是指由于认识到所掌握的事实和理论，经过检验证实相信其具有真理性和说服力而产生的体验。

> **• 拓展知识**
>
> ### 泛着理想信念之光的羊肠小道
>
> 在革命圣地井冈山，从茅坪乡的源头村到黄洋界保留有一条蜿蜒 3.1 千米的山道，这是井冈山革命斗争时期毛泽东、朱德带领红军战士挑粮上山的一段羊肠小道。现在这里的游客络绎不绝，大家挑起扁担体验当年红军走过的艰苦岁月。中国共产党人怀着崇高的理想和坚定不移的信念，从这条小道一步一步地走出了中国革命的康庄大道，这条泛着理想信念之光的羊肠小道是井冈山精神的起点，是井冈之魂。

成就感是指由于在学习、工作或是生活中的成功而产生的一种美好而满足的体验。当一个人能够很好地权衡工作和生活、游刃有余时，那么他会产生一种愉快满足感，获得小小的成就感。当奥运会的世界冠军站在领奖台上的那一刻，他会产生一种强烈的成就感。

3. 美感

美感是根据美的需要，按照个人所掌握的美的标准，对客观事物进行评价所产生的情感体验。如对大自然美景的欣赏，对艺术作品的欣赏，以及对丑陋现象的厌恶等，都是关于美感的体验。

美感受个体不同的审美需要、审美修养制约。对同一客观对象，不同的人会产生不同的美感体验，这种不同可以是程度上的不同，也可以是截然相反的。美感具有时代性。不同时代的人的审美标准有所不同。美感还具有地域性和民族性。比如，西方人多数认为脸上有雀斑是一种美，而东方人则多数认为不好看，要想办法祛斑。

三、旅客情绪情感的特征

（一）情绪的表达方式

个体通过一定的方式将情绪表达出来，从而显示其心理感受，并借以达到与外界沟通的目的。情绪可以通过以下方式表达。

1. 面部表情

面部肌肉的变化可以表达情绪。个体可以通过面部肌肉的变化来表达内心的感受，也可以通过观察他人面部肌肉的变化来了解他人的感受。面部表情包括眼、眉、嘴等的变化等，例如高兴时，人会眉开眼笑、嘴角上扬；悲伤时，人会双眉紧促、嘴角下垂。

> ● **相关链接**
>
> ### 不同情绪的表达
>
> 兴奋——眉飞色舞；手舞足蹈；声音大，语速快，常伴随着尖叫。
>
> 愉快——面带笑容；身体舒展放松，常伴有蹦跳表达；语言温和亲切，常伴跳跃感。
>
> 惊奇——嘴巴张大、瞳孔放大；身体僵住、呆住；声音发出"啊"的惊叹声。
>
> 悲痛——嘴角朝下、哭泣，以手掩面；声音低沉，语速缓慢。
>
> 恐惧——眼神发愣、脸色苍白、脸出汗、发抖、毛发竖立；全身发抖；声音发颤，常伴嘶喊声。
>
> 愤怒——皱眉、眼睛变狭窄、咬紧牙关、面部发红；拳头紧握；音大而高，语速快，带有质问语气。
>
> 羞愧——眼朝下、头低垂、满脸通红、眼光闪躲；缩手缩小，小动作多；声音低小，支支吾吾，前言不搭后语。
>
> 厌恶——翻白眼、嘴唇朝上；远离不靠近；常用无声来表达讨厌、恶心。
>
> 轻蔑——斜眼看人、冷笑；指手画脚；语言带有讽刺、挖苦、嘲笑的意味，声音刺耳。
>
> （魏全斌.民航服务心理与实务［M］.北京：旅游教育出版社，2007.）

2. 身体语言

身体语言指的是个体通过身体姿势变化来表达内心感受的一种交流信号。例如，欢乐时人会手舞足蹈，狂喜时人会捧腹大笑，悔恨时人会捶胸顿足，惊恐时人会手足无措。

3. 言语表达

言语表达指的是言语的声调、节奏、速度、音量等方面的变化，这些变化能够传递人的情感。例如，高兴时音调高、速度快，悲伤时语调低、语速慢等。人们说话的声音、语调、节奏等，都是表达和判断情感的指标。

【小故事】

悲情菜单

有一次，意大利著名的悲剧影星罗西应邀参加了一个欢迎外宾的宴会。席间，许多客人要求他表演一段悲剧，于是他用意大利语念了一段台词，尽管客人听不懂他的台词，然而他那动情的声调和表情，凄凉悲伤，不由使大家流下同情的泪水。一位意大利人却忍俊不禁，跑出会场大笑不止——原来，这位悲剧明星念的根本不是什么台词，而是宴席上的菜单。

想一想，言语真有这么大的威力吗？高铁服务中如何正确使用言语表情？

（二）旅客情绪情感的特征

作为高铁乘务的服务对象，旅客有着复杂的背景。旅客因为人在旅途中，在高铁上的情绪表现和平时就有很大的不同，这时他感受到的都是新鲜事物，因此情绪容易发生改变。具体表现为以下特征：

1. 容易兴奋

高铁上的旅客主要出行目的不外乎是观光旅游、工作出差、深造学习、探亲访友等。这些目的无一不会让旅客们感到兴奋，他们对接下来的行程充满了期待和幻想，带着激动的情绪开始了旅途。

2. 敏感性强

旅客脱离了平常的生活轨道和节奏，只在高铁上坐着看看沿途的风景，听听歌曲，吃吃美食，他们有比平时更多的精力来感受外界的事物，因此敏感性更强。

3. 容易起伏

在旅途过程中，旅客由于长时间在高铁相对狭小的空间里，容易感到身体的疲惫。高铁上所能提供的物资和服务会因为旅客的辛劳而变得越来越不令人满意，那么消极情绪自然就会容易出现，产生情绪起伏。

第二节 旅客情绪情感与旅途行为

一、旅途行为

广义的"旅途行为"是指旅客在一次完整的旅游过程中的所有空间移动以及在这些时间内的吃、住、行、游、购等一切行为。狭义的"旅途行为"是指旅客在乘车过程中发生的一切行为活动。本书说的"旅途行为"指的都是高铁运输中的旅客旅途行为。

二、旅客情绪情感对旅途行为的影响

行为是有机体在各种内外部刺激影响下产生的活动。人的任何行为活动自然也都会受到情绪情感的影响。旅客在高铁上的一切行为都会受到内部和外部的刺激，这里我们来分析旅客的情绪情感会从哪些方面对旅途行为产生影响。

（一）对消费动机的影响

动机是引起人们从事某种活动并朝着既定目标发展的一种内在驱动力。要促使旅客在高铁上产生消费行为，就必须激发旅客的消费动机。积极良好的情绪情感可以增加或促使消费动机的形成，而消极不良的情绪情感会削弱或打消人们消费的动机。比如，人们往往在情绪比较愉快的时候，食欲会大增，那么产生购买高铁食物的消费动机就会加强。

（二）对活动效能的影响

在积极适宜的情绪情感状态下，人的活动才能取得最大的活动效能。而消极不良的情绪情感，则会降低人的正常合理的活动能力，导致较低的活动效能，甚至出现不文明行为。但是，积极的情绪情感又不能过高，过高可能会对活动起干扰和破坏作用。比如，旅客具备积极适宜的道德感的时候，当他看到其他人在高铁上的不文明行为，就会做出积极的正确的行为来制止这

种现象。如果这种情感应激过高，他可能就会因为过于激进而导致做出矫枉过正的行为，对现象本身并未能起到有效制止，反而会发生更大的矛盾冲突和得到更加恶劣的结果。

> ● **知识链接**
>
> 高铁上的不文明行为
>
> 　　随着时代的发展、科技的进步，高铁已经成为老百姓出行最方便、最快捷、最舒适的交通工具。但是近年来，发生在高铁上脱鞋脱袜、崭新的旅行杂志被当脚垫、干净的墙壁被人印上脚印、明明有垃圾袋却随地乱扔瓜果纸皮的、抽烟的、随地吐痰的、大声放音乐不顾他人休息的、大声喧哗的、发生口角大打出手等的不文明现象屡屡发生，引发了公众对文明乘车这一话题的思考和热议。
>
> 　　以火车吸烟为例，据中国新闻网报道，2013年向莆铁路开通尚未"满月"，就发生了因吸烟导致列车降速和停车的30余起事故。2014年《铁路安全管理条例》颁布实施后，对在动车上抽烟等危害铁路安全行为的处罚有了详细规定，高铁吸烟这一不文明现象才有所缓解，仍时有发生。车厢环境要靠大家共同维护，我们每一个人需要从思想上提高对文明行为的认识，在全社会形成文明出行的良好氛围，只有这样我们才会有良好的乘车环境，社会才会更加和谐，国家才会不断进步。

（三）对交往气氛的影响

在人与人交往的过程中，如果处在良好的情绪情感状态下，人会对人际交往表现出更大的主动性。旅客良好的情绪情感可以让人与人之间的交往气氛更加和谐健康，反之，则会容易激化矛盾，破坏高铁人际交往的环境氛围。

> **● 拓展阅读**
>
> 宝宝哭闹，谁买单
>
> 在南来北往的列车上，小宝宝常常是座上客，相信大家都经历过列车上小宝宝哭闹的场景，当你特别需要休息放松的时候，可能会更易被其激怒。当小宝宝哭闹不止、家长无力安抚的时候，你作为同车乘客会怎么做呢？你会上前与家长理论，还是选择忍受呢？其实，良好和谐的列车环境人人有责。作为带孩子的家长来说，绝非想打扰其他乘客，当孩子哭闹不止的时候，家长应该尽力去控制并对周围的同车人表达歉意，一句话或者一个礼貌性的笑容都会减少冲突，毕竟在公共场所，人们应该要有这样的责任感。同车人则应该对家长和孩子多一些理解包容，出言指责只会激化矛盾，如果想进行劝阻，可以请乘务人员出面。当然，作为高铁服务人员，保持列车良好和谐的环境最是我们应尽的责任和义务。

第三节 旅客情绪情感与高铁乘务服务

一、旅客情绪情感对高铁乘务服务的影响

旅客积极的情绪情感可以给高铁服务人员带来正面的精神支持和力量，利于其提供高效率和高质量的服务；而旅客消极的情绪情感则会对高铁服务人员带来负面的精神压力，比如，容易出现焦虑、抑郁、愤怒等心理疾病，不利于工作能力的正常发挥。

二、旅客情绪情感的激发与调控

（一）激发有利的情绪情感

1. 设计开发符合旅客需要的产品

产品必须以旅客旅途需要为基本出发点。近年来，旅客需求越来越呈现个性化倾向，这就要求产品的设计开发必须丰富化、多元化，以满足旅客日益增长的需求。可实际中，我们的旅客不但没有享受到符合需求的个性化产品，在个人利益方面还可能受到了侵害，这需要我们好好反思。

● 拓展阅读

强制消费高价茶

记者通过暗访发现多趟列车存在餐车设消费专座，乘客需花高价喝茶才能入座的现象，而且茶叶还涉嫌标注虚假生产商和电话，如此"三无产品"流入高铁，让消费者很受伤。

站在消费者的角度，这样的"强制消费"，一是不顾消费者的感受，比如，有的消费者不喝茶水，为了占座就只能买茶；二是即便消费者愿意"花钱买座"，这些商品的价格也高得太离谱；三是座位搭售商品，虽是"行业潜规则"，但这些商品却连最基本的质量保障都没有。

总而言之，"高铁设座卖高价茶"让消费者很受伤，也让"铁老大"的形象很受损。对于这样的不法经营行为，亟待高铁运营方给予重视，并通过有效举措，加以解决。

2. 提升高铁乘务服务水平

在激烈的市场竞争中，产品和服务是两大关键因素。随着产品愈来愈同质化，只有服务才能创造差异，才能创造更多的附加值，所以，服务才是征服顾客的最有效手段。

● 知识链接

铁路应再提升服务质量

现在民航、铁路、公路、水运等行业竞争日趋白热化，各运输行业都在不断推出新的服务举措，铁路企业要想在竞争中争取主动，就必须根据客运产品的特点不断挖掘旅客多方面的需求，一切以旅客出发，不断创新自己的服务，通过提高服务质量来赢得市场。

过去，铁路部门主要抓安全正点而忽视了服务，导致普遍存在的服务意识差、服务水准低的问题，随着市场经济的发展，铁路企业要将服务与安全放在同一个高度去重视，"新时期，如何提高服务质量"也是给我们铁路客运人研究的课题。

一、执行服务标准。服务工作是动态的、无形的，又是无止境的，如果没有统一的标准来要求，每个服务人员完成的效果就不同，为了安全、准确、迅速、便利、优质地运送旅客，有必要为大量重复的工作内容、方法、程序、服务活动等制定统一的标准，实行标准化的作业程序，做到服务质量目标化，服务用语规范化、服务过程程序化，用各类标准来约束职工的服务工作，从而达到安全运输、优质服务的目的，取得良好的社会效益和经济效益。

二、端正服务态度。"态度决定一切"，我们在服务时，首先态度应该是明确的、端正的，让旅客出行更加安全、更加便捷，更加温馨，如果我们都本着这个态度去对待工作中的每个环节，从旅客的实际需要出发，像对待自己的亲人和朋友那样，想尽一切办法、付出最大努力，为旅客做好售票、候车、乘车等每一项服务，使我们的服务更具人性化、更富真情义，那么就能得到旅客的认可，就会赢得市场。

三、提升服务技能。"打铁还须自身硬"，由于高铁服务行业面对的人群复杂，形形色色、各行各业，即使态度再好，如果没有一个灵活的、多变的服务技能，同样得不到顾客的认可，甚至会适得其反，这就要求我们在平时工作中多学习，多总结，多交流，逐步积累自己的服务经验，掌握服务技能，使服务成熟、完善。为确保素质达标准，管理上档次，服务上质量，应采取脱产、半脱产办班的方式，对客运系统特别是服务窗口的干部职工开展全方位培训，举办客运礼仪规范培训班，聘请专家、教授进行专题讲座，对上岗人员进行服务技能培训，在坐姿、站姿、手势、迎宾及送客礼仪等方面严格训练，规范形体语言，培养良好的铁路形象气质。

四、强化机制管理。管理也是一种服务，具体点可以说成是"内部服务"，在服务的过程中是以爱护、教育、帮助为出发点，多以正面激励为主，让职工知道"管理"是一种服务，并且能够认可这种服务，使服务达到升华，"内部服务"做好了，使职工零烦恼，"外部服务"自然而然地就会提升。强化三项机制：一是实施评价机制，聘请新闻媒体监督，广泛征求旅客、社会意见，找准存在的问题，以此改进工作；二是实施竞聘机制，在重要岗位实行竞聘上岗制度，把一些政治素质高、业务技能强的职工，培养成骨干；三是实施控制机制，对日常服务工作中出现的问题逐级联责追究，对部门自身发现的问题不与部门负责人联挂考核，以鼓励管理层自觉暴露问题。

随着社会服务的多元化，我们的观念也要随之更新，来适应这个社会、赢得这个市场，服务观念的改变是一个长期的过程，怎么样让旅客满意，我们在工作中只有不断挖掘旅客多方面的需求，不断创新自己的服务，以增强服务特色，使铁路运输客运的服务基础、服务软件适应新的要求，确立"一切以旅客满意为服务标准、一切以旅客需求为服务内容"的服务意识，让旅客从进站上车就能感受到新环境、新面貌、新服务、新体验。

3. 提供准确、有效的旅途信息。

旅客对旅途信息的及时了解和掌握是形成计划安排的前提。当高铁服务人员能够提供给旅客准确、有效、及时的旅途信息时，旅客会感觉到满意，情绪情感得到满足，反之，则不满意，易产生消极负面的情绪情感。比如，旅客是有急迫的心情需要知道列车是否晚点等信息的，因为他们可能有亲朋好友在等着接站，或者他们有重要的事情需要完成，需要时间上的保证。

（二）调控不利的情绪情感

由于情绪情感具有感染性的功能，一旦某位旅客出现不良的情绪情感，便会很快影响到其他人，所以应尽量避免旅客产生消极的情绪情感，如果出现的话，应尽快设法去调节和控制。

1. 理智控制

当出现消极情绪情感时,高铁服务人员应第一时间用理智来控制旅客的负面能量,给他们降降温、去去火。认真耐心地倾听旅客诉求,并且表示歉意,站在他们的角度思考他们的难处,实事求是地解决问题,弥补旅客的损失,补偿他们的不满,尽量消除他们的不安和焦虑。

2. 引导旅客积极看待事物

引导旅客看到事情好的方面,引导旅客客观地看问题,接受问题的存在。

3. 给予旅客合理宣泄的机会

合理地宣泄情绪是有好处的,它可以让人发泄出不满而后开始理智面对并处理问题。适当给予机会让旅客宣泄是可以被允许的,也是有必要的。

三、高铁服务人员的情绪困扰与服务工作

(一)情绪健康的标准

情绪健康的标准主要包括诱因明确、情绪稳定、心情愉快、反应适度等方面。

1. 诱因明确

俗话说:"无风不起浪。"健康情绪的发生一定有明确的诱因,无缘无故地产生的情绪就是不健康的。欢乐的情绪是由可喜的现象引起的;悲哀的事情是由不愉快的事情引起的。反之,无缘无故地喜,或无缘无故地怒,以及莫名其妙地悲伤或恐惧等都是不健康的情绪表现。

2. 情绪稳定

情绪稳定表明个体的中枢神经系统活动处于相对平衡状态,反映了中枢神经系统活动的协调,是情绪健康的表现。反之,一个人情绪经常不稳定,则是情绪不健康的表现。

3. 心情愉快

愉快的情绪表明人的身心活动和谐,表明一个人处于积极的健康的状态。一个人经常情绪低落,总是愁眉苦脸,心情苦闷,则可能是心理不健康的表现。

4. 反应适度

情绪反应的强度、持久度与引起情绪的客观事物以及个性特征等有关。

一般来说，对个体有较大意义的事件引起的情绪反应强烈；反之，则不是很强烈。但是，对于一个情绪健康的人来说，不管是什么事情引发的情绪，其反应都会控制在较为理智的范围内，表现出良好的调适能力，因此情绪反应适度也是衡量情绪是否健康的一个标志。

【小知识】

情绪健康者的特点

1. 开朗、豁达，遇事不斤斤计较，不为鸡毛蒜皮的小事动气或郁结于心；
2. 情绪正常、稳定，很少大起大落或喜怒无常，能随遇而安；
3. 能给人以爱或接受他人的爱，待人热情、乐于助人、有同情心；
4. 谈吐风趣、幽默、文雅；
5. 自信、乐观、有主见，能独立地解决问题，能创造性地工作；
6. 明智、少偏见，能正确认识自己和他人的长处和不足；
7. 对前途充满信心、富有朝气、勇于上进、坚韧不拔；
8. 能面对现实、承认现实和接受现实，并能按社会要求行动；
9. 对平凡的事物保持兴趣，能不断从生活环境中得到美的享受、快乐的享受，会学习会工作也会消遣；
10. 尊重他人，能与人为善，和睦相处，建立良好的人际关系。

（魏全斌.民航服务心理与实务[M].北京：旅游教育出版社，2007.）

（二）健康情绪对服务工作的积极影响

1. 健康情绪可以促进高铁服务人员的身心健康

当人的情绪处于良好状态时，对健康是有益的。我国自古就有"怒伤肝、思伤脾、忧伤肺、恐伤肾"之说，可见情绪与健康有着密切的关系。健康积极的情绪是保持心理平衡与身体健康的条件，而高铁服务人员的身心健康又是保证高铁服务质量的前提条件。

2. 健康情绪可以促进高铁服务人员的自我发展

良好的情绪表现为精神上的愉快，情绪上的饱满，使人保持乐观的人生态度、开朗的性格、热情乐观的品质，从而使人能正确认识、对待各种现实问题，从容地面对和化解各种矛盾，从而更好地应对工作中的各类难题。

3. 健康情绪可以提高高铁服务人员的服务质量

首先，拉近与旅客的心理距离。一般来说，当旅客将要开始旅程时，因为陌生和相互不了解，可能会感到紧张和不安，而高铁服务人员的良好情绪，如轻松愉悦、面带微笑等，不但使自己处于一种良好的工作状态，而且还会感染服务对象，使旅客感到信赖与安全，拉近彼此之间的心理距离。

其次，化解旅客的不良情绪。高铁服务人员良好的情绪所释放出来的热情、温婉和真诚可以化解旅客产生的不良情绪，改变旅客的态度，从而赢得旅客的配合与理解。

再次，营造良好的服务氛围。良好的服务氛围是指高铁服务符合旅客的需求和心理特点，服务人员之间、旅客之间以及服务人员和旅客之间关系和谐，会使旅客产生的满足、愉悦、互帮、互谅等积极的态度体验。高铁服务人员要懂得以积极乐观的情绪，创造良好的服务氛围，激发自己的工作热忱，提供贴心周到的服务，提高高铁服务的效率和质量。

（三）常见的情绪困扰

指那些陷于不良情绪体验中不能自拔或体验强度或持续时间都超过一般人，严重妨碍学习、工作和生活的情绪反应。高铁服务人员常见的情绪问题主要有以下几点。

1. 焦虑

焦虑是个体对当前或预感到的挫折产生的一种紧张、忧虑、不安而兼有恐惧的消极的情绪状态。焦虑是复合型情绪，其核心成分是恐惧。它包括自信心的丧失、失败感和内疚感的增加等。

焦虑的情绪状态对人的身体和生活有着严重的影响。焦虑的持续和频繁发生，往往导致身体衰弱、食欲减退、睡眠不良、过度疲劳；也可导致恐惧、紧张和无助感加剧，注意力涣散，记忆力减退，思绪混乱，无所适从等；甚至可能使人产生极端念头。

焦虑是高铁服务人员常见的情绪困扰，产生的原因多源于工作、生活与人际交往等方面所遭受的挫折。例如发生旅客纠纷、洪水导致列车取消或晚点等事件，作为直接面对旅客的高铁服务人员就处在了风口浪尖，极易引发焦虑情绪。而过度或持久的焦虑会损伤高铁服务人员的正常心理活动，导致心理疾病的发生，从而严重影响他们的正常生活和工作。

2. 冷漠

冷漠是个体在遭受挫折后对付焦虑的一种防御手段，也是一种消极的情绪状态。它包括缺乏积极的认知动机、活动意向减退、情感淡漠、情绪低落、意志衰退、思维停滞等。冷漠是一种个体对挫折环境的自我逃避式的退缩心理反应，带有一定的自我保护意识或自我防御性质。

高铁服务人员不仅要做好细致入微的服务工作，还要处理各种突发情况。有的高铁服务人员因制止旅客在列车上的不良行为而受到抱怨；有的遭到旅客的辱骂，有的受到刁难，有的甚至遭到人身攻击。高铁服务人员长期处于一种压抑、委屈，甚至受创伤的心理状态，得不到及时而有效的疏导。他们的情感得不到满足，于是冷漠成了他们的保护色。

3. 抑郁

抑郁是一种持续的心情低落、悲伤、消沉、沮丧、不愉快等综合而成的情绪状态。抑郁常常表现为兴趣淡漠、被动消极、悲观绝望，很难全身心投入到现实的工作和生活之中。

处于抑郁情绪状态的人在生理、心理和行为方面会有一些明显的特征。例如，生理上会无缘无故地感到身体不适，做事经常感到疲倦，并伴有睡眠障碍；心理上则心情低落，感到悲观绝望，感情淡漠，感到生活无意义，甚至想结束自己的生命；行为上往往会出现工作效率下降，精力不集中，记忆力下降，社交退缩等。

工作责任重大，家庭发生变故，与同事发生纠纷，升职压力，受到批评或处分，恋爱不顺或失恋等重大事件，是高铁服务人员产生抑郁情绪的主要原因。

4. 愤怒

愤怒是由于客观事物与人的主观愿望相违背，或愿望无法实现时产生的一种激烈的情绪反应。愤怒发生时，可能导致心跳加速、心律失常、血压升高等躯体性反应，同时使人的自制力减弱甚至丧失，思维受阻、行为冲动，往往会让人做出后悔不已的事情或造成不可挽回的损失。

5. 恐惧

恐惧是在面对某些特定事物、特殊环境或人际交往时产生的一种强烈而紧张的内心情绪体验。高铁服务人员通常会因为出现异常情况或突发事件而产生恐惧情绪，因各种原因，旅客将不满情绪向服务人员身上发泄时，高铁服务人员也会产生恐惧情绪。

此外，高铁服务人员还可能产生悲伤、沮丧、自卑等。

（四）高铁服务人员的情绪调控

在实际工作中，高铁服务人员应该学会自我情绪控制来应对各种旅客，不让"情绪污染"传递开来。

首先，要善于观察自己，察觉自我情绪。时刻提醒自己注意："我的情绪是什么？"许多人认为成熟的人不应该有情绪，其实是错误的。人一定会有情绪，学会察觉自己的情绪是管理情绪的第一步。

其次，要承认不良情绪的存在并分析情绪产生的原因。工作和生活中每个人都会感到压力、紧张，从而产生不良情绪，这是很正常的。因此高铁服务人员要敢于承认自己不良情绪的存在。同时任何心理活动都是由一定的客观事实和现象所影响的，分析了解自己不良情绪产生的真实原因，有利于正确处理心态问题。

再次，要运用合理的方法，努力调控情绪。情绪的调节是不断地反省自己，克服消极情绪的过程。高铁服务人员应采取合理的方法，努力调控情绪，不做情绪的奴隶。

情绪的自我调控方法多种多样，主要介绍以下几种：

1. 认知调整转换法

通过前面内容的学习，我们知道了导致消极情绪的不是客观事物本身，而是人们对客观事物的看法，改变看法就可以改变情绪。例如，在服务工作中，无论我们面对怎样刁钻无礼的客人，碰到怎样的复杂情况，面对怎样的麻烦事情，我们永远不要"抱怨"。我们应该想想，在这件事中会带给我们什么经验、教训，避免今后的工作重蹈覆辙，这样就可以把"问题"转化为"机会"，把不良情绪扭转过来。

2. 情绪宣泄疏导法

宣泄疏导法是一种十分有效的消除不良情绪的方法。它具有简单、易操作、收效迅速的特点。对不良情绪的宣泄方法有很多，如语言倾诉，看电影、画画、购物、旅游等。但有些方法过于激烈，如摔东西、攻击别人、借酒浇愁等，这些方法虽然能够将不良情绪发泄出去，但都是暂时的，反而会为以后带来更大的烦恼。因此，在利用宣泄疏导法时，要根据实际情况，采取适当的宣泄方式，控制宣泄程度，这样才能取得良好的宣泄效果。

3. 寻求心理咨询

虽然人们有一定的潜能可以应对生活的压力和情绪的失常，但这种能力毕竟是有限的。因此，当高铁服务人员的情绪处于消极状态时，要积极求助于心理咨询和治疗机构，当然也可以寻求亲人或朋友的帮助，及时解决情绪上的困扰和障碍。

4. 学习情绪放松

常见的方法有两种。一是肌肉放松法。找一个放松的姿势，靠在沙发上或躺在床上，尽量减少其他无关刺激，然后按照手臂、头部、躯干、腿的顺序进行放松。二是想象放松法。通过想象放松自己的身心，最好在安静的环境中进行，仰卧在床上或靠在椅子上，找一个舒适的姿势，闭上自己的眼睛并配合缓慢均匀的呼吸，然后通过引导语放松自己。

5. 养成乐观思维

快乐一方面取决于客观实际，另一方面取决于认知和思维方式。很多时候，快乐并不取决于你是谁，你在哪里，你在干什么，而取决于你当时的想法。两个人从同一个窗口往外看，一个看到的是泥土，另一个人看到的是星星。如果掌握了乐观思维方法，万事万物都能够给我们带来快乐。

6. 调节心理平衡

高铁服务人员遇到情绪问题时，可以通过心理平衡技术来调整自己的情绪。

【小故事】

圣诞礼物

从前有一对性格迥异的双胞胎，哥哥是彻头彻尾的悲观主义者，弟弟则是个天生的乐天派。在他们8岁那年的圣诞节前夕，家里人希望改变他们极端的性格，为他们准备了不同的礼物：给哥哥的礼物是一辆崭新的自行车，给弟弟的礼物则是满满的一盒马粪。拆礼物的时候到了，所有人都等着看他们的反应。哥哥先拆开他那个巨大的盒子，竟然哭了起来："你们知道我不会骑自行车！而且外面还下着这么大的雪！"正当父母手忙脚乱地希望哄他高兴的时候，弟弟好奇地打开了属于他的那个盒子，房间里顿时充满了一股马粪的味道。出乎意料，弟弟欢呼了一声，然后就兴致勃勃地东张西望起来："快告诉我，你们把马藏在哪儿了。"

● 知识链接

心理平衡技术

1. 自嘲法。当遇到一些尴尬或难堪的场合时，若一味埋怨和逃避往往会使自己的心态越来越坏。不妨调侃一下自己，通过自我贬抑而达到出奇制胜的效果。

2. 遗忘法。现实中很多人生活在对往事的痛苦回忆中，反复品尝旧时受到的挫折，使自己陷入恶性循环中。因此必须要学会遗忘，这是对痛苦的解脱。

3. 激励法。要走出每日"消沉—后悔"的心理不平衡怪圈，需要给自己确立一个值得去追求的目标。踏踏实实干点事情，参加培训提升自己等都能对自己起到激励的作用。

4. 闲聊法。闲聊对心理调适起很大作用，它可以缓解紧张、消除隔阂，表达温情、化解怨气等。

5. 哭泣法。要放弃"有泪不轻弹"的思想，让自己随情绪波动而哭泣。哭能使人产生有益的激素，使人体反应更加协调。

6. 移情法。转移对负面情绪的注意力，它是宣泄、调节情感的一种有效方式。

（魏全斌. 民航服务心理与实务［M］. 北京：旅游教育出版社，2007.）

■ 本章小结

1. 情绪情感是人对客观事物的主观的心理体验。同一个人对待不同的客观事物会产生不同的心理体验，不同的人对待同一个客观事物也会产生千差万别的心理体验。这是由客观事物本身是否符合人的需要来决定的，符合需要则容易产生积极的情绪情感，反之，则容易出现消极的情绪情感。

2. 情绪与情感的区别：情绪在先，情感在后；情绪具有生理性，情感具有社会性；情绪表现在外，富于变化而情感更具有内隐性、稳定性和持续性。

3. 四种基本情绪，即快乐、愤怒、恐惧和悲哀。高级社会情感一般分为道德感、理智感和美感。情绪的表达方式主要包括面部表情、身体语言、言语表达。

4. 旅客情绪情感特征：容易兴奋、敏感性强、容易起伏；旅客情绪情感对旅途行为的影响表现在对旅客消费动机、活动效能和交往气氛的影响。

5. 积极的旅客情绪情感可以给高铁乘务服务带来正面的精神支持和力量，利于提供高效率和高质量的服务；而消极的旅客情绪情感则会对高铁乘务服务带来负面的精神压力，比如，容易出现焦虑、抑郁、愤怒等心理疾病，长期不利于工作能力的正常发挥。

6. 高铁乘务自我情绪控制：善于观察自己，察觉自己的情绪；承认不良情绪的存在并分析情绪产生的原因；运用合理的办法努力调控情绪。

7. 激发旅客有利的情绪情感的方式包括设计开发符合旅客需要的产品；提升高铁乘务服务水平；提供准确有效的旅途信息。调控旅客不利的情绪情感的方式主要有理智控制；引导旅客积极看待事物；给予旅客合理宣泄的机会。

思考与练习

一、思考题

1. "情绪与情感"的含义和关系。
2. 情绪情感的种类。
3. 旅客情绪情感对旅途行为的影响。
4. 旅客情绪情感的激发与调控方法。

二、实践题

1. 请你试着观察旅客的情绪表达。
2. 在生活中实践情绪的控制方法，并与身边的人分享。

第六章
旅客个性与态度

引言

人之不同，主要源于个性的差异。不同的人对于现实生活中的人、事、物、观念等又会产有不同的态度。态度一旦形成，就会对人的行为产生极大的影响。在高铁上，我们的旅客也是多种多样的，本章从旅客的个性与态度角度出发，关注、分析、了解旅客差异，以提高个性化服务水平。

学习目标

1. 知识目标

了解"个性"的含义、特征、组成内容和内涵；了解"态度"的含义、特征、形成过程及改变态度的方法。

2. 技能目标

在服务接待中，能够运用所掌握的"个性"和"态度"的心理学理论知识去分析、判断旅客个性与态度，从而有针对性地进行个性化服务。

第一节 个性概述

一、含义及特征

（一）含义

个性，也称人格或个性心理特征，源自拉丁文"Persona"，原意是指舞台上演员的假面具，代表剧中人物身份，心理学借用以表示在人生舞台上每个人扮演的不同角色以及表现出来的相应行为。个性是一个人在先天素质的基础上，在一定社会条件下形成和发展的，具有一定倾向的、比较稳定的心理特征的总和。

（二）特征

1. 生物性和社会性的统一

人作为一个自然实体，具有生物性，即通过遗传所获得的先天素质，它是个性的生理基础，是个性形成和发展的前提条件。各不相同的遗传素质造就了人不一样的个性，如个体的神经类型、感官特点、智力潜能、身体状况、体貌特征等都会对个性的形成产生基础性的影响，但并不起决定作用。

人作为一个社会实体，离不开后天生活的环境，人总是在各种社会实践中不断协调、完善自己的心理和行为，逐渐形成个性。离开了社会，人就无法形成正常的心理，也不能把遗传素质提供的潜能转化为现实。影响个性的社会因素有很多，其中家庭、学校、文化等因素最为重要，为个性的形成和发展指明了方向，奠定了基础。

生物性和社会性虽然对人个性的形成和发展都起着作用，但是生物性是生理基础，属于次要地位；人是社会化的产物，个性形成的决定因素是社会环境。

2. 整体性和差异性的统一

个性的整体性是指组成一个人个性的各方面特征彼此交织、相互影响，构成了一个有机的整体。是人的基本心理面貌。

个性的差异性是指每个人天生有不同的遗传特性，后天也会经历不同的生活环境，因此造就了千差万别的个性。"一母生九子，九子各不同"。有人活泼开朗，有人含蓄内敛，有人聪明伶俐，有人愚钝笨拙，这就是个性的差异。

个性具有整体性，同时人人都有自己的风格和与众不同的特点，即使属于同类个性的人也会展现出独特的个性魅力。

3. 稳定性和可变性的统一

个性是稳定的心理倾向和心理特征的总和。"江山易改，本性难移"道出了个性的稳定性。每个人都有许多心理特征，其中经常性的、一贯表现出来的、比较稳定的特征才是个性，而那些暂时的、偶尔的行为和心理表现，可能是受到了外界的干扰或刺激作用，本质上不是构成个性的组成部分。比如性格内向的人在各种场合都会表现出沉默寡言的特点，如果他多喝点酒，在酒精的作用下变得异常兴奋，则并不能说明此人具有活泼好动的外向性格。

个性虽然在一定的时期、一定环境内保持相对的稳定，但它是可变的，会受到社会环境的影响。

● 知识链接

几种有影响的个性理论

1. 个性结构论

（1）弗洛伊德的精神分析理论。弗洛伊德提出的个性结构是以本能性欲为核心构成的。他把人格描述成彼此关联且相互作用的三个部分，分别称为本我（id）、自我（ego）和超我（super-ego）。"本我"是个性结构中最原始的部分，是主体一切欲望和冲动的源泉。"本我"受"快乐原则"所支配，不受社会规范、道德标准的约束，由"本我"支配的一切都是潜意识的。"自我"是个体在与环境的接触中由"本我"发展而来的个性部分，受"现实原则"所支配，介于"本我"和"超我"之间，是个性结构中的主要部分。"超我"在人格结构中属于管制地位最高的部分，是个人在社会化过程中将行为规范、道德标准、价值判断内化后形成的结果,如良心、良知、理性等,都是超我功能。"本我"寻求快乐,"自我"考虑现实环境,"超我"则明察是非善恶。

(2)奥尔波特的人格特质理论。奥尔波特将人的各种特质分为基本特质、核心特质和次要特质三种。具有基本特质的人往往是他的主要情操和优势倾向代替了他的人、他的身份,因此这种特质是极其弥漫、渗透的。"核心特质"是指渗透性差一点的但还是相当概括的、有一般意义的倾向。"次要特质"指不太明显、不太受人注意的,一致性、一般性都较小的个性特质,渗透性极小。"次要特质"与习惯和态度密切相关,与前二者相比更具有一般性。包括一个人的独特偏爱,如某种事物、衣着等。

(3)卡特尔的特质理论。卡特尔是采用因素分析方法研究个性特质的心理学家,他用特质的阶层来表示人格结构。第一层次包括个别特质与共同特质;第二层次包括表面特质和根源特质。卡特尔根据自己的研究,确定个性(人格)包括16种根源特质:乐群性;聪慧性;稳定性;恃强性;兴奋性;有恒性;敢为性;敏感性;怀疑性;幻想性;世故性;忧虑性;实验性;独立性;自律性;紧张性。

2. 个性类型论

(1)中国的阴阳五行说。我国《黄帝内经》依据阴阳五行说,把人的某些心理上的个别差异与生理解剖点联系起来,归纳为金、木、水、火、土五种不同的类型,每种类型各有不同的体质、形态、肤色、禀性和性格。又根据阴阳的强弱,把人分为太阴、少阴、太阳、少阳、阴阳和平五类。

(2)古希腊的体液说。5世纪的古希腊医生希波克拉底认为,人体内有四种体液:血液、黏液、黄胆汁、黑胆汁。它们在人体内所占比例不同,构成了气质的四种类型,即胆汁质、多血质、黏液质和抑郁质。

(3)血型说。持血型说的人认为,人的气质、性格、个性都是由血型决定的。一般认为,A型血对应黏液质;B型血对应多血质;O型血对应胆汁质;AB型血又可分为偏A型和偏B型,偏A型对应黏液质,偏B型对应多血质。

(4)荣格的倾向说。荣格是瑞士心理学家,属于弗洛伊德的精神分析学派。所以,他的心理学基本观点仍然强调性本能是个性积极性的源泉。他按

> 照"力比多"能量活动的方向将个性分为外倾型和内倾型。如果"力比多"活动倾向于外部环境，则该个体属于外倾型性格，在正常情况下常常关注他人和外在世界，开朗、活泼、情感外露，当机立断，不拘小节，善于交际；如果"力比多"活动倾向于自己，则该个体属于内倾型性格，在正常情况下，重视自己和自己的主观世界，常常沉浸于自我欣赏和幻想中，沉静、处事谨慎，交际面窄，反应缓慢，比较孤僻。
>
> （李一文.旅游心理学［M］.大连：大连理工大学出版社，2006.）

二、个性的组成内容及内涵

个性由两大部分组成，一个是个性倾向性，一个是个性心理特征。

个性倾向性是人进行活动的基本动力，是个性结构中最积极活跃的部分，主要包括需要、动机、兴趣、信念、理想和世界观等。其中，需要和动机是推动个性形成和发展的动力，兴趣、信念、理想、世界观是需要和动机的表现形式。各种成分之间相互联系、影响，决定了个体对现实的态度以及对认识活动对象的选择和趋向。

个性心理特征是个性结构中较为稳定的部分，主要包括气质、性格、能力。这三个方面有机组合在一起，形成了个体心理面貌的独特性和差异性。

个性是一个复杂的结构系统，个性倾向性是个性的动力、源泉，个性心理特征是指个体之间的差异。二者彼此联系、错综复杂地交织在一起，构成人与人之间千差万别的个性。

这里主要介绍个性结构中的个性心理特征内涵部分。

（一）"气质"的含义

气质类似于我们平常所说的脾气、秉性、性情。气质是人典型的稳定的个性心理特征，是人的心理活动和行为方式在程度、速度、稳定性、灵活性等动态特征上的综合表现。

气质具有天赋性、稳定性和可塑性。气质主要由先天遗传因素决定，无论人的动机、活动时间和内容如何变化，个体始终如一地表现出相同的气质特点，使人的行为表现出独特的色彩。如有人脾气很急，走路风风火火；有人做事则慢条斯理，稳扎稳打；有人喜形于色，大大咧咧；有人则沉默寡言，深思熟虑。气质一经形成，便会长期保持下去，并对人的心理和行为产生持久影响，具有极大的稳定性。然而它也不是一成不变的，在环境等各种因素的影响下，人的气质也会发生一些变化。

人的气质虽不相同，但本身却无好坏、善恶之分。它对人心理过程的进程和个性品质的形成是有作用的。了解人的气质，有助于我们利用气质特征的积极面，控制其消极面，提高对客服务技巧。

（二）气质的类型

关于气质类型的划分，借用古希腊希波克拉底医生的说法，可以分为胆汁质、多血质、黏液质、抑郁质四种基本类型（表6-1），实际上只有少数人才具有这四种气质的典型特征，而大多数人是介于各类型之间的中间型气质，或是属于某两种，甚至更多种类型的混合型气质。

表6-1 气质类型与行为特征

气质类型	行为特征
胆汁质	精力充沛，情感产生快、强烈而外露，言语动作快捷有力而难于自制，直率、热情、性急、粗心、易怒，具有外倾性
多血质	活泼好动，情感丰富而多变，思维、言语、动作灵活敏捷，反应迅速，热情、亲切、乐观，注意易转移，兴趣易变换，具有外倾性
黏液质	沉着安静，情感产生慢而不强烈，也不外露，思维、言语、动作迟缓，反应不灵活，自制力强，有耐性，注意稳定但难转移，固执、淡漠，具有内倾性
抑郁质	孤僻寡言，情感产生缓慢而不易外显，但深刻而细腻，言语、动作缓慢无力，敏感多疑，善于察觉别人不易察觉的细节，具有内倾性

（黄继元、李晴.旅游心理学［M］.重庆：重庆大学出版社，2003.）

俄国生理学家巴甫洛夫在研究人的高级神经活动规律时，发现人的高级神经活动在强度、平衡性和灵活性等方面存在着明显的差异，这三种特征的不同组合形成了四种高级神经活动类型，即兴奋型、活泼型、安静型和抑制型。高级神经活动类型与气质类型对应关系，见表6-2。

表 6-2 高级神经活动类型与气质类型对应关系

神经活动过程基本特征			神经活动类型	气质类型
强度	平衡性	灵活性		
强	不平衡	灵活	兴奋型	胆汁质
强	平衡	灵活	活泼型	多血质
强	平衡	不灵活	安静型	黏液质
弱	不平衡	不灵活	抑制性	抑郁质

（蒋正芳、马国庆、罗怡平．旅游心理学［M］．成都：电子科技大学出版社，2007.）

强而不平衡型的神经系统称为兴奋型，气质类型一般为胆汁质。这种人的神经系统容易兴奋而不易抑制，他们工作起来速度很快，但难以抑制冲动，难以完成精细的工作。由于兴奋过程大于抑制过程的速度，加之二者之间缺乏平衡，所以在很强的刺激作用下，这种类型的人容易精神分裂。

强而平衡的神经系统分为两类，即活泼型和安静型。活泼型属于神经活动的兴奋和抑制过程强、平衡而灵活的类型，气质类型一般为多血质，这种类型的个体容易形成条件反射，行动迅速而灵活，一旦缺乏刺激就很快入睡或无精打采。安静型的神经活动属于强、平衡而不灵活的类型，气质类型一般为黏液质，这种类型的个体有较强的工作能力，能镇静地对付外界环境的变化，但行动迟缓且有惰性。

弱的神经系统为抑制型，气质类型属于抑郁质。这种类型的个体兴奋和抑制两种神经过程都是弱的，不能接受强刺激，难以承担紧张的工作，反应迟钝，但是他们的感受性较高，善于察觉别人难以察觉到的外界变化。现实世界中，很少有人表现出单一类型的气质，大多数人是以某种气质为主，同时也反映出其他类气质的某些特征，这是由于人内心活动复杂多变和生活工作环境等外部因素导致的结果。因此判断一个人的气质不能简单地把他划归某一类，而是要从他的气质表现出发，分析他的气质归属。

【心理测试】

测测你的气质类型

评分标准:"很符合",2分;"比较符合",1分;"介于符合与不符合之间",0分;"比较不符合",-1分;"完全不符合",-2分。

1. 做事力求稳要,不做无把握的事。
2. 遇到可气的事就怒不可遏,把心里话全部说出来才感到痛快。
3. 宁可一个人做事,不愿与很多人在一起。
4. 很快就能适应新环境。
5. 厌恶那些强烈的刺激,如尖叫、噪声、危险镜头等。
6. 和人争吵时,总是先发制人,喜欢挑衅。
7. 喜欢安静的环境。
8. 善于和人交往。
9. 羡慕那种善于克制自己感情的人。
10. 生活有规律,很少违反作息制度。
11. 在多数情况下保持情绪乐观。
12. 遇到陌生人觉得很拘束。
13. 遇到令人气愤的事能很好地克制自己。
14. 做事总是有旺盛的精力。
15. 遇到问题常常举棋不定,优柔寡断。
16. 在人群中从来不觉得过分拘束。
17. 情绪高时,觉得干什么都有兴趣;情绪低落时,又觉得什么都没有意思。
18. 当注意力集中到某一事物时,不容易受其他事情的干扰。
19. 理解问题总是比别人快。
20. 碰到危险情景,常有一种极度恐怖感和紧张感。
21. 对学习、工作、事业怀有很高的热情。
22. 能够长时间做枯燥、单调的工作。
23. 感兴趣的事情,干起来劲头十足,否则就不想干。
24. 一点小事情就能引起情绪波动。
25. 讨厌做那种需要耐心、细致的工作。

26. 与人交往不卑不亢。
27. 喜欢参加热闹的活动。
28. 爱看感情细腻、描写人物内心活动的文学作品。
29. 工作或学习时间长了，常感到厌倦。
30. 不喜欢长时间谈论一个问题，愿意实际动手干。
31. 宁愿侃侃而谈，不愿窃窃私语。
32. 给人闷闷不乐的印象。
33. 理解问题常比别人慢些。
34. 疲倦时只要休息一下，就能精神抖擞，重新投入工作和学习。
35. 心里的话不愿说出来。
36. 认准一个目标就希望尽快实现，不达目的誓不罢休。
37. 学习、工作一段时间后，常比别人更感到疲倦。
38. 做事有些莽撞，常常不考虑后果。
39. 别人讲授新知识、新技术时，总希望讲得慢一些，多重复几遍。
40. 能够很快忘却那些不愉快的事情。
41. 完成一件工作总比别人花费时间多。
42. 喜欢运动量大的体育活动或参加各种文艺活动。
43. 不能很快地把注意力从一件事情转移到另一件事上去。
44. 接受一个任务后，就希望迅速完成。
45. 认为墨守成规比冒风险好。
46. 能够同时注意几件事情。
47. 烦闷的时候，别人很难使自己高兴起来。
48. 爱看情节起伏跌宕、激动人心的小说。
49. 对工作抱着认真严谨、始终一贯的态度。
50. 和周围人的关系总是相处不好。
51. 喜欢复习学过的知识，喜欢重复做自己已经熟悉的工作。
52. 希望做变化大、花样多的工作。
53. 童年时会背的诗歌，现在仍然记得很清楚。
54. 常常出语伤人，自己却察觉不到。
55. 在体育活动中，常因反应慢而落后。

56. 反应敏捷，头脑机智。
57. 喜欢有条理而不麻烦的工作。
58. 遇到兴奋的事常常失眠。
59. 对新知识接受慢，一旦理解就很忘记。
60. 假如工作枯燥无味，马上就会情绪低落。（答案见表6-3）

表6-3　气质测验评分表

胆汁质	题号	2	6	9	14	17	21	27	31	36	38	42	48	50	54	58	总分
	得分																
多血质	题号	4	8	11	16	19	23	25	29	34	40	44	46	52	56	60	总分
	得分																
黏液质	题号	1	7	10	13	18	22	26	30	33	39	43	45	49	55	57	总分
	得分																
抑郁质	题号	3	5	12	15	20	24	28	32	35	37	41	47	51	53	59	总分
	得分																

（杜志敏.心理素质与综合能力训练教程［M］.北京：化学工业出版社，2007.）

（三）性格

1. 含义

性格是个性中最重要、最显著的心理特征，是个性心理特征的核心，决定人活动的内容和方向。

中国有句老话："积行成习，积习成性，积性成命"。这是对"性格"最形象的注解。性格是人表现在对现实的态度和行为方式上的比较稳定的心理特征。在生活实践中人们待人接物、处事总有自己的态度和倾向性；从事各种活动，也总有自己的行为方式；这种态度、倾向性和行为方式有的是一时性或偶然性的，有的则是经常性或习惯性的。不是任何态度和行为方式都能代表人的某种性格，只有在现实生活中显现出的一贯态度倾向和行为方式才能反映出这个人的性格。如一个人在各种场合与人交往一贯都表现出热情诚恳、谦虚谨慎、遇事沉着冷静、果断勇敢，这就是他的性格写照。

性格具有相对的稳定性，但不是与生俱来的，它是在生理素质的基础上，通过后天的家庭环境、教育条件和社会实践活动逐步形成的，因而它有可变性和可塑性。如一位原来粗心大意、脾气急躁的人，在严格的职业纪律和职业道德要求下，性格会变得细心、沉着、冷静。

2. 特征

性格是十分复杂的心理现象，一般具有四个方面的特征。

（1）性格的态度特征。性格的态度特征是指个人对现实的态度。例如，对社会、集体、他人的态度，对工作、学习、生活的态度以及对自己的态度等。

（2）性格的理智特征。性格的理智特征是指人在感知、记忆、想象、思维等认识方面的个性特点。例如，在感知方面，是主动观察型还是被动感知型；在记忆方面，是形象记忆型还是逻辑记忆型；在想象力方面，是丰富型还是贫乏型；在思维方面，是具体罗列型还是抽象概括型，是描绘型还是解释型。

（3）性格的情绪特征。性格的情绪特征是指个人受情绪影响或控制情绪程度状态时具有的特点。主要表现在：个人受情绪感染和支配的程度，情绪受意志控制的程度，情绪反应的强弱、快慢，情绪起伏波动的幅度、时间，主导心境的性质等。

（4）性格的意志特征。性格的意志特征是指个人自觉控制自己行为及行为努力程度方面的性格特征。包括自觉性、果断性、坚毅性、自制力和勇敢等方面。如有人行动目标明确，遇到困难勇于克服；有人盲目行动，遇到困难怯懦退缩；有人自制力强，有人自制力弱；有人做事持之以恒，有人做事虎头蛇尾等。

上述性格特征不是孤立存在的，它们之间互相联系，相互制约，构成了不同的性格类型。

3. 性格与气质的关系

性格和气质是两种不同的个性心理特征，它们之间有着互相渗透、彼此制约的复杂联系。就气质和性格各自形成的特点来讲，气质更多受到遗传因素的影响，而性格则是在人和环境的相互作用中形成，性格比气质更具有可塑性，因此，气质无好坏之分，性格有好坏之分。

性格和气质又是相互联系的，人的气质特征直接影响着性格的动态方面，比较明显地表现在性格的情绪性和行动的速度及心理活动的内外倾向上面。比如，同样是勤劳的人当服务员，多血质的人在工作中容易情绪饱满、精力充沛，而黏液质的人则表现为踏实肯干、操作精细。再比如，在自制力培养上，胆汁质的人需要极大的克制力和意志才能达到，而对抑郁质和黏液质的人而言则比较容易做到。反过来，性格也能够掩盖甚至改变气质的某些特征。比如，长期从事耐心细致、精细操作的工作，有可能会把多血质注意力不集中、胆汁质容易冲动的气质特征改变掉。

人的性格和气质正是在社会实践活动与生活环境影响下相互渗透、相互影响，逐步形成起来的稳定的个性心理特征。

4. 不同性格类型旅客的行为表现

性格特征是多方面的，从不同性格特征的角度出发，可以分出不同的性格类型。

（1）根据心理活动过程的特点，可以分为理智型、情绪型和意志型。理智型旅客有独立的思考能力，逻辑思维发达，处理事物比较冷静、沉稳、客观，抵御外界信息干扰的能力较强。喜欢根据自己的实际需要和购买经验进行决定，不易冲动，有较强的自我控制能力。情绪型旅客感情丰富，喜怒哀乐溢于言表，控制能力较差，爱感情用事，容易冲动。意志型旅客做事目标明确，善于自我控制，一旦有了决定，会排除外界各种因素的干扰，不会轻易改变自己的思想和行为。

（2）根据个体的独立程度，可以分为顺从型和独立型。顺从型旅客缺乏个人主见和独立的决策力，易受外界、他人和广告的影响，消费态度比较随和，喜欢随大流。独立型旅客自信心强，比较任性，判断坚定，行动果断，不受外界干扰。能积极提出问题、思考问题、解决问题，不盲目跟风，能从容应付和适应突发情况，但难免带有一定的主观性和片面性。

（3）根据个体的心理活动倾向性，可以分为外向型和内向型。外向型旅客开朗乐观，易对各种事物表示兴趣，热情较高，喜欢提意见、征询意见、与人交流，能很快适应各种消费环境，较快地作出消费决策，完成消费行为。内向型旅客稳重、谨慎、沉静，喜欢自己观察体验、分析判断，不轻易相信他人，不善于与人交往，决策和行为的过程比较缓慢，但有独立见解和主张。

> **● 知识链接**
>
> ## 鉴别性格的途径
>
> 1. 性格与外貌。人的性格与外貌有一定的联系，观察人的外貌，是鉴别其性格的一个途径。外貌包括身材、相貌、表情、发式、衣着打扮等。丑陋的人常常易受讥笑和轻视，因此容易产生自卑的性格；爱逞强、有冒险精神的人，一定是有所恃，所以他们常常是一些体格强壮、精力充沛的人；肥胖的人常常比较乐观或讲究享受；个子矮小的人容易被忽视，所以他要么自卑，要么不甘落后、形成很强的竞争意识。
>
> 人的性格特点也可以通过表情显现出来。情绪型的人面部表情丰富；意志型的人则往往比较严肃；正直坦率的人目光平正；偷视、斜视、目光游移躲闪的人，往往心术不正。服饰可以表现人的喜好和性格。活泼开朗的人喜欢鲜艳的服饰，沉静内向的人一般喜欢暗淡的色调。
>
> 2. 性格与言语。通过人说话的内容以及语言风格，可以了解到他们为人处世的态度以及行为特点。性格外向的人比较健谈；内向的人在大庭广众之中不爱大声言笑；性格刚直的人不过于用心思，说话比较坦率、言谈爽朗；而看重个人得失的人比较有心计，常常吞吞吐吐、转弯抹角。
>
> 3. 性格与行为。性格会在人的一切行为活动中显现出来，观察人的行为活动，也是鉴别性格的重要途径。走路挺胸腆肚、故作居高临下姿态的人性格傲慢；行走躬身低眼、微缩双肩、力求不引人注目的人性格拘谨；行为不拘小节，喜用手势来配合话语的人性格活跃。
>
> 总之，通过仔细观察人的外貌、言语、行为，可以帮助我们鉴别他们的性格。
>
> （资料改编自：蒋正芳、马国庆、罗怡平. 旅游心理学［M］. 成都：电子科技大学出版社，2007.）

> **知识链接**

血型与性格

1901年，35岁的医生兰斯坦纳发现了血型，后来又发现血型与人的性格有一定的关系。1984年后，日本有位作家出版了一本有关血型与性格方面的书，一度举国狂热，不仅普通人热衷于鉴定血型，连一些企事业单位也以血型作为选择雇佣员工的标准，一些人在婚姻大事上也要考虑血型因素。

1. 四种血型的性格特点

A型：坚强、理智、责任心强、成功多，但情绪易变。

B型：乐观热情、脾气随和、待人亲切坦率、爽快、开朗、能容忍，但缺乏意志力。

O型：较自信、冷静、实干、勤恳、上进心强，但固执、不虚心。

AB型：是A、B型的复合型，分为偏A者或偏B者。

2. 血型与人际关系

A与A不好相处；A与B不好相处；A与AB不好相处；A与O好相处；B与B很好相处；B与AB是否好相处关键在AB；B与O好相处；AB与AB工作好，爱情不好；AB与O好相处；O与O很不好相处。

血型与人际关系的说法，仅是一家之言，尚缺乏科学依据，不能在生活中生搬硬套。因为遗传因素不是影响个性的唯一因素，个性的形成还要受后天社会环境因素的影响。

（资料改编自：麻益军、卢爱英、金海峰.旅游心理原理与实务［M］.北京：旅游教育出版，2005.）

（四）能力

1. 含义和分类

"能力"是指使某种活动顺利完成，并直接影响活动效率的个性心理特征，在行为科学上也被称为"本领"或"本事"。从事任何一种活动都离不开客观和主观条件，能力就是顺利完成某种活动的主观条件，它是在先天遗传因素的基础上，通过后天环境和教育的作用，在社会实践活动中逐步形成的。一个人完成某项活动必须具备各种能力，活动的内容、性质不同，对能力构成的要求也不同。能力水平的高低会影响个体从事某种活动的快慢、难易程度，从而直接影响活动的效率和效果。

人的能力可以分为一般能力和特殊能力。一般能力是指顺利完成各活动所必须具备的基本能力，如观察能力、记忆能力、注意能力、思维和抽象能力等；特殊能力是指从事某些特殊专门活动所不可缺少的能力，如视听能力、运算能力、绘画能力、创造能力、鉴赏能力、组织领导能力等。一般能力与特殊能力有机地结合在一起，相辅相成，共同发挥作用。

由于个体心理活动的各种功能系统和结构组合不同，个体的职业和生活环境也不同，在个体身上表现出的能力在发展水平、类型、年龄、性别上会有很大的差异性，如有人过目不忘，有人转瞬即忘；有人早熟聪慧，有人大器晚成；有人笨嘴拙舌，有人能说会道；女性善于形象思维，男性善于抽象思维等。

2. 不同能力类型旅客的行为表现

（1）成熟型（特殊型）。这种旅客具有较全面的能力构成，他们知识经验丰富，对信息极为熟悉，能正确辨认质量优劣，其内行程度有时超过了工作人员。他们自主性高，很少受外界环境和他人意见的影响。

（2）一般型（普通型）。这类旅客的能力结构和水平处于中等状态，他们通常具备一定的知识和信息，但是缺乏相应的经验，主要通过广告宣传、他人介绍来了解和认识新事物，消费行为容易受外界环境的影响和左右。

（3）缺乏型（幼稚型）。这类旅客的能力结构和水平处于缺乏和低下状态，也无经验。没有明确的目标，对事物的了解建立在直觉观察和表面认识上，因而决策时不得要领，常举棋不定，极易受外界环境和他人的影响，有明显的盲目性和随意性。

第二节 态度概述

一、含义、构成和特征

（一）含义

"态度"指一个人对某一特定对象反应时所持的评价，是较稳定的内部心理倾向。它是一个人关于事物对自己有多大利害关系的一种价值判断或情绪体验。

美国心理学家阿尔波特宣称，态度是社会心理学中最突出、最不可忽视的概念。态度与人的行为有着密切的联系，是个性的重要组成部分。它是联系个体内、外世界的桥梁。从态度出发，向内可研究个体的心理状态，向外则可对其行为进行某种预测。

（二）构成

日常生活中，我们经常要对一些事情和对象表态："我喜欢去风景优美的地方度假""我讨厌陌生的环境""我喜欢蓝色"，这就是人对事或物的态度。从心理学的角度来说，态度就是指个人对某一特定对象所持有的赞成或反对、肯定或否定、接近或回避的心理和行为倾向。

态度的心理结构主要包括认知、情感、意向三个因素。各个因素在态度结构系统处于不同的层次地位，担负着不同的职能。

1. 认知因素

认知因素是指个体对人或事物的认识、理解和评价，其主要内容是认知主体对对象所持的信念和观点，也就是平时所说的"印象"。认知因素是态度形成的基础。旅客在旅途中，认知因素主要表现为旅客对高铁设施设备和服务质量的印象、理解和意见。只有对上述事物有所认知，才有可能形成具体态度。而认知是否正确，是否存在偏见或误解，将直接决定旅客行为态度的倾向。因此保持公正准确的认知是端正旅客行为态度的前提。

2. 情感因素

情感因素是在认知基础上对人或事物的情感体验，如喜欢或厌恶、欣赏或鄙视、亲近或疏远等，它是态度的核心，在态度中起着调节作用。态度的情感成分有强弱之分，有时相当持久，有时非常强烈，有时又很冷淡。如果说认知是以旅客的理性为前提，那么情感因素则带有非理性的倾向。态度的情感因素并不总是以事实为依据，它更多地受人的生理和气质、性格等心理素质的影响。个人对事物的评价尺度主要以个人对态度对象的情感强度为中心。

3. 意向因素

意向因素也称为行为倾向，是指个体对人或事物作出赞成或不赞成反应的一种倾向，它是态度的最终呈现。旅客对高铁有关商品和服务的反应倾向，包括语言和肢体动作的表达。比如，旅客对某一商品产生了积极肯定的情绪情感后，他就会产生向周围人推荐或产生实际购买行为等。

组成态度的三种因素缺一不可，三种因素协调程度越高，态度就越稳定；反之则不稳定。当三种因素不一致时，情感因素就会起主导作用。态度这种内在的心理体验是不能直接观察到的，只能通过人的语言、表情、动作等进行判断。

（三）特征

1. 对象性

态度必须指向特定的对象，这种对象可以是人、物、事件、团体或组织，也可以是一种现象、状态或观点，态度所反映的是主体和客体之间的相互关系。人们做任何事情，都会形成某种态度，比如对某个城市的印象、对高铁产品价格和质量的反应、对高铁服务人员的看法等，没有对象的态度是不存在的。

2. 社会性

态度不是由先天决定的，而是后天通过学习获得的，是在长期的社会实践中，由直接或间接的经验逐步积累而成的。比如，旅客对高铁服务的态度，无外乎有两种形成情况：一种是他自己在接受服务过程中通过亲身观察、体验得来的，另一种则是通过宣传和他人评价等间接影响而形成的。因此，态度带有明显的社会性。

3. 内隐性

态度是一种内在心理体验，它虽具有行为倾向，但并不等于行为本身，而是行为的心理准备状态。一个人具有什么样的态度，只能通过其外显的行为加以推测。比如某位高铁服务人员工作时对旅客热情友好，对每件工作都一丝不苟，工作之余还看有关服务的书籍，我们从他的行为表现，就可以推测出此人有上进心，爱岗敬业，抱有积极的态度。

4. 稳定性

由于态度是在长期的社会实践中逐渐积累形成的，因此某种态度一旦形成，便保持相对稳定，而不会轻易改变。"回头客""老顾客"，就是人们对某种品牌、某企业有了偏爱和信任而产生的反复光顾行为，它既反映了某家企业产品或服务的高低，也反映出人们消费态度的稳定性。比如，人们常常选择高铁出行就反映了人们对高铁的肯定的稳定性态度。

但是，态度的稳定性是相对的，但如果导致态度形成的主客观因素发生变化时，态度也会发生改变。比如高铁盒饭口感和营养搭配质量的提升会让旅客改变对高铁餐饮"食之无味"的印象。

5. 价值性

态度的核心是价值。价值是指作为态度的对象对人的需要所具有的意义。人们对某个事物所具有的态度取决于该事物对他们的意义大小。实现价值大的，能满足个人需要的，人们就持积极的态度倾向；反之，实现价值小或无价值的，就持消极的态度倾向。

二、态度的形成与改变

（一）态度的形成

人的态度是在后天的环境中习得的。态度的形成是指从对某一对象没有态度到对它有一定态度的转变。刚出生的婴儿是没有态度的，但在其发育成长的过程中由于不断接触周围的事物，于是在大脑里形成了各种印象和看法，获得了相应的情绪体验，逐渐形成了对事物的态度。在社会化过程中，个体会随着环境的变化不断调整已有的态度，形成新的态度，从而适应人生和社会。

1. 影响态度形成的主要因素

（1）个人需要的满足。个体需要的满足与否，是形成态度的首要因素。

凡是能够满足自己需要、有助于达到自己目标的对象，个人容易对其形成满意的态度，反之，则易产生厌恶感，形成不满意的态度。比如，那些著名的国际连锁饭店集团之所以能得到大多数旅游者的认可和喜爱，是因为这些饭店能提供种类齐全、名目繁多的服务，满足旅游者全方位的生理和心理需要。美国学者威廉·马丁所做的一项调查显示，一些公司失去的顾客中，有68%的人是因为这些公司对顾客的需要漠不关心。需要得不到满足，导致顾客改变态度，转向购买其他公司的产品。当旅客在乘坐高铁出行时，个人需要不被满足或较难满足时，则容易产生消极的态度，特别是当安全需求不被满足的时候，更容易让旅客对高铁原本较好的态度发生大逆转。

> ● 拓展阅读
>
> ### 高铁为什么不能开窗？
>
> 据报道，2018年8月12日23:04，京沪高铁廊坊至北京南发生设备故障导致部分列车晚点，原因是受到大风刮起的彩钢板撞击。事故发生后，因列车断电，通风设备停用，高铁上的乘客只能在车厢内煎熬，不少人因缺氧感到身体不适，车里不少老人孩子都憋得快虚脱了。受故障影响，北京南站也有40余趟始发终到列车停运，因而滞留了大量旅客。
>
> 事故过后，有人质疑高铁为何不能开窗？
>
> 铁路专家给出了如下解释：时速300千米以上的高铁列车，行驶过程中的阻力90%来自空气阻力，所以表面一定要光滑，为此高铁车窗都采用密封设计，依靠空调为车内供暖、制冷。同时，由于高铁时速较快，如果开窗的话，会产生很大的风速，气流迅速流动，并产生负压，形成强大的吸力，给行车及车内旅客安全造成威胁。比如，高时速的情况下，打开车窗，车外异物很容易被"吸"进车厢，同时，从体感上来讲，车内旅客也会感到强烈的不适。
>
> 此外，高铁列车供电系统设备一直是裸露在外，在恶劣天气下，塑料布、篷布等异物极易随风飘落在这些设备上，造成供电短路、跳闸停电等故障，耽误列车的正常运行。因此，在汛期暴风雨天气较多时，铁路部门应对铁路沿线民房、厂房等建筑结构进行加固，同时应加强对铁路线路两侧废弃

品收购站、露天垃圾消纳点、堆放彩钢板等轻型材料场所、轻型材料搭建物、广告牌、灯箱等的管理，防止大风等恶劣天气危及铁路的正常运行。

（2）个人的知识经验。态度是在长期的社会实践中，由直接或间接的知识经验逐步积累而成的。知识和经验是态度的认知成分，是态度形成的重要因素。一个人对高铁的态度，在体验前，可能来自宣传、互联网或朋友介绍等，在体验后则直接来自自己的亲身感受。细心周到的服务会带给人愉快的经历，形成肯定的态度；糟糕的服务会给人不愉快的体验，使旅客改变先前的认知，形成否定的态度。因此，个体直接获得的知识经验对态度的形成最为重要。

（3）个人的深刻经历。在人生历程中，某些事件会给人带来刻骨铭心的幸福体验或痛苦创伤，在心理上留下不可磨灭的印迹，促使人对特定的对象形成强烈的态度。"一朝被蛇咬，十年怕井绳"，就形象说明了极端深刻的事件对态度形成的影响。在服务接待中，人与人之间真诚的交流会让客人的心灵产生波动，留下幸福美好的体验，进而形成相应的态度。

（4）群体的态度。每个人都生活在一定的社会群体之中，因此社会群体的规范和习惯会形成一种无形的力量，影响个体的态度。一般情况下，个体的态度会受群体态度的影响，并与群体保持一致，这就是"从众心理"。如果个体与所属群体大多数人意见一致，他就会得到群体的认同和支持，否则就会感受到来自群体的压力。

2. 态度的形成过程

心理学家 H. C. 凯尔曼认为，态度的形成要经历模仿和服从、同化、内化三个阶段。

（1）模仿和服从阶段

态度的形成开始于两个方面：一是出于自愿不知不觉地开始模仿别人的态度；二是受到一定的压力而不得不服从。态度的模仿一般是倾向于模仿他认同、崇拜和敬爱的对象。在家父母是孩子认同和模仿的对象，随着年龄的增长、交往的增多，开始模仿学校、社会中不同的对象，不断得不同的态度。这时态度往往以不知不觉、自觉自愿的方式表现。生产商、经销商在产品的营销中,常选择有影响力的人物做广告宣传,就是为了让人们在模仿学习中形成认可、接受该产品的态度。服从阶段是人们为了获得物质与精神的奖励或避免惩罚而采取的表面服从行为。服从阶段的行为并不是个人心甘情愿的行为,而是一时顺应环境要求的行为,其目的在于获得奖励、被他人承认或者是为了避免惩罚、损失等,当环境中奖励或惩罚的可能性消失,服从行为就会立即停止。比如,高铁旅客只能根据车票的时间准时乘车,哪怕他再不愿意,只能服从,就是态度的服从。

(2)同化阶段。同化阶段是指个人不是强迫而是自愿接受他人的观点、信念,使自己的态度与他人的要求相一致。同化阶段不是在环境的压力下形成或转变态度,而是出于个体的自觉自愿。同化实现顺利与否,他人或团体的吸引力很重要。比如,一个个性突出的人想加入某个有吸引力的团体,他就会主动承认该团体的章程,愿意以该团体的规范来约束自己的行为,接受该团体对自己的要求和指导,并以团体一分子的态度对待自己的工作和生活。

(3)内化阶段。内化阶段是指个人从内心深处真正相信并接受他人的观点而彻底转变自己原来的态度、形成新的态度,并以此观点指导自己的思想和行动。一个人的态度只有到了内化阶段才是稳固的,才真正形成个人的内在心理特征。例如,刚刚工作的高铁服务员小张,因为对这份工作存在偏见,内心不愿意做服务工作,于是工作不积极,服务滞后,态度也不好,屡次与旅客发生口角,领导批评后,她有了辞职的念头。但接下来经历的一件事,改变了她的态度。一天,她帮助了一位腿脚不方便的旅客,旅客为此很感谢她的服务,领导也表扬了她。这件事对小张的触动很大,她真心感受到了这份工作的意义,找到了自己工作的价值,态度的改变就是内化的结果。

要改变一个人的态度,最好在模仿和服从、同化阶段进行,进入内化阶段后再要改变态度就比较困难。

(二)态度的改变

1. 态度改变的方式

指已经形成的态度在接受某一信息或意见的影响后而引起的变化。态度的形成是各种主、客观因素不断作用的结果,形成后具有相对的稳定性,但并不意味着一成不变。态度的改变主要包括两个方面：一是态度方向的改变；二是态度强度的改变。"态度方向的改变"是指以一种新态度取代原有的态度，如原来不喜欢某个交通方式，后来变得喜欢了。"态度强度的改变"是指态度不改变方向，而是沿着原有倾向呈现增强或减少的变化，如有人原来只愿意短途旅游，但随着交通条件的改善，旅途时间大大缩短，于是长途旅游也列入了他的考虑。

在实际活动中，上述两种方式的改变并不是完全分开的，在方向的改变中包含着强度或量的改变；在强度的改变中，当量的改变积累到一定的程度，会引起质的变化，使态度的方向发生改变。

2. 影响态度改变的因素

态度是后天形成的，因而是可以改变的。影响态度改变的因素主要有以下几个方面。

（1）时间性。态度形成的时间越长越不容易改变。例如，一个人小时候通过模仿学习并已定型的态度往往不容易改变。

（2）极端性。态度越极端，其改变的可能性就越小；态度形成所依赖的事实越复杂，一旦形成就越难改变；态度的三种成分越一致越不容易改变。

（3）个人价值观。个体的态度是其价值观的反应，凡是与个人价值观密切相关的态度，一般不容易改变。

（4）性格特征。一个人缺乏判断能力、依赖性强，就容易信任权威、改变自己原有的态度。反之，固执、独立、坚定的人往往不容易改变原有态度。

（5）学识能力。学识能力高的人，容易理解各种论点，进而根据自己的认识改变自己的态度。反之，学识低的人，容易被说服暗示，会被动改变自己的态度。

3. 改变旅客不良态度的途径

态度决定行为。我们可以从以下两方面来改变旅客的态度。

（1）改变产品的形象，提高服务质量。态度来源于个体对客观对象的认识和评价，因此，可以通过改变对象的形象来改变个体的态度。

（2）引导客人亲身体验。"百闻不如一见"，人们在实践中得到的信息能够最有效地改变人们的态度。

【小故事】

态度改变实验

第二次世界大战期间，由于食品紧张，美国政府希望说服家庭主妇能购买美国人一向不喜欢的食品——牛心、牛肾等动物内脏。为了寻找最有效的说服方法，心理学家为此做了专门的实验。他们把家庭主妇分成两组，一组采用传统的说服方法，向她们介绍这些食物的营养价值，同时还赠送每人一份烹调食谱；对另一组家庭主妇，则组织她们讨论动物内脏的营养价值，让每一个人发言，最后由大家做出食用内脏的决定。一段时间后，调查发现，第一组只有3%的家庭主妇被说服；而第二组却有32%的人开始食用动物内脏。

（汪红烨，王立新，杜红梅.旅游心理学［M］.上海：上海交通大学出版社，2011.）

三、高铁服务人员的态度要求

（一）树立正确的服务意识

服务类企业需要把服务意识作为对员工的基本素质要求，每一名服务人员也应该主动树立正确的服务意识。高铁服务人员应具备以下的服务意识。

1. 正确的角色定位

角色是指不同的人在某个特定场合中的身份。角色定位要求高铁服务人员在提供旅客服务之前，必须准确地确定在当时的特定情况下，双方所扮演的角色。在生活中，我们每一个人都扮演着多重角色，随着环境的变换而不断进行着角色的转换。例如在家里是儿女的角色，与朋友一起是友人的角色，在酒店消费又是顾客的角色等。但是在服务工作过程中，高铁服务人员的"服务角色"定位是不变的。为了提高服务水平，高铁服务人员应努力提高自己的角色认知能力和角色转换能力。

2. 正确的平等观念

我们经常听到服务人员抱怨"现在的旅客素质太差了""凭什么要我受旅客的气呢"等，事实上，要明白，高铁服务人员永远不可能与旅客是平等的，这是"合理的"不平等，就不能去计较所谓的"平等"，如果以社会上人与人之间的"平等"观念来处理客我关系，最终就会从角色错误认识走向服务误区。

3. 正确的服从理念

服务行业有句名言"旅客永远是对的"，这句话是对服务人员应该如何为顾客服务提出的一种要求，而不是对客观事实进行的判断，因此不能盲目地满足或服从顾客的任何要求。在服务工作过程中，高铁服务人员应该把"对"让给旅客，把"面子"留给旅客。

4. 正确的服务行为

旅客服务要求服务人员提供没有借口的服务。任何借口都是推卸责任，在高铁服务过程中，如果乘务人员找借口掩饰自己的过失，推卸本应承担的责任，这样会让旅客很不满意，也会造成矛盾冲突。因此，高铁服务人员应树立正确的服务意识，践行正确的服务行为，为旅客提供体贴入微、令人舒心满意的服务。

（二）保持良好的服务态度

1. 主动。主动是一个人自身的主观能动作用。高铁服务人员应该以主人翁的态度，主动做好本职工作，全心全意为高铁旅客服务。为此应做到以下几点：第一，认真做好各项班前准备工作；第二，工作中做到"眼勤、口勤、手勤、脚勤"；第三，善于发现问题和及时解决问题；第四，虚心征求旅客意见，不断总结经验提高工作效率。

2. 热情。热情是对待服务工作和旅客的真挚感情。服务人员要像对待家人一样对待旅客，以诚恳的态度、亲切体贴的言语做好服务工作。为此要求高铁服务人员做到以下几点：第一，保持仪容整洁，态度诚恳，给旅客留下良好的第一印象；第二，与旅客接触时保持精神饱满、仪态自然、言辞简洁；第三，全面照顾、一视同仁、热情待客。

3. 耐心。耐心是不急不躁，不厌烦，能忍耐。服务人员要有较高的品德修养，善于控制自己的情绪。为此，要求高铁服务人员应做到以下几点：第一，在工作实践中不断提高自身的品德修养，注意保持平和的心态，防止急躁情绪出现；第二，在工作过程中杜绝不耐烦和傲慢的表现，对待挑剔的旅客更要耐心细致；第三，发生误会和争执时，要平心静气、冷静理智，妥善合理解决矛盾。

4.周到。周到就是把工作做得细致入微,面面俱到。为此,高铁服务人员应做到以下几点:第一,处处替旅客着想,了解旅客需求,揣摩旅客心理,工作认真、办事周详;第二,详细解答旅客问题,如果自己不懂,立即求教,不应付了事;第三,熟悉铁路和本公司内部各种规章制度和业务知识,以便更好地为旅客服务。

第三节 高铁服务个性要求与旅客个性化服务

一、高铁服务个性要求

服务质量是企业的生命,服务质量从根本上来说是由服务人员的素质决定的。在高铁乘务服务工作中,高铁服务人员是工作的主体,其是否具有良好的心理素质,是铁路运输企业提供优质服务的基础。因此要发展高铁运输行业,就必须打造一支具备良好职业心理素质的员工队伍。

(一)气质要求

高铁服务工作对从业人员的气质有特殊的要求,要做好高铁乘务服务工作,工作人员必须具备以下气质特征。

1.感受性适中

一个人对引起感觉所需要的刺激量越小,他的绝对感受性就越高。人的感觉器官能觉察出的最小刺激量是不一样的。在高铁乘务服务工作中,乘务人员的服务工作处于经常变化的活动空间,且受各种因素的影响,需要与各种旅客交往,如果高铁从业人员的感受性太高,稍有刺激就引起心理反应,那么当旅客提出不同的要求或者发生意外情况时,这些都会刺激高铁服务人员,势必造成精力的分散,从而影响服务工作的有序开展。相反,如果高铁服务人员的感受性太低,对周围事物熟视无睹,就会怠慢旅客,导致服务质量下降,使旅客对服务人员和整个高铁企业产生不满。

2. 耐受性强

耐受性是指人在受到外界刺激作用时表现在时间和强度上的耐受程度和在长时间从事某种活动时注意力的集中性。有的高铁服务人员在长时间服务工作中，仍能保持注意力高度集中，而有的高铁服务人员工作时间稍长，就感到力不从心。显而易见，前者耐受性强，后者耐受性弱。作为高铁服务人员，较好的耐受性是其应具备的心理素质之一。

3. 灵敏性不宜过高

灵敏性是个体心理反应的速度和动作的敏捷程度。它包括两大类：一类是指不随意的反应性。例如，有的人能忍受工作中的委屈，有的人稍有委屈就受不了。另一类是指一般的心理反应和心理过程的速度，如说话的速度、记忆的速度、注意力灵活转移的速度等。高铁服务人员要想在工作中处于热情饱满的状态，灵敏性就不能太高，否则会让旅客产生不稳定的感觉。正常情况下，要求高铁服务人员应能根据客流量的大小随时调节自己的灵敏性。

4. 可塑性强

可塑性是指人适应环境的能力和根据外界事物的变化而改变自己行为的可塑程度。凡是容易顺应环境、行动果断的人，表现为有较大的可塑性，而在环境变化时，情绪上出现纷扰、行动缓慢、态度犹豫的人，则表现为较弱的可塑性。在高铁乘务服务工作中，高铁服务人员必须掌握一定的服务程序和服务规范，还要能根据客人需求的变化进行灵活调整。以饮食为例，一般来说，南方人爱吃米饭，北方人爱吃面食，山西人爱吃醋，四川人爱吃辣，高铁服务人员应考虑旅客的不同饮食特点，如果只提供一种服务，那么旅客将很难满意。

（二）**性格要求**

不同人的性格存在一定的差异性，而性格对一个人行为的影响又是显而易见的。作为高铁服务人员应具备以下性格特征。

1. 诚实、友善

铁路运输业是一个"高接触"行业，高铁服务人员不可避免地要频繁地与各种各样的旅客打交道。就工作而言，良好的性格可以使人始终保持最佳服务状态，使旅客感到被尊重，主客关系融洽；对高铁服务人员而言，良好的性格也可以使自己从旅客的满意中获得个人心理的满足。如果高铁服务人员对旅客冷淡、刻薄、虚伪，就容易使主客关系紧张，令旅客产生不满，因此，高铁服务人员应具备友善、诚实的性格特征。

2. 自信、热情

自信是对高铁服务人员心理素质的基本要求之一。充满自信的高铁服务人员，往往能在旅客面前充分展现自己的服务技能和技巧，让旅客感受到安全、可靠和愉悦。相反，如果高铁服务人员缺乏自信，面对突发事件就会手足无措，给旅客带来消极的影响。此外，从事高铁乘务工作还需要员工充满热情。由于高铁乘务工作比较单调、辛苦，服务时间弹性大，容易使服务人员产生疲劳。热情能使高铁服务人员全身心地投入工作，为客人提供优质服务。

3. 恒心、责任心

具备恒心和责任心的高铁服务人员，在工作中会表现的积极努力，认真负责，同时具有较强的服务意识，工作效率也较高。相反，缺乏良好的性格特征的高铁服务人员，在工作中往往表现为懒散，缺乏工作的主动性和创造性，服务效率低下。

（三）能力要求

从业人员的能力是直接影响服务效率、服务效果的重要心理特征，也是影响企业服务水平的主要因素。能力是一种综合的整体结构，一名合格的高铁服务人员应具备以下能力条件。

1. 感觉和知觉能力

在面对旅客、为旅客提供服务的过程中，感觉和知觉是最基本的能力，当你感受到了需要，并能正确地认识这个需要，才能采取正确的行动。在日常工作中，应该主动有意识地观察旅客的行为表现，分析行为表现所代表的意义，反复认证判断的结果，进行规律总结，不断提高感觉和知觉能力。

2. 注意和观察能力

要适应复杂多变的工作环境，要提高认识活动的效果，就必须具有良好的注意力和观察能力。在工作中必须保持良好的心态、情绪状态和对工作的兴趣热情，以便对具有一定刺激和新奇、意外的事物随时给予注意，并从无意注意转向有意注意。

3. 记忆与理解能力

在高铁服务中，如果没有良好的记忆能力就记不清旅客，尤其是重点特殊旅客；缺乏良好的记忆能力就会记不清站名、票价和工作程序规范等。培养和锻炼良好的记忆能力是做好服务工作的重要基础。理解能力在服务工作中也非常重要，人与人之间的良好沟通就是建立在良好的理解能力基础之上的。

4. 思维与想象能力

思维和想象是对客观现实的概括性、创造性的间接反映。高铁服务人员具备敏捷的思维和丰富的想象，可以灵活、妥善、创造性地处理各种矛盾和问题，提高服务质量和水平。良好的思维和想象能力来自不断的学习和实践。

5. 语言与沟通能力

语言是一种服务工具，良好的语言表达和沟通能力是服务的必备能力。用语言艺术来做好服务工作，可拉进与旅客的距离，达到事半功倍的效果。

二、旅客个性化服务

（一）个性化服务

只有高级酒店需要个性化服务这个观点是狭隘的，任何地方，只要有服务，那就需要个性化服务理念，高铁上也不例外，高铁乘务个性化服务是非常重要的。假日集团创始人威尔逊有句名言：没有快乐的员工就没有快乐的客人。个性化服务更能让旅客获得惊喜和快乐。每一位服务人员都必须具备提供个性化服务的意识和能力，自觉主动为客人提供个性化服务。其实，个性化服务并不会增加更多的开支费用，而是更多表现为情感投资，这种情感投资是我们日常服务的一种润色，将给旅客带来美好的体验。

（二）旅客个性心理与个性化服务

人们在旅行过程中的共性心理，是大多数旅客在旅行时普遍的、通常的心理要求。但对于每个旅客来说，由于自身条件、旅行条件、个人性格、爱好、观念的不同，又必然会有不同的心理要求，这就是旅客旅行的个性心理需要。

旅客在旅行过程中，当旅行条件发生变化时，心理要求也会随着变化。

旅行者的心理活动除受自身条件制约以外，还受客观事物多变的影响。所以，与共性心理相比，旅客的个性心理是十分复杂的。

高铁服务人员在服务工作中，既要掌握旅客旅行的共性心理，又要探索和理解旅客的个性心理，才能避免服务工作的片面性和盲目性，才能更加主动、更有针对性地实现文明服务、礼貌待客的服务宗旨。由于广大旅客的个性心理复杂多变，高铁服务人员要全部了解、掌握是极困难的，而且也无这种必要。但我们应该注意综合一些具有较普遍、较典型、有代表性的个性心理，以便在日常服务中能够了解旅客的心理，提供有针对性的服务。

1. 旅客气质与个性化服务

在高铁乘务服务中，应该根据旅客气质类型有针对性地进行服务。在现实中，常常只有很短的时间来接触了解旅客，这需要高铁服务人员有很强的分析能力，并能根据其气质特征迅速进行反应。

（1）胆汁质型（兴奋型）。这类旅客热情果断、精力充沛、自信心较强、敏捷多动、行为草率、抑制能力差、脾气急躁、容易发怒、心境变化强烈，具有外倾性。在高铁上，主要表现为对周围的人很热情，话多且直截了当；喜欢与人争论问题，且力求争赢，但如果存在错误，也很快就会承认；常会对高铁设施、餐饮口味、服务质量等提出意见；购物时被商品某一特点吸引后不经更多思考会立即产生购买行为；常遗忘和丢失小物品。

服务这类旅客，高铁服务人员要做到：①头脑冷静，充满自信，和蔼可亲，语言简洁明了，动作迅速麻利。离开时提醒旅客不要遗忘物品。让其感觉到你在急他所急，想其所想，全心全意为他服务。②避免与旅客发生冲突，注意避其锋芒，以柔克刚，尽量在言语、情绪方面不要激怒，用宽容和理解的心去对待他们的过激言语和态度。

（2）多血质型（活泼型）。这类旅客活泼好动、开朗大方、反应迅速、适应能力强，但注意力不集中、兴趣容易转移、乐观而浮躁，具有外倾性。在高铁上，主要表现为善于交际，性情开朗，对服务感兴趣、爱发问，喜欢评价，情感外露、容易感动、兴趣与目标容易发生改变和转移。

服务这类旅客，高铁服务人员应善于利用情感效应，诚恳地对待客人热情、礼貌地回答客人的提问，满足其爱交际、爱说话的特点，不要冷落他们；服务速度要快，避免啰唆呆板，多介绍新、奇、特的服务品种和项目；遇到客人情感多变时，热心耐心做好解释工作。

（3）黏液质型（安静型）。这类旅客具有稳定的情绪特征，情绪稳定、行动缓慢、喜欢安静、沉默寡言、不苟言笑、情感不易外露、注意力集中、自制力很强，不易受外界环境因素的影响，具有内倾性。在高铁上，主要表现为很少与人交谈，喜欢安静独处，给人难以接近的感觉，很少向人流露内心情感；不喜欢服务员的过分热情；对事物不轻易下结论，一般也不征求别人意见；喜欢口碑良好或自己熟悉的产品，对新的服务项目不感兴趣；如果有事与之商量，他们会考虑很久。

服务这类旅客，高铁服务人员应做到不要过多打扰；有事交代要直截了当，语速放慢放轻，避免滔滔不绝；遇事给其时间和空间深思。

（4）抑郁质型（抑制型）。这类旅客沉默寡言，腼腆羞涩，性情孤僻，不爱与人交往，行动迟缓、谨慎。感情细腻脆弱，极少外露，但内心体验深刻而强烈。他们自尊心特强，好猜疑；想象力丰富，善于观察到别人不注意的细小事物和微妙变化。在高铁上，主要表现为讲话速度慢；情感很少外露，不喜欢交际；爱幻想和猜疑，对他人的言语和表情较敏感，一旦与他人发生矛盾很难进行自我心理调节。在消费时，观察仔细，体验深刻，常发现细微之处和别人不易留意的地方；对价格变动比较敏感，喜欢购买廉价、经济的商品，购买时缺乏主动性，犹豫不决，风险意识强，外界一旦有干扰就会中断购买行为，特别容易出现购买后的后悔心理。

服务这类旅客，高铁服务人员更要尊重他们，注意做到说话态度温和，语意明白，无关紧要的事不说，不要与之开玩笑。不要当面窃窃私语，以免引起猜疑。遇事多与客人商量，讲清理由，取得谅解，对他们提出的要求，哪怕不合理也要耐心听完，诚恳解释。给予旅客安静而不冷落的服务，随时关照但不打扰。

2. 旅客性格与个性化服务

在高铁旅客的运输活动中，旅客的性格差异是形成各种独特行为的主要原因，高铁服务人员应根据旅客的衣着、言行和表情来确定其性格特点，并适当调整应对方式，为其提供个性化的服务。

（1）外向型和内向型。外向型旅客，热情活泼，喜欢与人交流，会主动询问问题，容易受感染，言语、动作、表情外露；内向型的旅客，沉默寡言，动作反应缓慢，面部表情变化不大，内心活动丰富而不露声色，不善于与人交谈。

服务外向型旅客，比较容易把握态度，也比较容易接待。内向型的旅客则分两种情况：一种是自己不爱说话，但喜欢听别人说，在他人的问话和鼓励下，有时也能滔滔不绝地讲出自己的感受和需求；另一种是自己不爱说话，也不喜欢别人话多，更讨厌别人的询问。对前一种旅客，高铁服务人员要提供热情、主动的服务，也可谨慎地询问意见。对后一种旅客，乘务人员要采取"关注但不打扰"的态度，这样，他们不会感到被冷落，反而觉得轻松自在。

（2）情绪型与理智型。情绪型旅客，通常情绪反应比较强烈，容易受各种因素的影响。理智型旅客，思考周密，遇事冷静，喜欢观察周围的人和事物。

对于情绪型的旅客，高铁服务人员要根据他们的特点，服务过程中要有一定的情绪观察力和情绪感染力，把握好旅客情绪的变化，适时提供服务。理智型的旅客常常比较有主见，高铁服务人员最好冷静观察，适度提供服务，切不可过多打扰。

本章小结

1.个性是一个人在先天素质的基础上，在一定社会条件下形成和发展的，具有一定倾向的、比较稳定的心理特征的总和。个性具有生物性和社会性的统一、整体性和差异性的统一、稳定性和可变性的统一特征。

2.个性由两大部分组成，一个是个性倾向性，一个是个性心理特征。个性倾向性是人进行活动的基本动力，是个性结构中最积极活跃的部分，主要包括需要、动机、兴趣、信念、理想和世界观等。个性心理特征是个性结构中较为稳定的部分，主要包括气质、性格、能力。

3.气质是人的典型的、稳定的个性心理特征，是人的心理活动和行为方式在程度、速度、稳定性、灵活性等动态特征上的综合表现。气质具有天赋性、稳定性和可塑性。气质可以分为胆汁质、多血质、黏液质、抑郁质四种基本类型。

4. 性格是个性中最重要、最显著的心理特征，是个性心理特征的核心，决定了人活动的内容和方向。性格具有相对的稳定性、可变性和可塑性。

5. 能力是指使某种活动顺利完成，并直接影响活动效率的个性心理特征，人的能力可以分为一般能力和特殊能力。

6. 态度与人的行为有着密切的联系，是个性的重要组成部分。它是联系个体内、外世界的桥梁。态度的心理结构主要包括认知、情感、意向三个因素。各个因素在态度结构系统中处于不同的层次地位，担负着不同的职能。人的态度常具有对象性、社会性、内隐性、稳定性和价值性的特征。

7. 高铁乘务个性化服务非常重要。每一位高铁服务人员都必须具备提供个性化服务的意识和能力，自觉主动为客人提供个性化服务。服务中可根据旅客气质、旅客职业、旅行目的、旅行行程和旅行性质、旅客自身条件、旅行中的旅行情况、旅客常见心理特征和行为表现来分析旅客个性心理，给予有针对性的个性化服务。

思考与练习

一、思考题

1. "个性"的含义、特征、组成。
2. "性格"的含义及特征。
3. "态度"的含义及特征。
4. 高铁个性化服务重要吗？请谈谈你的理解。

二、实践题

结合自己的体会，谈谈你在现实生活中是如何鉴别他人性格的。

三、案例分析

甲乙丙丁四人相约去看电影，但迟到了，检票员不让他们进去。这时甲立即寻找其他能进去的路径："前门不让我进，有没有后门、偏门可以进呀？"乙的反应是大吵大闹："我有票，你凭什么不让我进去啊？"丙是好脾气，凡事往好处想："你现在不让进，待会儿幕间休息时总得放人吧，我等着！"丁的想法是:"唉,好不容易下定决心出来看电影,结果不让进去,我怎么这么倒霉啊,回家算了,以后再也不来了!"

(王生辉.消费者行为分析与实务[M].北京:中国人民大学出版社,2006.)

这四个人的反应不同,分别代表了四种典型气质,根据上述内容,请你分析出他们的气质特点。

第三篇

高铁乘务服务心理

高校未来知未来小野

第七章
高铁乘务客我角色与交往心理

引言

高铁乘务服务基本都是面对面的服务。高铁乘务与旅客之间的交往既是人际交往关系，更是一种服务与被服务的关系。本章从高铁乘务客我角色与交往心理角度出发，正确分析和认识旅客角色和高铁乘务自身角色，把握好客我关系特点，理清角色之间的关系，了解客我交往的心理状态，掌握客我交往过程中应该遵守的原则，并给予高铁服务人员应具备的心理策略建议。

学习目标

1. 知识目标

了解旅客和高铁乘务角色心理；了解客我交往的形式、特点、原则，掌握客我交往的心理状态、影响方式和心理策略。

2. 技能目标

在高铁服务过程中，能够摆正好角色位置，处理好客我关系，利用客我交往的形式、特点、原则等内容，正确把握交往心理状态，运用相应的心理策略，提供高质量、高水平的旅客服务。

第一节 客我角色心理

旅客与高铁服务人员的关系是消费者与劳务者的关系、是被服务与服务的客我关系。在服务过程中，旅客是"观众"，高铁服务人员把优质的服务淋漓尽致地"表演"给旅客看，让旅客从中得到享受。为保障客我交往的顺利进行，服务人员要认清客我关系、客我角色，树立很强的服务意识和角色意识，一旦投入工作，就应该抛开与服务无关的想法和情绪，努力调整好客我关系。

一、旅客角色心理

作为社会人，每个人都会形成自我概念，包括物质自我、社会自我和心灵自我三个层面。物质自我是对自己身体、拥有的物件等方面的认知；社会自我是对他人的评价，以及人际关系等方面的认知；心灵自我是对自己的人格、内心体验等方面的认知。自我认知会显著地影响人们的行为和心理调适，高铁旅客的自我认知与其他服务行业的顾客一样，主要表现为优越意识、特权意识、享受意识、自由意识和"面子"意识等。

服务行业一直奉行"顾客是上帝"的服务理念，应想顾客之所想，急顾客之所需，尽量满足顾客的每一个合理要求，甚至是一些其他的延伸性要求。顾客在被服务的过程中，普遍有一种优越意识和特权意识，他们理所当然、悠然自得地享受着一切称心如意、物有所值甚至是物超所值的美好服务体验。一旦需求没有被满足，顾客会生气，会表达不满；处理不好，会发怒，会有投诉行为。顾客作为具有情绪化的自由人，有时会大声说笑，有时会大喊大叫，甚至还会出现训斥服务人员的行为。面对情绪极易异动的自由旅客，高铁服务人员依然应该保持良好的情绪，理性对待。只要旅客不是有意挑衅，不损害其他旅客的利益，或不侵犯高铁服务人员人格的，服务人员均应给予尽可能的宽容和谅解。对于旅客的一些错误和不文明行为，我们在纠正和制止的时候，也需要把握到旅客的"面子"意识，把"面子"让给旅客，把礼留下，最终把文明、和谐留下。

二、高铁服务人员角色心理

在服务行业，所有的工作人员对顾客来说都是服务人员。特别是对一线的服务人员来说，他们常常会有自卑感，总觉得自己是来伺候人的，不够自信，对自己的服务工作也不够肯定，这样容易导致做不好工作，从而越来越加重反感、出现不良循环。产生这些问题的原因其实主要是服务人员没能够正确认知服务角色。

社会心理学认为，不管任何人，也不管他有什么样的个性，只要充当了某种社会角色他就必须按照角色所赋予的规范去行动。作为一名铁路工作人员，要树立主动自觉地为旅客服务的意识，帮助旅客解决和处理问题，认识并肯定自己服务工作的意义和价值，善于从工作中找寻服务的乐趣，努力营造轻松、和谐的人际交往氛围。

第二节 客我交往心理与服务

客我交往本质上是旅客与服务人员在被服务和服务过程中心理和行为上的一种互动。旅客与服务人员交往目的是为了享受服务，服务人员与旅客主动交往则是因为工作使命和工作职责。

一、交往形式

（一）直接交往与间接交往

按照交往的接触性，客我交往可以分为直接交往和间接交往。直接交往是运用人类自然的交际手段，如口头语言、面部表情、身体语言等，面对面地接触；间接交往主要是借助书面语言、传播媒介或通信技术手段所形成的间接接触，比如给旅客发送祝福或营销短信。直接交往较间接交往的优点是交流反馈迅速而清楚。在高铁服务中，以直接交往为主，直接交往是影响服务效果的主要因素。

（二）主动交往与被动交往

按照交往的积极性划分，客我交往可以分为主动交往与被动交往。客我交往中，服务人员与旅客的交往要更加主动积极，这是工作需要，把工作做到前面，向旅客提供超前服务。而旅客与服务人员的交往积极性则相对更弱、较为被动，他们更想要被关注、被服务。

（三）有意交往与无意交往

按照交往的意愿，客我交往可以分为有意交往与无意交往。"有意交往"是指客我之间有意识的交往，一般是精心准备过的，对语言、仪表、服务等方面都进行了刻意的设计，给对方施加影响是为了达到明确的目标或满足具体的需要。而"无意交往"指客我双方没有进行面对面的沟通，但无形之中给对方施加了影响或形成了印象和评价，是随机的，具有突发性和间接性。

二、交往特点

（一）短暂性

旅客与高铁服务人员的客我交往相对来说呈现短暂性特点。在高铁上，一段旅途的时间和服务人员一对多的服务方式，让旅客与服务员的接触时间相当有限，很多时候还仅仅只是一次性交往。在短暂的相处中，高铁服务人员应该迅速对旅客进行观察和判断，积极主动服务旅客。

（二）公务性

指客我交往的内容与方式只涉及高铁服务消费的范围，不涉及个人的隐私。在服务的过程中，客我交往无须也没有必要了解交往双方与服务无关的其他个人信息和情况。因此，高铁服务人员在热情、亲切、友好的服务接待中，应对旅客的隐私与个人嗜好给予充分尊重。

（三）单方的主动性

在客我交往中，服务人员较旅客更具单方面的主动性。服务工作本身需要的就是服务人员主动观察了解并服务旅客，让旅客满意。

三、交往原则

（一）旅客需求第一原则

高铁乘务服务必须以旅客需求为中心，尊重旅客、关心旅客，充分满足旅客的合理要求。

（二）互利互惠原则

在客我交往中，存在着明显的利益关系，旅客乘坐高铁出行除了享受高铁环境的舒适，同时也力求享受到热情、友好的服务，而乘务人员通过自己的劳动获得相应的劳动报酬与价值肯定。当客我交往发生矛盾时，乘务人员应巧妙地避开直接冲突，尽量让旅客获得满意，最终实现互利互惠的局面。

（三）兼顾原则

高铁服务是一对多的服务，旅客是平等的，做到兼顾非常重要。

四、心理状态

（一）情绪好坏、积极性高低假设

南开大学的甘朝有教授在其编著的《旅游心理学》（南开大学出版社，2001版）一书中，对客我交往心理状态进行了假设分析，这对研究高铁乘务服务过程中客我交往状态有很大的参考价值。该假设将人的心理状态分为两个维度，即积极性和情绪性，并设定可测量人的积极性和情绪的单位，人的积极性和情绪性高涨用正数表示，低落用负数表示，将这一假设画成坐标图，如图7-1所示。

图7-1 心理状态图

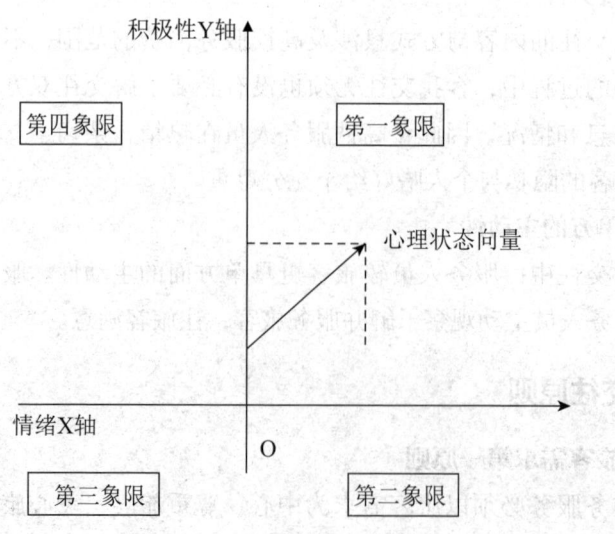

其中，x 轴代表情绪，y 轴代表积极性。每个人情绪和积极性的不同数值都能在图上找到，成一个交叉点，这个点就表示此人的心理状态。

从图中可以看出，坐标系所划分出的 4 个自然区域恰好可以把人的心理状态分为 4 种类型。

第一象限表示该人的情绪很好，积极性很高。在这种状态下人显得轻松愉快、活跃好动，容易接纳他人，同时也易于接近。心理状态点处于第一象限的旅客最容易交往。

第二象限表明该人情绪很好，但积极性不高。这时候人一般比较沉静、自得其乐，有种沉浸其中的感觉。此时，高铁服务人员应该尽量不打扰这类旅客，如果旅客有意主动交往，那么可以抓住机会做做推销，效果应该会不错。

第三象限表明此人情绪不好，积极性也不高。这时人看起来意志消沉、心灰意冷，有种暴风过后还没缓过劲来的感觉。此时，高铁服务人员应该在有机会与之接触相处的情况下，试试调整顾客的情绪，然后再试探性地调动其积极性，效果应该不会太明显，虽说如此，但是我们的服务还是要尽量去做。

第四象限表明此人情绪不好，而积极性却很高。此类人可能刚刚遇到挫折，心情焦虑、愤怒，此时最易寻衅滋事，易与他人发生冲突。此时，高铁服务人员根据经验应提供迅速而谨慎的服务，应以避免冲突为最佳选择。

（二）PAC 心态（三个自我状态）

人格结构理论告诉我们，一个人有三个"自我"，即父母自我、成人自我、儿童自我。在人际交往中，在不同的情境下人们会表现出不同的自我状态，分别是父母自我状态（Parent，简称 P）、成人自我状态（Adult，简称 A）及儿童自我状态（Child，简称 C）。

父母自我状态是人们通过模仿自己的父母或其他在其心目中像父母一样的权威人物而获得的态度和行为方式。父母自我状态具有两面性，一方面体现的是命令、批评式，另一方面体现的是慈爱式。父母自我状态在语言表现上，常用"绝不允许""不要""让我来告诉你应该怎么做""你真愚蠢""我跟你说了多少遍了""真是可怜的孩子"等语言。在语调上常常是高声批评、低声抚慰。肢体语言常板着脸、皱眉头、指手画脚、摇头、双手叉腰、叹气、拍别人的头等。

成人自我状态是待人接物比较冷静，处事谨慎，尊重别人的状态。成人自我状态体现的是理智，富有逻辑性、客观性。成人自我状态在语言表现上，常用"为什么""依我看""我明白了"等语言。在语调上平和、轻柔。肢体语言表现是自然、得体、大方、稳重。

儿童自我状态是一个人的人格中感受挫折、不适当的、欢乐等情感的那一部分，是好奇心、创造力、想象力、自发性、冲动的源泉，它包含有人的需要和欲望。儿童自我状态也具有两面性，一方面是任性，另一方面是顺从可爱。儿童自我状态在语言表现上，常用"我就要""我怎么会知道""我猜可能是""好得不得了"等语言。在语调上常常是激动的、热闹的、恐惧的、悲伤的、愤怒的。肢体语言常表现为流眼泪、嘟嘴巴、扭身子撒娇、可爱的表情等。

面对同样一个事件，不同的旅客会表现出不同的自我状态。同一个旅客面对不同的事情，也会有不同的自我状态。在服务过程中，我们不能要求旅客用哪一种心态与我们交流，但是可以用自我心态去影响和引导旅客，因此，高铁服务人员学会调适自我状态变得特别重要。比如，要旅客表现出"顺从型"行为，我们就需要用"慈爱式"行为去引导；要诱导出旅客的"理智"行为，我们必须化解掉其严厉的父母自我状态和蛮不讲理的儿童自我状态。在工作中，高铁服务人员要学会观察和分析旅客的心态，从而营造和谐的人际关系。

五、影响方式

服务过程中客我双方都在给对方施加影响，通常有以下三种影响方式。

（一）说服

说服是指摆事实、讲道理，用专业的知识和令人信服的具体事实促使对方形成新的态度，改变其原有的某些观点和行为。在高铁服务中，说服主要用于当旅客出现不文明行为并不听劝阻之际，是常用的一种强有力的客我影响方式。

（二）提示

提示是指通过简单的语言、手势或其他的提示载体（如标语、广播）等，促使对方信服和接受。在高铁服务中，我们常常对旅客进行提示。比如，提示旅客到站信息、乘车注意事项和安全等。为了规避旅客的某些不良行为，且不便于劝说旅客时，便用提示法，点到为止。

（三）诱导

诱导不是强制对方去接受，而是让对方主动、自觉地去选择。在高铁服务中，高铁服务人员常要用到诱导的方式来与旅客相处，上面已经提到这一内容，这里不再重复。

六、心理策略

客我交往中，可以参考如下策略。

（一）找准需求，对症下药

在对客服务中不能纯机械式服务，也不可主观臆断，盲目和武断地承诺旅客，一定要观察分析，在充分了解旅客的心理状态、明晰旅客的心理需求后再为其提供服务，充分考虑可预见的状况，预防冲突的发生。

（二）提问恰当、有针对性

提问题要恰当，力求避免包含着某种错误假定或有敌意的问题。提问题要有针对性，必须根据对方的心理活动运用各种不同的方式提出问题，多问一些引导性问题，找到顾客心理的不满、顾虑或质疑的原因。

（三）进退自如、得体大方。

如果旅客的情绪很好，乘务人员应努力发挥自己的积极性。如果旅客情绪不好，显得激动，有与人争吵的倾向，其言行很难预料时，乘务人员应给旅客提供最大限度的行动自由，服务语言要简洁、准确，语气要平和，使旅客切实得到安慰。面对消极冷漠的旅客，改变他们的态度和行为是一件难事。乘务人员要充分发挥自己的积极性，用热情去感染他们，用周到细致的服务去感动他们。

本章小结

1. 旅客角色心理主要表现为优越意识、特权意识、享受意识、自由意识和"面子"意识等。高铁服务人员应弄清自己的角色、地位、职责，在客人面前保持平和的心态，在服务工作中，礼貌地创造一种和谐的气氛。

2. 客我交往本质上是旅客与服务人员在被服务和服务过程中心理和行为上的一种互动。客我交往形式有三种：直接交往与间接交往、主动交往与被动交往、有意交往与无意交往。客我交往特点有：短暂性、公务性、单方主动性。客我交往原则有：旅客需求第一原则、互利互惠原则、兼顾原则。

3. 一个人的人格结构有三个"自我"，即父母自我、成人自我、儿童自我。在人际交往中，在不同的情境下人们会表现出不同的自我状态。父母自我状态体现的是命令式或慈爱式；成人自我状态体现的是理智；儿童自我状态体现的是任性或顺从可爱。

4. PAC 心态的应用：首先，服务人员要调适好自我状态；其次，从业者在服务中要学会观察和分析顾客的心态。

5. 服务过程中客我双方都在给对方施加影响，通常有以下三种影响方式：说服、提示、诱导。

6. 客我交往中策略有：找准需求，对症下药；提问恰当、有针对性；进退自如、得体大方。

思考与练习

一、思考题

1. 如何正确认识旅客的角色心理。
2. 客我交往的特点。
3. 客我交往中，高铁服务人员应遵守的原则。

二、实践题

1. 模拟不同的客我双方心理状态，对服务过程中客我互动心理与行为进行分析，可用情景表演形式呈现。

2. 解决问题。

在一趟高铁列车上的某个车厢里，有两位旅客为争夺行李架的位置而吵得不可开交。如果你是刚刚经过的高铁服务人员，看见这样的情况，你会怎么做？

第八章 高铁乘务客运服务心理

引 言

高铁乘务客运服务心理从心理学的角度研究铁路运输服务过程中旅客的心理活动和现象，并提出相应的服务对策。知客人之所需，明客人之所想，才能提供让旅客满意的各种服务，从而做好旅客服务工作，因此高铁乘务客运服务心理是高铁乘务服务心理学研究的一个重要内容。本章从研究旅客旅行心理入手，总结分析了旅客旅行的共性心理和个性心理；结合铁路运输系统工作岗位，阐述了售票、候车、车厢、餐车、商场等岗位的服务心理与策略。

学习目标

1. 知识目标

理解研究旅客旅行心理的目的；熟悉旅客旅行的共性心理和个性心理；掌握高铁运输各岗位的服务心理与策略。

2. 技能目标

针对旅客旅行心理和不同阶段的心理需求，提供相应的服务对策。

第一节 旅客旅行心理

需要产生动机，动机在条件满足的情况下导致行为，而行为的整个过程又伴随着各种各样的心理活动，这些心理活动又直接影响行为的结果。旅客在铁路运输过程中同样会产生多种心理活动和现象，通过对旅客旅行心理的研究，能促使旅客运输部门采取相应的服务方式，改善和提高客运服务质量。

一、研究旅客旅行心理的目的

1. 明确旅客的旅行心理需求

旅客在铁路运输过程中的旅行心理，在一定程度上反映了旅客对铁路运输服务部门的要求，只有了解旅客所想，才能为其提供令人满意的服务。

2. 根据旅客旅行心理采取相应的服务措施

根据旅客的旅行心理采取相应的服务措施，使服务更有针对性。在服务措施上，旅客运输服务部门可以从两方面入手：一是从硬件设备入手；二是从软件管理入手。

二、影响旅客旅行心理的因素

旅客在旅行过程中所表现的一切心理活动，以及在心理活动支配下产生的一切行为结果，不仅受铁路旅客运输系统内部因素的影响，同时也受其他因素的影响。影响旅客旅行心理的因素主要包括以下四个方面。

1. 环境因素

人生活在一定的环境之中，离不开环境的影响和制约。高铁旅客在旅行过程中的心理活动同样与旅行环境有着密切的联系，比如高铁的车厢环境卫生、温度条件等都会影响旅客的情绪和情感。

2. 个人因素

在个人成长过程中，每个人都在遗传因素的基础上，受到环境的熏陶，从而形成了具有相对稳定性的心理特征。在旅行过程中，高铁旅客会因不同的个性特点产生不同的心理活动和行为。此外，高铁旅客个人的身体条件也会对旅行心理产生影响，例如旅客在铁路运输服务过程中生病，则会出现情绪低落，或者烦躁不安等现象。

3. 旅客因素

旅客因旅行的目的而形成一个群体，旅客之间在铁路运输服务过程中必然会相互作用、相互影响、相互制约，从而产生旅客群体的一些特征和需要。

4. 服务因素

旅客在铁路运输过程中会接受铁路运输系统的各类服务，这些服务措施的多少、服务质量的高低都会影响旅客的旅行心理和行为表现。

旅客旅行心理活动受上述四个方面的综合作用，因此在了解旅客旅行心理时，需要综合分析每一个因素，这样才能更好地把握旅客的心理内涵。

三、旅客旅行的共性心理与服务

"旅客旅行的共性心理"是指旅客在铁路运输服务过程中所具有的相同的心理活动。旅客在旅行中的共性心理是相当复杂的，主要表现在以下几个方面。

1. 安全心理

旅客乘车旅行最根本的需要就是安全的需要，它包括人身安全和财产安全两个方面。每一位旅客都希望车站有良好的秩序。为保证旅行安全，旅客常综合考虑自然环境状况、社会治安情况和运输工具的安全性等内容，再做出是否旅行的决定。

因此，在铁路运输服务过程中，努力实现旅客旅行安全的心理要求，是所有高铁乘务人员的首要工作。要求铁路运输部门加强社会、铁路沿线、车站和列车的治安管理，从技术装备上提高运输载体的安全性，从安全管理上提高高铁乘务人员对不安全因素的预测和及时处理的能力。

2. 快捷心理

随着社会的发展，人们的时间观念发生了重大的变化，"快捷"成为旅客一个主要要求。缩短旅行时间，迅速到达目的地，可以节约时间，同时减少旅行疲劳。

3. 方便心理

方便的需要体现在购票、进出站、上下车以及中转乘车等方面的便捷性。"方便"要求减少旅行中的各种中间环节,达到"快捷"的目的。旅客出门旅行,希望处处能够方便,这是一种很普遍的共性心理。

为了适应旅客的方便心理,需要采取一些措施,如售票处多开售票窗口,减少旅客排队等候时间;延长售票时间,使旅客随时都能购票;增加自助售票机,方便旅客取票。妥善设置候车室、检票口、站内通道引导牌等,减少旅客进站上车的行走距离。列车上每节车厢保证开水及时供应等。满足旅客的方便心理要求,其要点是使旅客感到处处、事事、时时方便。

4. 经济心理

经济心理表现在旅行中旅客往往更加希望在一定的需要满足程度之下,所付出的费用和时间最少,但旅客在乘车旅行中对经济性的考虑,一般是将两个因素结合在一起:一是花钱的多少;二是由谁出钱,是自己还是报销。

5. 舒适心理

随着经济的发展,人们生活水平的提高,旅客对旅行的舒适性越来越看重,对乘车环境、文化娱乐、饮食、休息睡眠等内容的要求越来越提高。这种需要的强度和水平受多种因素影响,而旅行时间的长短往往是起决定作用的因素。

6. 安静心理

旅客出门旅行,离开家或工作场所,来到车站、车厢与其他旅客一起共同旅行,一直处于动荡状态中。在嘈杂的环境中,希望尽量保持安宁、减少喧哗、动中求静,这是人之常情,是大多数旅客的共同心理需求,尤其是在人较多的候车室和车厢内,这种要求更为迫切。

要保持旅客旅行中的安静环境,一方面旅客本身要约束自己,避免大声说话、喝酒猜拳、来回走动等行为。另一方面高铁服务人员有责任加强对乘车环境的管理,积极制止不利于安静的事件,避免旅客大声喧哗、吵闹,更要避免与旅客发生口角、争吵,以免影响旅客休息。

7. 尊重的心理

受尊重是人的正当需要。每一位旅客都希望自己的人格、习俗、信仰、愿望受到高铁服务人员的尊重,能看到热情的笑脸,听到友善的话语,体验到铁路这个临时大家庭的温暖。

四、旅客旅行的个性心理与服务

旅客在旅行过程中的共性心理，是大多数旅客在旅行时普遍的、通常的心理。但对于每个旅客来说，由于自身条件、个人性格、爱好、观念等的不同，又必然会有不同的心理要求，这就是旅客旅行的个性心理。

1. 按自然构成分类

旅客的自然构成是指旅客的性别、年龄等自然因素，如按性别可以划分为男旅客、女旅客；按年龄分可以划分为老年、中年、青年、少年、儿童等几个层次。不同性别、不同年龄的旅客，其心理需求的内容、方式及行为表现是有区别的。

以空调的使用为例，老年人和年轻人的要求就不同，特别是在可开可不开的情况下，开了老年人会说受不了；不开，年轻人会找车长说"我买的是空调票，为什么享受不到空调？"

即使是同一个年龄段的旅客，也会因为性别的差异、身体状况的好坏而表现出要求不一，一旦他们各自的要求不能得到满足，他们就有可能投诉或以其他方式来发泄自己的不满。

对于这些旅客要运用各种传播手段，切实满足他们的需要，主动解决旅客困难，使旅客人人满意。

2. 按社会构成分类

旅客的社会构成指旅客的职业、经济收入、国籍等不同的社会因素，如按职业可以划分为工人、农民、干部、军人、学生、个体工商业者、文艺工作者等。由于所处的环境、工作性质及文化素质不同，他们的心理需求和行为也必然各异。

以对铁路客运产品的选择为例，有成就的商人、赶业务的人更愿意选择豪华、高速及服务优质的车次，而学生、初入职场的人则一般会选择价格偏低的车次。

对于不同的旅客，均要尽力满足他们的需求，一视同仁，让不同的旅客在列车上都有宾至如归的感觉。

3. 按旅行目的分类

按旅行目的，可以把旅客分成以下几类：

（1）出差的公职人员；

（2）探亲人员及往返的青年学生；

（3）经商人员；

（4）外出打工者；

（5）旅游者；

（6）出席各种学术会议的专家、学者。

由于旅客目的不同，其心理需求也不会相同。外出打工者会希望，站车服务人员给他们以尊重，在他们需要帮助时不要嫌弃他们、当他们的参谋。满脑子都是"信息""谈判细节""合同条款"的商务旅客则呼唤"无干扰服务"，即服务人员和旅客保持一定的服务距离。当旅客需要服务时，服务人员又会及时出现在自己面前。因家中有急事而赶车的探亲者满心忐忑，又盼着有人分担不安与忧虑……

作为铁路服务人员，应一切围绕旅客，一切为了旅客，一切服务旅客。旅客不需要服务时，应做到无干扰；需要服务时，应力求人性化、精细化，针对不同旅客的不同特点，开展多种多样的服务。

4. 按购买动机分类

对铁路提供的客运产品，不同旅客的购买动机是不同的。

（1）求廉

在所有的运输项目中，选择价格偏低的，这种购买心理拥有者主要是经济收入不高的人，如经济不发达地区的旅客、外出打工者、学生等，他们希望坐"绿皮车"，以省点钱。

（2）求名

求名是以追求名牌商品或传统的名望为目的的购买心理，核心是显示荣耀、攀比或作为纪念。如广东铁道青年旅行社于1999年开行的"南方快车"为豪华旅游专列，虽然价格不菲，但不少旅客慕名而坐，原因是"该专列是我国目前设施豪华、服务档次高、跨越省份多、运行旅程最长的旅游专列。"

（3）求美

求美是以追求商品的艺术欣赏价值为主要目的，也可以说是一种兴趣和偏爱的情趣，如广州原来的343/344次列车上成立了"文艺演出小分队"、义务为中外旅客表演新疆歌舞后，许多旅客在买票时就指定要买这趟车的车票。

（4）求新

求新是以追求产品的时尚和新奇为主要目的，其核心是"时髦"和"奇特"。如现在的准高速列车、高速列车、动车组列车、磁悬浮列车的开行，乘坐的人就比较多，"图个新鲜""坐坐看是个啥滋味"。

（5）求快

不管是旅游者，还是商务旅客，很少有希望在火车上多待的，一般都希望能尽快到达目的地。

（6）求方便

往返于成渝两地的和谐号动车组，现在每天开行十趟，运行里程仅315千米，运行时间仅2小时，方便快捷，成为成渝两地人员出差及探亲的首选交通工具，就是满足了旅客求方便这一心理需要才有了如此好的市场。

综上，对旅客旅行心理的研究是铁路旅客运输部门加强旅客运输管理、采取各种服务措施的基础。在旅客运输市场竞争不断趋于激烈的情况之下，提高客运服务质量，努力树立旅客运输企业形象，是提高旅客运输企业竞争力的重要措施。

● 拓展知识

常见旅客旅行个性心理分析

一、旅客旅行目的与个性心理

旅客出门旅行，虽然有些人职业相同，但因旅行目的不同，其心理状态也会存在差异。同时，虽然职业不同，但旅行目的相同，也会有相同的心理活动表现。

1. 公出

公出旅客共同的个性心理要求是旅行条件能好些，希望能够买到卧铺；乘坐较快、较好的列车；换乘车次受公出的目的制约；时间性强，怕晚点；饮食要求经济实惠；在旅途中喜欢站车清洁、有序；爱看书、听广播，几个人聊天或玩扑克；比较关注旅客运输服务工作的改进和工作人员服务态度。

2. 旅游

随着人民生活水平的提高，以出门旅游为目的的旅客将越来越多。他们的共同的个性心理要求是盼望顺畅、便利，能够玩得愉快、高兴。但长途和短途旅游的旅客又有不同的心理状态。

（1）长途旅游旅客

因旅行距离长，对旅行条件要求较高，希望能够购买到预想的车次、车票种类，在站、车上休息好，希望能够多看到、听到沿途的风光和介绍，了解旅游景点的信息等。

（2）短途旅游旅客

多数利用双休日、节假日到近郊名胜、海滨、集市等去做一两天的短距离旅游，所以时间观念强，乘车要求条件不高，只要能够上车，车内拥挤一些也可以，希望夜行晨到，早行晚归，不超过计划旅行时间安排。

3. 探亲访友

这部分旅客从事各种职业，在全部旅客中占有一定的比例，尤其是在重要节日或较长时间假日期间这类旅客人数较多。探亲访友旅客共同的个性心理表现在旅客出门最基本的平安、顺畅、便利、安静等方面。

4. 治病就医

乘车到外地就医，患者和陪同的家属心情都很沉重，一般有以下两种情况。

（1）重病患者

因存在生命危险，希望旅客运输部门给予方便、照顾。希望病人不离开担架，且担架放置平稳，陪护人员能够在病人身边随时照顾病人。到站后最好能够迅速出站，前往医院等。

（2）病情不严重者

病情不严重者，有的有人陪同，有的无人陪同，一般能够自己照顾自己，但存在行动困难，希望得到照顾，能有一个坐、卧的地方，有餐、茶水供应，万一病情严重，能够得到车站内、列车上的应急处理。

5. 旅行结婚

随着经济的发展，人民生活水平的提高，生活观念也发生了变化，越来越多的年轻人喜欢采取旅行结婚的方式。结婚是一件令人愉快的事，常常图吉利、求顺畅。在旅行中，一般追求安静、舒适的乘车环境，不希望有他人干扰。实行礼貌、适当的服务显得很必要。而当他们过分的亲昵动作有碍观瞻时，客运服务要正确理解，婉言相劝，不要进行不礼貌的干涉。

6. 其他

除上述旅行目的以外，还有疗养、参加体育活动、奔丧等多种旅行目的，其共性心理与相近目的的旅客大致相同。

二、旅客行程、旅行性质与个性心理

1. 根据旅行行程划分

旅客因旅行行程不同，存在心理需要的差异。前面对长、短途旅游旅客的心理状态进行了分析，下面从铁路运输部门按照旅行行程对旅客的分类来进一步分析不同旅客的个性心理。

（1）长途旅客

长途旅客指乘车时间在12小时以上的旅客。长途旅客一般要求能够买到直达车票、卧铺票，希望用餐、饮水供应方便，喜欢看书报、聊天或进行一些娱乐活动，以解除长途旅行中的疲劳和寂寞。

（2）短途旅客

因乘车距离较近，旅行条件较差也能够克服。短途旅客大部分在中间站上、下车，进出站的共同心理是图方便，喜欢横越线路，甚至在站内任意通行。因此，高铁服务人员应对短途旅客的旅行安全或无票乘车现象多加注意，需要在车站进、出口处增加旅客进出站组织、引导等方面的人手，加强管理。

（3）市郊旅客

市郊旅客是来往于城市近郊或邻近城镇之间的旅客，通勤通学是市郊旅客中的一种。这部分旅客乘坐火车，就如同乘坐市内其他交通工具一样，希望随时买票，随时上车；没有座位就站一会儿，乘车时习惯站在车门处，到站时急于出站，越方便越好。他们来去匆匆，没有什么要求，高铁服务人员提供服务时，说话礼貌就可以使他们满意。

2. 根据旅行性质划分

（1）本地旅客

铁路运输部门称其为"发送旅客"。发送旅客按不同职业、不同旅行目的以及不同旅行行程表现出了不同的心理需要。

（2）换车旅客

换车旅客又称为"中转旅客"。换车中转产生的原因主要有以下三种：

直达列车，必须在某一车站换乘；为了在中途的某一站办事或基于缩短旅行时间着想，而在某站换乘；购买不到直达车票，只能换乘。

中转换乘比较麻烦，因此中转旅客共同的个性心理表现在：希望从始发站就能够买到直达目的地的车票；在换乘站有合适的接续车次；能在车上签字，下车后不再签证；必须下车签证的，最好不出车站；必须出站签证的，希望签证处标志明显，秩序良好，能够很快得到签证；签证完后，希望换乘方便，有候车休息的地方。在换车转乘时，旅客还担心列车晚点、签不上证、在换乘车站等待时间长等问题。

（3）持公用乘车证旅客

铁路职工持公用乘车证旅行，从铁路角度看，他们属于路内职工，但对旅客运输服务部门，他们同其他旅客一样，是旅客运输部门的服务对象。

铁路职工持公用乘车证乘车旅行，不需买票，他们对旅客运输服务非常了解，熟悉有关客运管理的各种规定，在客运部门熟人多，在旅行中相对一般旅客具有一定的优越感。在旅行过程中，大多数人能够维持列车秩序。但也有一些人，不遵守客运管理的规定，在各种进出站站口，随意进出车站；不走通道，横越线路，只图自己方便；并且在车站内、列车上，喜欢找熟人、拉关系、走后门，好让高铁服务人员为他们提供额外的方便。

三、旅客自身条件与个性心理

旅客的自身条件是指旅客的年龄、性别、体质、籍贯等方面而言。

1. 不同年龄旅客

（1）老年旅客

老年旅客都有安静心理，因行动不灵活，体力差，喜静不喜动。旅行要求不高，不爱给服务人员添麻烦；在旅途中遇到困难，比较沉着。老年旅客是高铁服务人员的重点服务对象，在服务中要多为他们提供方便，多给予照顾。

（2）中年旅客

中年旅客占旅客流量的较大比重。城市中的中年旅客一般具有丰富的旅行知识。中年旅客比老年旅客行动灵活，比青年旅客稳重。高铁服务人员在满足中年客需要的同时，应虚心向中年旅客请教，接受他们对客运工作提出的意见和建议，据此改进服务方式、提高服务质量。

（3）青年旅客

青年旅客是指青少年、儿童旅客。他们乘车旅行的好奇心强，喜动不喜静，非常活跃，前面已经对他们共同的个性心理进行了分析。

2. 不同性别旅客

（1）男性旅客

一般来讲，男性旅客在旅行时比较好动、喜欢说笑、遇事不愿迁就，尤其是有女性、少年儿童、老年人同行时，要求较多、好强；但又比较随便、慷慨，办事较为马虎、粗心，有些人喜在旅途中吸烟、喝酒、吃东西，喜欢娱乐活动等。

（2）女性旅客

相比之下，比男性旅客旅行要求少，只希望顺利到站。带小孩的女性旅客更是宁可自己受累也不愿小孩受苦，不愿麻烦他人；而且怕小孩吵闹，影响其他旅客休息。她们经济观念较强，多数在旅行途中省吃俭用。

3. 不同体质旅客

根据体质状况，大体可将旅客划分为正常健康型、体质较差或有一般疾病型、重病患者型三种。对不同体质旅客共同的个性心理，参照其他类型旅客的心理分析。

4. 不同籍贯旅客

根据籍贯不同，可将旅客划分为两类：当地旅客和外地旅客。

（1）当地旅客

对乘车环境和当地情况比较熟悉，心理上没有顾虑，旅行的问题少。

（2）外地旅客

对乘车环境和地域情况不熟悉，心理上顾虑较多，甚至听不懂地方口音，怕出差错，这部分旅客是高铁服务人员的重点服务对象，服务要热情、主动。

四、旅客旅行情况与个性心理

1. 没有买到车票，却又想乘车的旅客

这些旅客想方设法争取上车。高铁服务人员应理解他们的心情，了解这些旅客急于上车的原因，如确有急事，应采取灵活机动方法，允许上车后补票。

2. 上错车、坐过站、下错车、中途漏乘等旅客

旅行中发生这方面的失误，旅客本身有一定的责任。但从另一方面，也

反映旅客运输服务中的问题：服务做得不周到、不细致。在发生此类情况后，旅客心情焦急、慌乱，希望高铁服务人员帮助妥善安排。高铁服务人员应一面安慰，稳定情绪；一面积极想办法帮助解决，防止发生其他意外。

3. 超负荷列车中的旅客

在列车超负荷情况下，会带来许多问题。如车厢内拥挤、旅客无座席、空气不流通、闷热、有异味等。这种情况下，旅客有怨气、心情烦躁，旅行时间越长，表现得越严重。对有座位的旅客，对在其身边有长时间站立的旅客，会感到不舒服，造成其休息不好。这时，应注意站车内的环境，尤其是保持适当的通风和适宜的温度；做好对旅客的组织工作，使站车内稳定有序。

4. 携带"三品"进站上车的旅客

携带"三品"（危险品、易燃易爆品、毒害品）进站上车，有以下两种情形。

（1）不知自己所携带物品为"三品"，误带上车，看到、听到严禁旅客携带"三品"进站上车的宣传后，犹豫不决，不知如何处理。

（2）旅客有意将"三品"带上车，他们担心被查出，对高铁服务人员有害怕心理。

高铁服务人员对那些在乘车时表现犹豫、徘徊，坐立不安的旅客，应主动观察和询问，既可查出"三品"，防止意外事件发生，又可以了解到其他情况，提供适当的服务。

5. 丢失物品的旅客

旅客丢失物品之后，表现出着急、焦虑、埋怨、后悔、心情沉重、不知所措等心理活动和行为。高铁服务人员要对丢失物品的旅客进行安慰，注意旅客的动态，防止发生意外，同时积极配合公安人员寻找、破案。

6. 无票乘车或携带物品超重的旅客

在旅客中，常会出现买短途车票乘坐长途车、买站台票乘车、不买票乘车、借用公用乘车证乘车、越席乘车、持无效票乘车、携带超重物品乘车等情况。对待存在上述问题的旅客，要分析问题产生的原因，判断是属于有意还是无意的行为。如果属于有意行为，这些旅客常表现为惶恐不安，怕被发现。服务人员应坚持原则，按章处理，在处理中注意态度。

7. 对旅行条件不满意、不如意的旅客

在旅客旅行过程中，总会出现一些对旅行条件不满意的事情，如未购买到预想的车票、未购买到卧铺车票、托运行包受到限制、餐车用餐时对饮食或服务不满意等。在这种情况下，常表现出埋怨、气愤、不满情绪。对此，乘务人员一方面应检查自己工作中存在的问题，采取得当的方法改进；另一方面应耐心解释，争取旅客的谅解。

8. 遇到意外事件的旅客

遇到意外事件可能由几方面的原因造成：一是旅客原因造成的意外事件；二是旅客运输服务部门的原因造成的意外事件；三是自然灾害等情况。对旅客运输服务部门造成的意外事件，如发生列车事故，遇到自然灾害等意外情况，会影响旅客正常旅行，甚至威胁旅行安全。这时，旅客焦虑不安，心情烦躁，希望运输部门尽快排除险情，恢复列车运行。高铁服务人员应沉着、冷静，稳定旅客情绪，积极妥善处理。

9. 临时患病的旅客

旅行中生急病或女旅客突然分娩，本人身心痛苦、着急、忧虑，急盼工作人员帮助，这时高铁服务人员要为之找医送药，妥善处置，条件允许时应在较大车站送医院处置。

10. 临时有急事的旅客

旅客临时有急事，表现心情沉重、忧虑、不安、慌乱，高铁服务人员要认真观察，及时发现有急事的旅客，了解原因，体贴旅客的心情，帮助他们尽快解决存在的问题。

11. 在严寒、酷暑的气温下乘车的旅客

适宜的温度下乘车旅行，会减少旅行疲劳，使旅行轻松、愉快。严寒或酷暑都会增加旅客的生理和心理负担，尤其是长途乘车旅行的旅客。在严寒环境下，旅客希望有供暖系统，使站、车温度高一些，能够不在室外候车、检票，卧铺车厢有足够的防寒卧具。在酷暑环境下，希望有空气调节系统，如空调或风扇，降低站、车温度，提供充足的开水和洗脸用水，能够买到饮料以及其他的防暑降温物品。

12. 遇到天气发生突然变化的旅客

旅客随身携带衣服少，乘车旅行中突然遇到变冷的天气，就会后悔、不

安。在发生暴风、雨、雪时,担心列车受阻,影响到旅行的顺利进行,到站后不能及时换乘其他交通工具继续旅行。此时乘务人员要说明情况,进行安慰,排除不安的心情。

13. 在昼夜不同时间下的旅客

在夜间,旅客希望安静,能够休息好而不被打扰;在清晨,希望有洗脸水,吃好早点;午、晚餐及时供应;午餐后,能有段时间休息。乘务人员应根据旅客在昼夜不同时间的要求,做好服务工作。

五、旅客心理特征、行为表现与个性心理

1. 逆向心理

这里指的是和旅客旅行共同的个性心理相反的心理现象。如有的老年旅客、妇女旅客特别爱动;有的长途旅客、公出旅行旅客却偏愿坐硬座,不买卧铺票等。

2. 掩饰心理

有的旅客在旅行过程中,因受某种因素影响,强行掩饰自己真正的心理状态,总是以一种假象心理出现。如无票乘车,或持过期票乘车,害怕被查票时发现,但又故作镇静;已经携带"三品"上车,在乘警检查旅客携带品时,故意喜笑颜开,大谈检查"三品"的必要性。有些乘务人员心细,警惕性高,察言观色,专门能识破这种假象。

3. 将就心理

有的旅客出门旅行怕惹是生非,只求平安到达就行。没有座位就站着;旅途喝不到开水就渴着;问事不理睬时,虽有不满心情,但不发怨言。乘务人员应从旅客的将就心理中,找出自己工作的不足,改进服务质量。

4. 取巧和侥幸心理

少数旅客为省几个钱,或为个人方便,明知违反政策、规定的事,也办、也做,有一种等到被发现、被制止时再说的思想。如不买车票、携带品超重、站内任意穿越及走行、明知为"三品"仍然带上车等。乘务人员应以高度认真负责的精神,识破这种现象。

5. 恐惧心理

少数旅客会有意识地违反国家政策、法令和铁路规定,如携带违禁品上车,刑事罪犯伪装正常旅客乘车潜逃等。他们在车上躲躲闪闪,精神紧张,

从表情中可以看出他们的恐惧心理。乘务人员应密切监视他们的动态，果断、机智处理。

6. 忧郁心理

有的旅客因种种原因，如疾病、负债、出门找工作心中没有底、探亲又不知亲友的具体地址等，在旅行中表现出沉闷不语、愁眉苦脸、双目发呆的状态。发现这样的旅客，乘务人员应主动关心、询问，尽力帮助解决。

7. 自卑心理

有的旅客初次出门，情况不熟；有的旅客在生理上有缺陷，造成自卑心理，遇到问题不好意思开口，不敢问。乘务人员应对他们主动、热情地服务。

8. 急切心理

有的旅客因有急事要办，如探望患重病的亲友，需要赶乘其他交通工具等，急盼快到目的地，一旦火车晚点，就更加心慌意乱。发现有急切心情的旅客，乘务人员要多安慰，主动帮助他们安排好旅行事宜。

9. 好奇心理

不常出门的旅客，特别是青少年，好奇心强，喜欢串车、下车等；当列车行驶在沿线风景独特的地区时，一些旅客感到新鲜，常会东张西望。对这些旅客，乘务人员应多为他们介绍一些情况，稳定和满足他们的好奇心理要求。

10. 兴奋心理

有的旅客因有喜事，或在旅途中碰到高兴的事，表现得兴高采烈、情绪激动。乘务人员对于过分兴奋的旅客，应婉言相劝，适当节制，以免由于兴奋过度而发生意外。

11. 其他

旅客的个性心理是多种多样的。除上述外，还有波动心理、强求心理、自尊心理、犹豫心理、喜悦心理、愤怒心理等，不再一一评述。乘务人员应在实际工作中细心探索，多加掌握，尽力去满足旅客的心理要求，实现文明服务、礼貌待客。

（朱晓宁.旅客运输心理学［M］.北京：中国铁道出版有限公司，2013.）

第二节 客运服务主要岗位服务心理与策略

一、售票服务心理与策略

(一) 旅客购票心理

1. 急切求票的心理

铁路旅客一旦有购票的需要,就迫切希望自己的愿望能实现,此时的旅客在行为上会带有急躁的情绪。无论是在售票窗口购票还是网络购票,购票前旅客都会担心能否买到自己想要的车票,并为此忐忑不安。

2. 迅速变化的心理

铁路旅客在购票过程中心理活动变化迅速,原因主要在于旅客能否顺利买到自己所需的车票。如果旅客的购票需要得到满足,那么开始的急躁情绪就会转化为愉快满足的情绪;反之,如果购票愿望没有实现,那么隐藏的急躁情绪立即会转化为对立消极情绪,一旦售票工作人员出现问题,就可能会引起争执和不满。

(二) 售票服务策略

针对铁路旅客购票时的心理,铁路旅客运输服务部门工作人员应采取以下策略。

1. 明确售票工作的重要性

售票处是铁路运输服务的起点,也是铁路运输服务质量的窗口,这一服务环节工作的好坏,将直接影响下一服务环节的工作。因此铁路运输售票窗口工作人员应该明确自身工作的重要性,为旅客提供耐心细致的服务。

2. 注意自己的语言和面部表情

在售票服务工作中,售票处工作人员应注意自己的语言和面部表情。说话应声音清晰,语气柔和,面带微笑,处处体现对旅客的尊重,关注旅客情绪的变化,避免矛盾的发生。

3. 注意力高度集中

售票工作非常特殊，一旦出现错误将会给旅客造成不便，因此，售票工作人员必须认真检查旅客购票证件，仔细核对购票信息，熟练操作票务软件，争取为旅客提供方便、快捷、周到的售票服务，在整个售票过程中，工作人员应高度集中注意力，用尽可能短的时间完成售票服务工作。

此外，当前网络购票十分方便，已经基本取代了车站窗口售票和代理售票的方式，但是旅客打印车票的需求迅速增长，因此售票服务工作部门应适当增加自助售票服务。

● 相关链接

保障农民工春运出行

为保障农民工等群体春运出行，我国交通运输部持续深化服务举措，进一步加大人工售票力度，丰富售票渠道。

一是进一步加大人工售票力度。针对农民工等群体网络购票能力较弱的特点，在设有售票窗口的客运站加大人工售票服务力度，增开售票窗口，发挥志愿者队伍在组织引导、购票指导、秩序维护等方面的作用，为农民工等群体购票服务提供支持。

二是进一步丰富售票渠道。鼓励各地采取上门售票、流动售票、团体票预订等方式，鼓励互联网平台企业开展网络代售票服务，方便农民工购票。

三是进一步加大运力投入。在农民工比较集中、流量较大的地区增开客运班次，鼓励各地增开客运包车，为农民工提供"门到门"服务。

售票窗口进校园

乌鲁木齐市为解决大中专院校学生购票难、取票难的问题，火车站与自治区教育厅对接，开展"售票窗口进校园"活动，让学子们不出校园即可买到火车票。

各大院校对"售票窗口进校园"活动给予了大力支持，在办公楼、教学楼、活动中心等位置提供了开设售票窗口的场所；乌鲁木齐站对各售票点进行了场所布置、设备安装、网络调试等。乌鲁木齐站计划固定每周四和周

五、小长假节日前 3 天等时间段,选派工作人员在校园便捷售票窗口提供购票、取票(网络订票)和往返程票办理等服务。寒暑假则根据各院校放假时间的不同,提前 15 天进驻售票点开始学生票的发售。届时,大学生们不仅可以在校园购买往返程火车票,也可以直接办理互联网、电话订票的取票业务。

二、候车室服务心理与策略

(一)旅客候车心理

候车室服务在铁路运输系统服务中有着重要的地位。从时间上来看,它比售票、检票、上下车等服务时间要长;从服务内容来看,旅客的需求也是复杂多样的。

1. 易产生错觉

为了保证乘车安全,一般旅客会提前到达候车室等车,旅客在候车室等候期间很容易产生错觉,即实际上只等了十分钟,但是旅客觉得已经等待很久,就容易出现不耐烦的心理和情绪。

2. 需求多样化

由于候车时间较长,伴随着候车过程,旅客会产生多种多样的需求。例如有的旅客需要买吃的东西,有的旅客需要买娱乐消遣的东西;有的旅客需要休息;有的旅客需要手机充电等。针对铁路运输旅客的这些心理需要,候车室服务人员应该有充分的认识,提供细致、周到的服务。

3. 情绪波动大

近年来,铁路运输的准点率明显提高,但是仍有一些普通列车出现晚点、或因自然灾害(洪水、大雪等)取消班次等现象,面对这种情况旅客就会出现情绪波动。如果影响到旅客的原有计划和行程,就会使旅客产生急躁和不满的情绪,并在其言行上表现出来。

(二)候车室服务策略

1. 明确工作性质,设身处地为旅客着想

候车室应急情况多,旅客需求多,因此服务人员要设身处地为旅客着想,及时解答旅客的咨询,将有关信息及时传达给旅客,碰到特殊情况要能安抚旅客的情绪，尽量使旅客满意。

2. 要有较强的服务意识和灵活的服务技巧

当旅客遭遇特殊情况，产生时间错觉或新需要时，候车室服务人员应具有较强的服务意识和灵活多变的服务技巧来服务好旅客。用自己真诚的服务，来安抚旅客的情绪，弥补旅客心中的不满。

三、车厢服务心理与策略

（一）车厢服务心理

当旅客经过购票、候车之后，接下来就是检票上车，到达列车车厢。此刻，旅客的心理也随着服务环节的转换而发生变化。在车厢中旅客的心理主要表现在以下两方面。

1. 追求安全的心理

旅客上车后主要关注列车运行安全和个人财务安全两方面，尤其是后者。作为高铁服务人员要及时提醒旅客注意保管好自己的财物，尤其是上下车时。

2. 追求舒适的心理

舒适是旅客在列车运行期间最主要的需要，既包括物质方面，也包括精神方面。物质方面的舒适享受包括舒适的座位、美味的食物、卫生的环境等；精神方面的舒适享受包括来自客运服务人员的尊重、良好的服务态度、得体的服务形象等。

（二）车厢服务策略

车厢服务是整个列车服务过程中的一个关键环节，处于非常重要的地位。车厢服务的好坏、服务人员的一言一行，直接关系到铁路运输企业的形象。乘务人员应采取以下服务策略。

1. 重视自己的工作职责

要充分认识车厢服务的重要性，树立强烈的责任感，明确自己的言行代表着铁路运输企业的形象，要努力为每一位旅客服务，出色地完成服务工作。

2. 重视旅客的安全问题

高铁服务人员既要安全操作列车上相应的设备、确保行车安全，又要注意或提醒旅客保管好自身的财物。

3. 要有突发事件处理能力

高速列车作为一种高速运行的交通工具，在行进过程中不可避免会出现一定的情况，旅客在列车运行期间也可能碰到一些紧急情况和突发事件，乘务人员就需要有灵敏的反应，并能沉着冷静地妥善处理。

● 相关链接

如何整治"高铁酒鬼"

据新闻报道，一趟由珠海开往怀化南的高铁列车上，男子黄某因醉酒耍起了"酒疯"，不仅霸占他人的座位，还对原座位乘客大打出手，最终，黄某被铁路警方依法处以行政拘留5日。

然而，高铁醉酒事件，层出不穷，而且醉酒方式花样百出。据悉，目前对高铁醉酒闹事的惩罚，情节不怎么严重的，都是以拘留的形式进行教育。当事人得到了警醒，可高铁醉酒闹事的丑闻还是屡禁不止。要想解决根本问题，还是要改变方法，从源头出发。进站安检酒精测试，可以更好地提高对旅客的服务质量，保护旅客的人身安全。

其实，醉酒乘坐高铁并非是一件小事，有很多安全隐患。例如站台候车，稍不留意掉下站台，后果不堪设想。又或者是睡过头、坐过站，耽误了自己的时间，也给铁路部门带来运力负担，毕竟铁路部门要无偿为你的个人行为而负责。

总之，无论是加大力度严惩当事人，还是从源头抓起杜绝根本，都是从外界的力量出发，来解决事情。治理醉酒，应当"双管齐下"，铁路部门加大治理力度与宣传力度，民众提高自己的保护意识，只有这样才能更好地提高服务、保障质量。

四、旅客餐饮服务心理与策略

（一）旅客就餐心理

随着高铁运输的快速发展，旅客出行仍把铁路作为首选。旅客在高速列车运行期间往往会产生餐饮需要，虽然不同年龄、性别、职业、经济收入、民族和宗教信仰的人对饮食要求存在差异，但也有一些共同点。

1. 求价格合理

即要求物有所值。在列车餐饮消费过程中，价格因素占有重要的地位，它与旅客的经济状况密切相关，旅客一般不会去消费超出自身经济承受能力的东西，因此旅客在进行饮食消费之前，就已确定了自己的消费档次；此外旅客在饮食消费过程中，也会衡量饮食产品的价格与价值是否对等，从而做出消费决策。

2. 求安全卫生

安全卫生是饮食的前提。旅客在列车上就餐，希望吃到的一切是新鲜、卫生的。要求餐具经过严格消毒，环境干净舒适，餐台清洁。

3. 求环境美食物好

环境卫生与布置陈设的好坏直接影响旅客的观感、情绪和食欲。旅客一般要求饮食处所整洁卫生，恬静舒适。食物好是指菜点质量应该达到标准要求，色香味俱佳，符合旅客的口味。

4. 求服务热情快捷

对列车上的餐饮服务，旅客要求服务人员要有熟练的服务技能，对人热情。接待过程中，语言要礼貌、婉转、得体、主动问好，主动询问顾客的要求、爱好、饮食禁忌等。求快捷是旅客希望一进餐厅就能找到座位，自己点的菜很快就能上齐，如果有需要，服务人员可以立即解决。

（二）旅客餐饮服务策略

1. 针对旅客求价格合理的心理需求

高速列车餐饮服务人员要认真搞好本线路列车的市场营销预测，生产定位准确，饭菜经营品种要对路，菜品价格高、中、低相结合，满足不同消费者的需求，掌握好利润率，合理使用原材料，尽量降低各种成本，提高饭菜质量。

2. 针对旅客求安全卫生的心理需求

列车餐饮服务人员除了对餐具进行严格消毒外，餐饮服务人员的双手、工作服、工作用毛巾、托盘等一定要干净。此外，餐饮服务人员一定要懂得食品卫生是旅客的安全需要，注意传菜、上汤、端茶时手的姿势等，要注意给旅客带来良好的心理感受。

3. 针对旅客求环境美食物好的心理需求

餐饮服务人员应致力于营造一个美观大方、整洁卫生的餐饮环境，这样不仅能给旅客留下美好的印象、带来艺术上的享受，还能增加旅客的食欲、促进健康。餐饮服务人员还应意识到旅客到餐厅就餐都希望有适合自己口味的饭菜，因此应想办法满足旅客的这一需求，可以采取有针对性的服务。

4. 针对旅客求服务热情快捷的心理需求

餐饮服务人员要主动为旅客介绍本餐车的菜肴，尽量做到菜点色、香、味、形俱佳，荤素搭配合理。对于急需就餐的旅客，可以介绍一些现成的菜品或出勺较快的菜肴。客人等菜上桌时，很容易不耐烦，经常会将等菜的时间估计过长，服务人员应想办法使旅客不觉得无聊。后厨人员餐前应做好充分准备，炒、熘、烧、炖相结合，按时开餐，避免旅客久等，做到经营有序。

● 知识拓展

高铁餐饮何去何从

当今社会，高铁和飞机等交通工具已经成为越来越多人出行的选择，相对于机场餐饮，高铁餐饮一直饱受诟病。其实，从餐饮成本角度来看，机场餐饮需要支付高昂的场地租金，而高铁餐饮无须租店面，因此，高铁餐饮在成本构成方面具有明显的优势；另外，从旅客的吞吐量角度讲，高铁餐饮的市场空间也远大于机场餐饮；最后，从旅客的乘坐时长角度来说，高铁餐饮无疑也占有优势。只要做到价格不贵得离谱，服务相对周到和便捷，高铁餐饮将是一块非常大的卖方市场，有广阔的增量空间可挖掘。

然而，目前我国的高铁餐饮在某种程度上背离了经营之道，可以说是丢了西瓜捡芝麻。据了解，铁路公司对高铁餐饮普遍采用的是自营模式和招投标模式，基本上还是垄断或半垄断性质的经营。但从收益最大化的角度考虑，并不是仅售高价餐就能赚取暴利，这里面还涉及有多少人选择在高铁上用餐的问题，而且高铁餐饮也不仅仅是个纯粹的生意，还关乎国家形象、民生问题和公众情绪等。

其实在高铁餐饮这块，世界各地并非没有值得学习的标杆，下面以法国为例进行具体分析。

1981年法国高铁正式开通，起初其餐饮服务也是饱受诟病，口碑较差。2013年，法国国营铁路公司通过招标，开始与法国纽雷斯特集团及法国埃丽奥尔集团组成的合资企业纽雷斯特－埃丽奥尔合作。纽雷斯特集团是向飞机客机和列车供应餐饮的专业公司，埃丽奥尔集团则是在火车站和高速公路休息站经营餐馆的公司。纽雷斯特－埃丽奥尔之所以能够中标，主要在于其主张在高铁上引入知名快餐品牌餐点，且完全按照快餐来运作，比如定期推出新品和更换菜单等。

在提升产品质量的同时，法国高铁餐饮服务的运营模式也在发生变化。以往承包商负责餐饮服务的所有环节，但是2013年起根据新的合同约定，法国国营铁路公司开始通过其下属公司来负责餐饮服务中的采购、存储等环节，承包商则负责餐饮服务人员管理及餐饮产品规划。旅客可登录法国国营铁路公司网站，浏览高铁餐饮价目表，所售餐食明码标价，且高铁快餐价格与火车站快餐店的价格基本持平。如果旅客持有法国国营铁路公司发行的打折卡，如儿童卡、青年卡、老年卡等，购买套餐时可享受8.5折优惠。在部分线路的高铁上，旅客还可享受流动售卖服务，即在座位上点餐，甚至可提前通过网络在线点餐，上车后直接前往餐吧取餐。

基于上述举措，法国高铁餐饮的口碑大大提升。而且法国高铁餐饮服务是非营利业务，法国国营铁路公司每年要向承包商补贴5000多万欧元。为降低损失，2014年法国国营铁路公司在车程短于2小时的高速列车上取消了餐吧设置，仅提供流动售卖服务。

除了法国高铁餐饮外，西班牙、日本、泰国等也都值得借鉴。比如西班牙除了铁路公司自己运营的餐车，还有专门的餐饮企业进驻，如星巴克车厢等。

当然，国内的高铁餐饮也在改进中。铁路部门对外表态，在保证食品安全的前提下，将相继推出盒饭快餐、商务套餐和面食、简餐等系列食品，并将在市场化改革措施方面加大举措，引入"互联网+"思维，如旅客可实现在线订餐等。

五、旅客购物服务心理与策略

（一）旅客购物心理

商品服务是高铁旅客运输中必不可少的组成部分，对于满足旅客的生理和心理需要、发展繁荣旅客运输市场，具有不可低估的作用。所有旅客的购物心理并无太大区别，一般有以下几点。

1. 求纪念

旅客一般喜欢购买一些具有纪念意义的商品，以留作纪念或凭证。例如，在西安买兵马俑复制品，到江苏宜兴买紫砂壶，在广东肇庆买端砚等。

2. 求馈赠

旅客一般会送给亲戚、朋友和同事一些在外地购买的商品。即使有些商品在本地能买到，但旅客从旅游地带回来的商品肯定别有一番意义，它表达了自己对亲朋好友的感情。

3. 求实用

这是一般人购物的普遍心理，高铁旅客也不例外。旅客在购物时特别注意商品的品牌、质量、功能和实用价值，买的东西不管是自用，还是馈赠亲友，首先看它是否有实用的价值，能否在生活上派上用场，然后再考虑购买。

4. 求新异

旅客一般对旅行地具有当地特色的商品比较感兴趣。买点地方土特产，是旅客的普遍心理，地方特色商品不仅具有纪念意义，而且正宗、有价格优势。如杭州的龙井茶、海南的椰子、云南的民族服饰等。

（二）旅客购物服务策略

1. 把握旅客的购物心理

把握旅客的购物心理是做好旅客购物服务的前提条件。旅客由不同性格、不同阶层、不同性别、不同文化背景的人组成，所以服务人员必须了解旅客的购物心理，有针对性地为旅客提供个性化的商品销售服务。例如，针对年轻旅客"热情、主观"的心理特点，服务人员应多向他们推荐和介绍反映时代潮流、具有高新技术含量的特色商品，满足他们追求时尚、展示个性的购物心理需求；针对老年旅客"自尊、猜疑、固执"的心理特点，推出商品必须注重内在质量与外在形象的统一，以给他们实实在在的感觉。

2. 做好商品展示工作

当旅客打算购买某商品时，服务人员应向旅客呈现该物品在使用时的状态给旅客看；尽量让旅客触摸一下，特别是衣物；要实事求是地介绍商品的特点，尊重旅客的购买习惯；尽可能展示同类多种商品，让旅客挑选，使旅客能买到称心如意的商品。

3. 抓住恰当的销售时机

抓住恰当的销售时机是做好旅客购物服务工作的关键。一般来说，旅客进商店有三种目的：一是想购买商品；二是想了解一下商品行情；三是浏览参观，没有什么目的，看到合适的就买。因此，服务人员一定要善于观察旅客的举止神态，判断旅客的心理状态，抓住适当时机为旅客介绍商品，主动热情地上前打招呼，为他们介绍商品，诱发旅客的购买行为。

4. 保持良好的服务态度

旅客到商店是为了买东西，服务人员的服务态度对旅客的购物心理有重要影响，这是做好旅客购物服务工作的保证。为旅客购物服务的人员要注意自己的言谈举止、服务态度。

本章小结

1. 旅客在铁路运输过程中会产生多种心理活动和现象，通过对旅客旅行心理的研究，能促使旅客运输部门采取相应的服务方式，改善和提高客运服务质量。具体来说，研究旅客旅行心理的目的主要有以下两点：明确旅客的旅行心理需求；根据旅客旅行心理采取相应的服务措施。

2. 旅客在旅行过程中所表现的一切心理活动，以及在心理活动支配下产生的一切行为结果，不仅受铁路旅客运输系统的内部因素影响，同时也受其他因素的影响。影响旅客旅行心理的因素主要有四个方面：环境因素、个人因素、旅客因素和服务因素。

3. "旅客旅行的共性心理"是指旅客在铁路运输服务过程中所具有的相同的心理活动。旅客在旅行中的共性心理主要有：安全心理、快捷心理、方便心理、经济心理、舒适心理、安静心理和尊重心理。但对每个旅客来说，由于自身条件、个人性格、爱好、观念等的不同，又必然会有不同的心理要求，这就是旅客旅行的个性心理。通常按自然构成、社会构成、旅行目的、购买动机等进行分类研究。

4.旅客在客运服务的各个阶段会产生不同的需要,高铁服务人员就要针对客运服务各环节,如售票、候车、车厢、餐饮、购物等旅客心理进行研究,提出有效的服务策略。

思考与练习

一、思考题

1.研究旅客旅行心理的目的及影响旅客旅行心理的因素。

2.简述旅客旅行中的共性心理和个性心理。

3.试分析高铁旅客在客运服务各阶段的心理及服务对策。

二、实践题

情景模拟:以小组为单位,选取不同的高铁服务工作场景,撰写乘务服务心理情景剧本并表演。

第九章
高铁乘务服务中的冲突、投诉与应急心理

引 言

旅客在铁路运输过程中很可能会遇到难以满足自己的需要,或者运输企业管理服务水平、物质条件达不到要求等情况,从而会引起他们的不满、抱怨,甚至导致与服务人员发生冲突,并向有关部门提出投诉。铁路旅客运输企业从业者应积极应对,防患于未然。若防范失效,应采取措施慎重处理冲突和投诉,以免影响企业声誉。此外,在铁路运输过程中旅客常会发生一些突发情况,对旅客身心都会造成不同程度的影响,因此服务人员要把握旅客的各种应急心理,做好各项应急服务工作。本章从冲突、投诉的原因分析入手,提出解决冲突、处理投诉的具体策略;同时详细分析了突发事件的特点和旅客心理,提出应对突发事件的有效举措。

学习目标

1. 知识目标
了解冲突、投诉的原因;掌握处理旅客冲突、投诉的心理策略;了解"突发事件"的含义与特点;掌握突发事件的应对措施。

2. 技能目标
学会应对旅客冲突、投诉和突发事件的方法与策略。

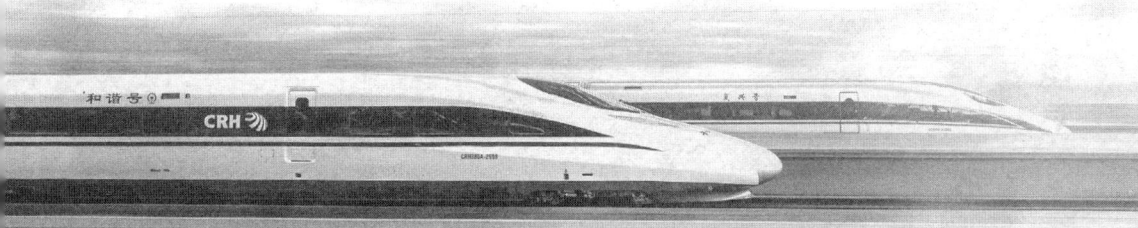

第九章 / 高铁乘务服务中的冲突、投诉与应急心理

第一节 高铁乘务服务中的冲突、投诉心理与服务

一、冲突、投诉的原因

高铁服务人员要想很好地应对与旅客的冲突和旅客投诉,就必须了解和懂得引起冲突、投诉的原因。在铁路运输服务过程中,引起与旅客冲突和旅客投诉的原因主要有客观和主观两方面。

（一）客观因素

引起旅客冲突与投诉的客观原因主要有：因气候灾害等原因造成列车晚点；旅客突发疾病,救治条件有限；硬件设施故障；旅客物品丢失等致使旅客内心不满,从而引发冲突以致投诉。

（二）主观因素

1. 服务态度不好

高铁服务人员的服务态度是引起旅客投诉的主要原因之一。根据美国学者的调查,一个企业失去的顾客中,有68%是由于服务人员的态度冷漠,使顾客没有享受到礼貌的对待所致。例如,在铁路运输服务中,乘务人员不主动接待旅客；有的乘务人员在工作时忙私事,与同事聊天；有的面对旅客的咨询,态度冷淡,爱理不理等。这些都容易引起旅客的反感和心理不适,使他们的自尊心受到伤害,从而导致冲突和投诉。

2. 服务行为过失

旅客总是期待热情、周到、细致和耐心的服务,而有些乘务人员因为责任心不够或者经验不足,应该做的没有做,能够做好的没有做好。例如清洁卫生马虎,环境卫生差；饭菜质量不好；服务效率低下,服务方法欠妥等。这些容易引起顾客心理失衡,他们会觉得权益受损,从而导致冲突与投诉。

3. 沟通交流障碍

在铁路运输服务中,一些乘务人员不注意语言文明和表达方式,欠缺沟

通能力，不会察言观色，不会变通，"与旅客一般见识"，缺乏忍怒负重的精神，由于较真而冲撞旅客，从而引起与旅客之间的矛盾与冲突。

此外，旅客的个性差异以及自身的情绪和心态问题也是引起投诉的一大原因。例如有的旅客自身心情不好，会产生心理学上的"晕轮效应"，就觉得旅游运输服务做得不好，故意宣泄，因一些小事而借题发挥，造成投诉事件。

> ● **拓展知识**
>
> ## 旅客投诉的表达方式
>
> 1. 理智型。这类旅客在投诉时情绪显得比较压抑，他们力图用理智的态度、平和的语气和准确清晰的语言向受理者陈述事件的经过和自己的看法、要求。
>
> 2. 火爆型。这类旅客很难压制自己的情绪，言谈不加修饰，总是一吐为快、不留余地，希望能干脆利落地解决问题。
>
> 3. 失望痛心型。这类旅客情绪起伏较大，时而愤怒，时而遗憾，时而厉声质询，时而摇头叹气，对企业或事件深深失望，对自己遭受的损失痛心不已是这类旅客的显著特征。这类旅客投诉的内容多是自以为无法忍耐的方面，或是希望通过投诉达到某种程度的补偿。

二、冲突、投诉的心理

（一）求尊重的心理

铁路旅客作为消费者，有权利获得与价值相符的服务。引起旅客投诉的一个主要原因就是高铁服务人员对旅客的不尊重行为。旅客在整个铁路运输服务消费过程中，求尊重的心理是一直贯穿始终的。如果旅客得不到应有的尊重和礼遇时，就会对服务人员产生反感，发生口角冲突，从而导致旅客的投诉。这类旅客并不是为了获得物质的赔偿，他们所需要的可能只是一个解释、一个道歉、一个说法。他们希望自己的意见能够得到重视，希望有关单位或部门能及时采取有效的措施。

> **● 拓展知识**
>
> **对旅客不尊重的行为表现**
>
> 1. 对待旅客不主动、不热情。高铁服务人员在工作期间忙于私事，或者对待旅客冷淡、爱理不理，甚至在旅客多次打招呼之后也没有反应。有的乘务人员以貌取人，只热情接待从衣着上判断有身份的人，对其他人则冷淡应付。
>
> 2. 不讲究语言修养，冲撞旅客。有的高铁乘务人员对旅客态度生硬，言语冲撞旅客。
>
> 3. 讽刺挖苦旅客。比如，在车站的商场里，一位旅客挑选了一串珍珠饰品后，因为觉得不合意正要离开，售货员小声咕哝："看这个寒酸样，就知道买不起！"有人甚至背后根据旅客的口音和举止，用各种难听的话羞辱客人。
>
> 4. 服务行为粗鲁，轻率失礼。乘务人员在为旅客服务时，没有按照职业规范操作，而是表现粗鲁失礼。比如递交物品时，不是双手送上，而是随手丢给旅客，表现得目中无人。
>
> 5. 不尊重旅客的风俗习惯。在铁路运输服务过程中，乘务人员不了解旅客的民族信仰、风俗习惯，进而造成了不好的影响。

（二）求发泄的心理

旅客在铁路运输过程中遇到不称心的事情后，往往会产生挫折感，继而会产生抵触、焦虑、愤怒的情绪。一旦旅客认为自己受到了不公平的待遇，心理就会失去平衡，只有通过适当的方式将这些情绪宣泄出来，才能恢复心理平衡。因此，这种情况下旅客投诉行为的实质，就是利用适当的机会宣泄怒火或烦恼，以维持心理平衡。

> **● 拓展知识**
>
> **旅客宣泄情绪的两种方式**
>
> 1. 采取公开行动的方式。有的旅客会通过公开行动的方式发泄不满情绪,比如在公众场合大声抱怨、激烈批评与谴责;直接向运输企业索赔;采取法律手段进行诉讼要求赔偿等。
>
> 2. 采取私下行动方式。有的旅客则采取私下方式宣泄不满情绪,比如向亲朋好友传播这家企业的不良表现,借此宣泄自己内心的不平衡。很多旅客在宣泄之后,心情会平复一些。

(三)求补偿的心理

旅客在铁路运输过程中遭受了一定的物质或精神损失而向有关部门投诉,希望得到一定的补偿,这是一种普遍的心理状态。例如食物不洁、不熟,希望更换或打折;行李损坏希望尽快修好或等价补偿等。

> **● 拓展知识**
>
> **正确处理投诉的意义**
>
> 正确处理投诉,使客人从不满意转为满意,或者减轻其不满意程度,是每一家企业的必修课。正确处理投诉对企业来说有以下意义。
>
> 1. 有利于发现服务工作中的疏漏与不足
>
> 投诉是对服务和管理水平评价的形式之一。就实质来讲,是客人对企业的关心。从投诉中,企业可以了解管理和服务中存在的实际问题,发现服务工作的弱点、漏洞和不足,特别是发现一些带有倾向性的问题,以便有针对性地采取措施,改进服务工作,提供高质量、高效率的服务。
>
> 2. 有利于加强服务对象与企业之间的感情联系
>
> 有的客人对服务工作有意见,不直接表现出来,而是采取某种形式的私下活动,不仅决定再也不同这家企业打交道,而且还告诫亲朋好友也不要再来光顾。如果企业能听到他们的意见,沟通想法,消除误会,并帮助客人解

决实际问题,满足客人的正当需求,就会加强客人同企业之间的感情联系,避免客人给企业做"反宣传"。

3.有利于增加客源,提高企业的声誉和经济效益

客人投诉多在公共场所或服务现场发生,如若处理不当,不但会进一步激化客人的情绪,还会引起其他客人的注意和围观,给企业的形象和声誉带来极坏的影响。但如果能妥善处理,使一个满腹牢骚的客人最终满意离去,带走的则是一种良好的印象,而不是埋怨和不满,就可以提高企业的声誉,影响潜在客源,增加回头客,提高企业的经济效益。

三、处理旅客冲突、投诉的心理策略

(一)处理旅客冲突的策略

旅客与高铁服务人员发生冲突之时,双方都容易情绪化,并不是每一个乘务人员都具有很强的自我控制力,尤其是在无理取闹、小题大做的情况下,很容易出现伤害性言语、过激行为等,造成双方的对立状态,因此应采取有效的措施来应对双方的冲突,具体如下。

1.脱离冲突情境

缓和冲突的有效方法是让冲突双方脱离冲突的情境。也就是说,当双方发生冲突时,其他人员应把冲突双方劝开,使他们中的任何一方离开冲突现场,然后再分别给予安慰。对旅客要好言相劝,不可指责旅客的过错,以免刺激旅客,使矛盾激化。若冲突激烈,短时间内无法劝走旅客,可以先把与旅客发生冲突的服务人员换下来,让其离开冲突现场,缓和气氛。

2.第三方进行调解

冲突发生后双方通常互不相让,甚至互相挖苦、辱骂、贬低对方,使矛盾加剧、事态恶化。在这种情况下,让双方冷静下来进行协商是不现实的,因此只有通过第三方进行调解,才能缓和冲突,达成妥协或解除误会。第三方在调解的过程中,不得随意偏袒任何一方,即使服务人员有理,也要耐心、冷静对待旅客。

3.适当妥协让步

在双方实际利益发生矛盾的情况下,要想避免冲突,只有乘务人员做出

妥协。因为对旅客来说，让他让步，他都会认为自己是失败的。因此乘务人员要从本职工作和职业道德出发，设身处地地为旅客着想，做出适当的妥协和让步；有时还需要放弃自己的合理要求，使紧张的局面得以缓和。

● **拓展知识**

处理与旅客冲突的技巧

1. 耐心"听教"。在冲突过程中，有些旅客的言辞具有攻击性，甚至令你感到难堪，但是旅客通过投诉会告诉你一些你不知道的信息。抱着这种态度借此了解旅客的心声，尽量向他们咨询详细的资料。

2. 认清事实。所有冲突都含有主观成分，旅客不会知道你在工作上付出了多少心力，当你认清这个事实，就可以心平气和地听取别人的意见了。

3. 先听后说。面对旅客投诉，如果没等旅客说完就迫不及待为公司辩护，无疑是火上浇油，所以应先让旅客说完意见，再回应。

4. 主力反击。不要对旅客的每点意见都作辩驳，宜集中处理最主要的冲突源头。

5. 忍气吞声。虽然有时候旅客也有不足之处，但你不宜进行辩驳，否则，事情会越闹越大。

6. 正面回应。听过投诉后，要向旅客进行正面回应，如"多谢您的意见，我们会不断改进"。

（二）处理旅客投诉的策略

无论旅客投诉的动机如何，旅客面对问题采取投诉的方式，都是希望铁路运输企业能认真处理、改进工作，客观上对铁路运输企业是有利的。铁路旅客投诉一般有两种方式：一是在意见簿上发表意见；二是旅客直接找上门对话。铁路运输企业在接到旅客投诉后，都应该积极应对，可采取以下对策。

1. 礼貌接待，耐心倾听

面对投诉的旅客，乘务人员必须耐心诚恳地倾听旅客的投诉。条件允许的情况下，可以先为客人倒茶水，请他们坐下，然后再开始交谈。不管旅客当时的脾气有多大，态度有多差，言辞有多激烈，乘务人员都要礼貌地接待，耐心地听他们把话说完。在听取意见的时候，可以适当做些记录，便于以后核实，这既是对旅客投诉给予的足够重视，也是处理投诉的重要依据。

2. 诚恳道歉，以示尊重

无论真相如何，发生投诉就意味着铁路运输企业还存在着缺陷，并给旅客带来了不便与烦恼。对旅客投诉我们不可置之不理，更不能认为旅客是故意找茬。我们要学会站在投诉者的立场上考虑问题，以诚恳的态度向他们表示理解、尊重和歉意。对于旅客的投诉，如果确实是我们的过错，应当当面向旅客赔礼道歉，同时表示欢迎他们来投诉。这样做既能使旅客感到我们重视他们的投诉，也能满足旅客的自尊心，为圆满处理旅客投诉铺平道路。

3. 弄清真相，妥善处理

当接到投诉后，要尽快核实情况，对旅客的投诉进行思考和分析，找出投诉的原因和出错的环节，给旅客一个答复。如果旅客投诉是由误会引起的，应当解释清楚、消除误会；如果已经给旅客造成物质或精神伤害，除了道歉以外，还要适当地给予补偿。对于一些复杂或一时查不清真相的投诉，不要急于表达处理意见，更不能随便承诺，要立即与有关部门或相关领导联系后再答复，并让旅客知道事情的进展，等问题解决后，将解决的方法、步骤以及结果通知旅客。

4. 吸取教训，完善服务

铁路运输企业服务人员应该认识到，没有一个旅客愿意投诉，应该把旅客的投诉看成是一次改善服务、留住旅客的机会，尽一切努力，重新赢得客人的信任。投诉问题解决后，要再与旅客联系，欢迎他们再提宝贵意见，同时做好投诉处理的记录和报告，及时总结工作中的疏漏和不足，从中吸取经验和教训，采取相应措施加以改进。

● 相关链接

处理客人投诉的 50 条建议

法国菲利普·布洛克等人在《西方企业的服务革命》一书中，提出处理投诉的 50 条建议，这 50 条建议对服务企业提高和改进服务质量，有效应对各类顾客投诉，有着非常高的参考价值。

1. 对待任何一个新接触的人要和对待客人一样。
2. 没有无关紧要的接触，没有不重要的客人。
3. 客户的投诉往往存在于不经意间，很少有客人专门找人投诉。
4. 没有可以忽视的投诉。
5. 一次投诉是一次机遇。
6. 发牢骚的客人并不是在打扰我们，他在行使他的最高权力。
7. 处理投诉的人一定被认为是企业中最重要的人。
8. 迅速判明投诉的实质，并着手解决。
9. 用关键词限定投诉内容，从问题实质出发解决问题。
10. 每当无理投诉出现高峰时，我们应该产生警觉，并设法查明原因。
11. 在采取纠正行动之前，应首先对每份投诉作礼节性的答复。
12. 要为客人投诉提供便利渠道。
13. 想尽一切方法，方便与客户的对话。
14. 组织并检查答复投诉后的善后安排。
15. 接待不满的客人时，称他的姓，握他的手。
16. 处理投诉应因人制宜。
17. 请保持轻松、友好；更重要的，还有自信。
18. 在解决问题之前，必须让客人说话。
19. 要做记录，可能时使用一份印制的表格。
20. 一定要告诉客人：他的问题由你全权负责处理，并切实去办理。
21. 要答应客人你去采取行动，还要设法使客人相信你的许诺。
22. 要证明你接受了投诉后就马上开始了行动。
23. 告诉客人他的投诉是特殊的。
24. 不谈与客人无关的私事。
25. 防止露出羡慕、烦躁或偏执等情绪。
26. 既要让人说话，又要善于收场。
27. 要学会有效发挥电话的功用，当你处理完投诉后，用电话告知客人你的处理结果，也许会做成另一单生意。
28. 要像对待你的老主顾那样，对待不是你的客人的人。

29. 决不要在地位高的客人和棘手的问题面前胆怯。

30. 不管有多困难和忙碌,都要首先核实别人向你传递的消息。

31. 要让别人听你的话,但扯着嗓门叫喊是徒劳的。

32. 复述事实莫带偏见。

33. 切忌轻率地进行判断。

34. 想一想是否有立即答复的可能,问一问客人希望你做些什么。

35. 别急于在电话中商讨解决问题的方案。

36. 请留下您对客人所做的任何诺言或保证的书面记录。

37. 如您当场爱莫能助,不妨先宽宽他的心。

38. 在对话时,对方未说完之前,切莫打断。

39. 一等对方完毕,立即采取行动。

40. 可以试探一下别人对待你的方式,就会知道客户喜欢什么样的处理方式。

41. 千万别对客人说:"您应该……"

42. 除非万不得已,不用电话回复书信。

43. 可以利用投诉索要你可能需要的客户信息(例如电话)。

44. 若情况允许,就用幽默致歉。

45. 要让受过你服务的客人成为你的朋友。

46. 表面上总是由客人说了算,但要学会引导客户思维。

47. 用典型模式提高速度。

48. 时刻为客人着想,为客人工作,如同你是客人一样。

49. 凡是收到和寄出的一切都要注明日期。

50. 要结识那些多次不满的客人。

(菲利普·布洛克.西方企业的服务革命[M].北京:旅游教育出版社,2008.)

第二节 高铁乘务服务中的应急心理与服务

"应急心理"是指面对突发事件时的心理状态、心理变化以及心理表现。突发事件不仅对旅客的旅程造成一定的影响,而且对铁路运输服务也是一个严峻的考验。

一、"突发事件"的含义与特点

(一)含义

"突发事件"是指突然发生的,造成或可能造成严重的社会危害,需要采取应急措施来予以应对的自然灾害、社会治安事件、灾害事故以及公共事件等。这里我们所研究的是旅客在旅程中突然发生的对旅程造成严重影响的事件。

(二)特点

铁路运输过程中的突发事件主要包括列车晚点或取消、行李损坏或丢失、旅客突发疾病、事故灾害、车上犯罪等。这些事件主要具有以下特点。

1. 突发性

突发性是突发事件的主要特征,突发事件能否发生、于何时、何地、以何种方式爆发以及爆发程度等情况,人们都始料未及,难以把握。突发事件从始至终都处于不断变化的过程当中,毫无规则,不能实现准确预测,使突发事件预防机制的建立困难重重。

2. 紧迫性

突发事件的发生突如其来或者只有短时预兆,事态发展迅速,必须立即采取非常态的紧急措施加以处置和控制,否则将造成更大的危害和损失。

3. 群体性

社会性突发事件通常都是由少数人操纵的,通过宣传鼓动而把一些群众卷入到事件中来;自然性突发事件也往往危及多数群众的生命财产。因此,防范突发事件需要公众的支持和参与。

4. 破坏性

突发事件的发生往往会导致人员伤亡、财产损失和环境破坏,具有较大危害,而且这种危害还体现在社会公众领域,事件本身会迅速引起公众关注,进而渗透到社会各个层面,造成工作心理恐慌和社会秩序混乱。总之,不论什么性质和规模的突发事件,都会不同程度地给铁路运输企业造成经济和形象上的破坏与损失。

> **● 相关链接**
>
> ### "7·23"甬温线特别重大铁路交通事故
>
> 2011年7月23日20:30左右,由北京南站开往福州站的D301次动车组列车与杭州站开往福州南站的D3115次列车,在甬温线上海铁路局管内永嘉站至温州南站间发生列车追尾事故,后车4节车厢从高架桥上坠下。此次事故造成40人死亡(包括3名外籍人士)、172人受伤,中断行车32小时35分,直接经济损失19371.65万元。
>
> 事故发生后,温州军区迅速组织海防营70名官兵及鹿城、瓯海两区130名民兵,赶赴现场搜救受伤旅客,协助疏散转移旅客。
>
> 12月28日,国务院召开常务会议,认定"7·23"甬温线特别重大铁路交通事故是一起因列控中心设备存在严重设计缺陷、上道使用审查把关不严、雷击导致设备故障后应急处置不力等因素造成的责任事故。铁道部原部长刘志军、原副总工程师兼运输局原局长张曙光等54名事故责任人员受到严肃处理。

二、突发事件后的旅客心理

对于绝大多数旅客来说,选择乘坐火车出行,图的就是安全、快捷和舒适。但若在铁路运输过程中出现突发事件,这种愿望无疑会大打折扣,甚至让人感到沮丧和愤怒。通常在突发事件的影响下,旅客一般会出现以下几种心理状态。

（一）抱怨

突发事件发生后，如果不能及时解决，达到旅客的满意度，旅客就会对铁路运输企业的服务产生抱怨，并把这种抱怨传播开去，对铁路运输企业不利造成影响。

（二）焦虑

焦虑，是指个体在担忧自己不能达到目标或不能克服障碍而感到自尊心受到持续威胁时形成的一种紧张不安、带有惧怕色彩的情绪状态。由于突发事件的发生，旅客的行程、计划会受到一定影响，他们往往比较紧张、担忧，容易出现过激言行。

（三）愤怒

突发事件发生后，旅客本来就产生了一定程度的不满和焦虑，而如果铁路运输企业处理问题再不得当，很容易使旅客产生愤怒的情绪。当然，有时候铁路运输企业没有过错，也有个别旅客感到愤怒。这时就需要对旅客加以安抚和劝慰，不要将事态扩大。

三、突发事件的应对措施

突发事件，对旅客和铁路运输企业来说都是非常痛苦的事情。铁路运输企业要加强应急管理，建立科学合理的应对机制，培养乘务人员的应急处理能力。

（一）信息及时透明，保证旅客知情权

突发事件发生后，旅客常常出现焦虑的心态，急切想要知道事态的发展，希望能够及时通报处理工作的进展，因此事故处理方应把握旅客的这种心态，使信息透明化，及时披露有关信息，保证旅客知情权，做到合情、合理、合法。

此外，对于影响较大的事故，事故处理方要主动和媒体进行沟通，将事故原因、采取了哪些补救措施、对旅客做了哪些安排等及时反馈给媒体，以此来保证媒体听到两面之词，保证记者不是完全跟着旅客情绪走。信息对媒体的及时传达，在很多时候，会影响到普通民众对突发事件的认识。及时通报有助于消除民众对铁路运输企业的误解。

（二）加强部门协调，积极配合工作

突发事件发生的原因各种各样，有时可能是几种原因交织在一起造成的。一般情况下，旅客会把天气、自然灾害等原因以外的突发事件责任通通归咎

于铁路运输企业。其实，很多突发事件不仅旅客不愿意碰到，铁路运输企业更是想极力避免。因此，为预防突发事件的发生，应在工作中加强部门配合，积极协调各部门工作衔接等；事故发生后更应该齐心协力，一心一意处理好善后事宜，力争弥补工作失误，做到旅客满意。

（三）提高运营能力，做好充分准备

有些突发事件是由于运营设备故障或运力不足造成的，例如空调故障导致旅客不满列车停开、春运旅客过多导致踩踏事故等，因此铁路运输企业一方面应提高运营设备的质量与性能，避免因设备故障引起的各类突发事件；另一方面要增加备份运力，一旦发生机械故障，使旅客可以立刻换乘留用列车，或者使大量客流能及时疏散。

（四）严格按照有关规定处理和赔偿

突发事件发生后，旅客一般较关心事故处理和赔偿情况，因此铁路运输企业不仅要按有关规定进行处理，更要按照相关规定进行合理补偿。

● 拓展知识

突发事件的处理原则

1. 统一指挥原则。由一名管理者（一般是当值最高级别的管理人员）做好统一的现场指挥，安排调度，以免出现"多头领导"，造成混乱。

2. 服从命令原则。现场工作人员应无条件服从现场指挥人员的命令，按要求采取相应的应急措施。

3. 主动出击原则。不能消极、推脱甚至是用回避的态度来对待，应主动出击，直面矛盾，及时处理，敢于承担相应责任。

4. 灵活处理原则。当现场情况发生变化时，应摆脱束缚，及时进行相应的调整。切勿墨守成规，铸成大错，造成无法弥补的损失或影响。

5. 安全第一原则。以不造成新的损失为前提，不能因急于处理而不顾后果，造成更大的且不必要的人身、财产损失。

6. 团结协作原则。现场工作人员应团结一致，同心协力处理突发事件，积极配合好指挥员的工作，以达到更好的处理效果。

四、处理突发事件应具备的心理素质

（一）沉着冷静

高铁服务人员在平时就必须注意心理素质的培养，特别是在紧急情况下能不慌不乱，保持沉着冷静、清醒镇定的心理素质。这是高铁服务人员对情况作出准确判断，并采取迅速行动的重要前提。它不仅能够起到安抚旅客情绪的作用，而且也是让旅客配合做好撤离工作的重要条件。

（二）果断决策

高铁服务人员在突发事件发生时，除了在保持沉着冷静之外，还要结合掌握的业务知识，迅速果断地对情况进行准确判断，判断是否需要撤离，并且确定撤离方法。毫无疑问，果断迅速的决策是实现快速撤离的重要条件。

（三）组织指挥

在紧急情况发生时，车厢场面比较混乱，有些旅客不一定听从高铁服务人员的指令，这时高铁服务人员必须及时转变角色，由服务角色转变为现场指挥者。

在转变过程中，乘务人员的组织能力就起着非常重要的作用。因为这一关键时刻，高铁服务人员是组织旅客撤离的实施者，是保证旅客安全的卫士。所以，高铁服务人员必须具备很强的组织能力，不仅要组织好旅客，控制旅客情绪，而且要维持车厢内的秩序，把伤亡率降到最低。

（四）团队精神

紧急情况发生时，高铁服务人员若能够迅速形成默契，团结起来，保持思想与行动的一致性至关重要。它表现在，明确各自负责的部分和职责，大家相互协作、相互配合，从而保证组织撤离的高效率。

● **拓展知识**

动车组列车突发事件应急处置措施（节选）

1.车门夹人或物的应急处置措施

（1）了解情况。列车工作人员发现车门夹人或物，危及人身安全或行车安全时，应立即通过对讲机1频呼叫司机停车或暂不开车，必要时可按下紧急停车按钮。

（2）赶赴现场。列车长接工作人员报告后立即赶到现场，同时通知随车机械师到场处理。

（3）迅速处置。配合随车机械师将车门打开，并将旅客或物品转移到安全地带。

（4）联控司机。关闭车门后，联控司机开车。

（5）善后处理。对被夹的旅客进行安抚，发生旅客人身伤害时按旅客意外伤规定的程序进行处理。

（6）信息上报。对列车晚点情况及处理结果上报客服（调度）台和段调度室。

2. 运行途中旅客吸烟引发报警的应急处置措施

（1）赶至现场。得到烟雾报警信息或通知司机后，随车机械师、乘警、列车长、列车安全员要在第一时间赶到现场确认，及时将报警装置复位，并向司机通报情况。

（2）调查取证。列车长配合乘警调查当事人姓名、地址、身份证号码、联系电话和事情经过，由乘警对当事人按照相关规定进行处罚。无乘警时，由列车安全员及列车长调查当事人姓名、地址、身份证号码、联系电话和事情经过，并及时将情况报铁路公安处指挥中心。

（3）宣传解释。列车工作人员及时了解报警后车厢旅客情况，做好宣传解释，安抚旅客情绪。

（4）及时上报。列车长逐级汇报事件发生原因和处置过程。

3. 旅客或行李物品掉落高站台时的应急处置措施

（1）迅速告知。发生旅客跌落在站台与车体之间的缝隙，或行李物品掉下站台时，列车工作人员应立即通知车站客运值班员。若列车即将启动时，还应通知司机暂缓开车。

（2）立即处理。由车站客运值班员对旅客施救或使用专用工具取出行李物品。

（3）赶赴现场。列车长会同随车机械师立即前往事发地点进行查看，并配合车站做好相关处置工作。

（4）关门开车。处置完毕后，按规定程序关门。如物品掉落站台，确认不危及列车安全时，可待列车出发后交车站处理。

4. 发生旅客纠纷或斗殴事件的应急处置措施

（1）了解情况。遇旅客之间发生纠纷时，在场的列车工作人员要及时劝解，防止事态扩大。及时报告列车长、乘警（无乘警时为列车安全员）赶赴现场，做好调解工作，制止打架斗殴，如有人员受伤及时送就近医院救治。

（2）现场调解。列车安全员赶赴现场后，巡视记录仪全程开机。对情节轻微、事实清楚、因果关系明确，不涉及医疗费用、物品损失的一般旅客纠纷，进行现场调解。

（3）人员救治。对于因民事纠纷引起的殴打他人、故意伤害、故意损毁财物案件，要及时制止，防止事态扩大，并对受伤者积极进行抢救。

（4）及时上报。列车安全员向铁路公安处指挥中心报警，由指挥中心协调前方停车站派出所上车处置，同时向段武装保卫科汇报。列车长组织工作人员做好收集旁证材料工作。

（武客办〔2015〕244号）

本章小结

1. 冲突、投诉的原因有主观因素和客观因素；冲突投诉的心理包括求尊重、求发泄、求补偿等。

2. 处理旅客投诉的对策有脱离冲突情境、第三方进行调解、适当妥协让步；处理旅客投诉的策略包括礼貌接待，耐心倾听；诚恳道歉，以示尊重；弄清真相，妥善处理；吸取教训，完善服务。

3. "突发事件"是指突然发生的，造成或可能造成严重的社会危害，需要采取应急措施来予以应对的自然灾害、社会治安事件、灾害事故以及公共事件等。突发事件具有突发性、紧迫性、群体性、破坏性等特点。

4. 突发事件发生后旅客常见情绪有抱怨、焦急、愤怒，乘务人员应采取以下应急对策：信息及时透明，保证旅客知情权；加强部门协调，积极配合工作；提高运营能力，做好充分准备；严格按照有关规定处理和赔偿。

思考与练习

一、思考题

1. 旅客冲突、投诉的原因。
2. 简述发生冲突、投诉的心理需求。
3. 针对旅客冲突和投诉事件的对策。
4. "突发事件"的含义及特点。
5. 简述突发事件后旅客的心理状态及处理突发事件的应对措施。

二、实践题

情景模拟：各小组同学通过收集资料进行分析，撰写出以冲突、投诉为主题的心理剧本，排练后进行模拟表演。

三、案例分析

高铁 40 元盒饭发霉，致旅客呕吐

2018 年 9 月 8 日晚，武汉市民祝先生和夏先生二人乘坐高铁 G505 从北京回武汉，晚上 7 点多钟二人到餐车去买了两盒盒饭，打开一看，严重发霉变质。祝先生对此很吃惊，立即向列车上的工作人员投诉。随后，列车长到场处理，向祝先生赔礼道歉，餐车服务员夏慧莲退还了 80 元餐费。随后，工作人员重新送上了新的套餐，但遭到祝先生拒绝。与祝先生同行的夏先生因为没注意，先把盒饭吃了一大半，出现了上吐下泻的状况。

思考：

1. 遇到这样的事情你认为应该忍气吞声还是勇敢投诉？说说原因。
2. 针对此次事件你认为该如何处理和赔偿？

第四篇

高铁乘务管理心理

第十章
高铁乘务管理心理

引 言

要从根本上提高铁路旅客运输服务质量,就必须牢固树立"服务"的思想。从铁路旅客运输服务总体规划的制定,到具体服务方法在客运部门的实施,都要贯彻"一切从旅客出发、一切为了旅客、一切为旅客服务"的思想。

本章从铁路旅客运输管理者角度阐述了领导者的领导行为和激励行为,介绍了主要的领导理论和激励理论,提出了有效的激励方法。

学习目标

1. 知识目标

理解"领导"的含义和职能;掌握领导特质理论、领导行为理论、领导权变理论、领导风格理论的内容;了解"激励"的含义和功能,掌握需要层次理论、双因素理论、期望理论、成就激励理论、公平理论等,掌握有效的激励手段和方法。

2. 技能目标

在充分认识"领导"和"激励"理论的基础上,能运用各种领导理论对企业员工进行有效领导,能运用有效的激励手段激发员工的工作热情。

第一节 领导行为

一、"领导"的含义和职能

(一) 含义

"领导"是在一定条件下,指引和影响个人或组织,实现某种目标的行动过程。其中,把实施指引和影响的人称为"领导者",把接受指引和影响的人称为"被领导者","一定条件"是指所处的环境因素。领导的本质是人与人之间的一种互动过程。

> **● 拓展知识**
>
> 关于"领导"的不同定义
>
> 关于"领导"的含义,不同学者有着不同的定义,具有代表性的看法有以下几种。
>
> 泰瑞认为,"领导是影响人们自动地达成群体目标而努力的一种行为。"赫姆菲儿认为,"领导是指挥群体在相互作用的活动中解决共同问题的过程。"斯托格狄尔认为,"领导是对一个组织起来的团体为确立目标和实现目标所进行的活动施加影响的过程。"
>
> 坦南鲍姆认为,"领导就是在某种情况下,经过意见交流过程所实现出来的一种为了达成某种目标的影响力。"理查德·L.达夫特认为:"领导是在领导者和追随者之间有影响力的一种关系。"阿吉里斯指出,"领导即有效的影响。为了施加有效的影响,领导者需要对自己的影响进行实地了解。"
>
> 科杨认为,"领导是一种统治形式,其下属或多或少地愿意接受另一个人的指挥和控制。"弗兰奇认为,"领导是一个人所具有并施加于别人的控制力。"杜平认为,"领导即行使权威与决定。"

> 孔兹认为,"领导是一门促使其部属充满信心,满怀热情来完成他们任务的艺术。"

(二) 领导者的职能

"领导者"是指在正式的社会组织中经合法途径任用而担任一定领导职务、履行特定领导职能、掌握一定权力、肩负某种领导责任的个人和集体。

领导者是领导活动中的重要因素,是社会组织顺利展开运作的重要条件。首先,领导者是领导活动的主体,在领导活动中起主导作用、居中心地位。领导者在一定的环境条件制约下,由其职权和素质共同形成对所辖组织和人员活动的影响,这种影响力的大小与领导者的职权和素质成正比。领导者以其高尚的品德、渊博的知识和高超的艺术,产生了巨大的吸引力和凝聚力,为实现领导目标创造了条件。其次领导者在领导活动中起发动作用,其根据特定社会群体的利益和需求,进行科学决策,制定规划目标,发布指示命令,使领导活动处于动态状况。再次,领导者在领导活动中起统帅作用。其根据目标任务需要,设置组织机构,合理选人用人,安排计划实施,并在领导活动过程中视情况的变化,协调各种关系,不断修正、完善决策。

【小知识】

领导者与管理者的关系

1. 管理者是被任命的,影响力来自职位所赋予的正式权力,不属于任何人;而领导者则可以是被任命的管理者,也可以是从群体中产生的非管理者,影响力主要来自非职位权力。换句话说,管理者不一定能够成为真正的领导者,而领导者则一定能够成为管理者。

2. 管理者可以运用职权迫使人们去从事某项工作,而领导者是依靠个人的魅力去影响他人。

3. 管理者是依靠制度、管理工具达到目的;而领导者依靠的是远景规划、激励去实现目标。

4. 领导具有全局性,管理具有局部性。

5. 领导具有超前性，管理具有当前性。
6. 领导具有超脱性，管理具有操作性。

二、领导理论

领导理论是研究领导有效性的理论，是管理学理论研究的热点之一。影响领导有效性的因素以及如何提高领导的有效性是领导理论研究的核心。自 20 世纪 40 年代以来，西方组织行为学家、心理学家从不同角度，对领导问题进行了大量研究，从而促进了领导理论的产生与发展。

（一）领导特质理论

也称素质理论、品质理论、性格理论，这种理论着重研究领导者的品质和特性，其理论基础来源于 Allport 人格特质理论。20 世纪早期的领导理论研究者认为，领导的特质与生俱来，只有天生具有领导特质的人才有可能成为领导者。它强调领导者自身一定数量的、独特的、能与他人区别开来的品质与特质对领导有效性的影响。代表性的研究结论主要如下。

管理学家、社会系统学派的代表人物切斯特·巴纳德于 1938 年在《经理人员的职能》一书中，认为领导者应该具备的基本特质是：活力与耐力；当机立断；循循善诱；责任心；智力。

心理学家吉伯（C. A. Gibb）在 1969 年的研究报告中，指出天才的领导者具备 7 项特质：善言辞；外表英俊潇洒；智力过人；具有自信心；心理健康；有支配他人的倾向；外向而敏感。

心理学家斯托格迪尔（R. M. Stogdill）于 1974 年在《领导手册》一书中，进一步提出了领导者应该具备的 10 项特质：才智；强烈的责任心和完成任务的内驱力；坚持追求目标的性格；大胆主动的独创精神；自信心；合作性；乐于承担决策和行动的后果；能忍受挫折；社交能力和影响别人行为的能力；处理事务的能力。

1971 年，心理学家爱德温·吉色列在《管理才能探索》一书中，采用语义差别量表法，选择分布于交通、制造、通信、财政金融、保险、公用事业等 90 个不同组织，年龄跨度从 26—42 岁，学历 90% 以上为本科的 306 名管理人员进行研究，得出了包含 3 大类、13 个因子的领导特质：

第一类特质为能力,包括管理能力、智力、创造力3个因子;

第二类特质为个性品质,包括自我督导、决策、成熟性、工作班子的亲和力、男性的刚强或女性的温柔等5个因子;

第三类特质为激励,包括职业成就需要、自我实现需要、行使权力需要、高度金钱奖励需要、工作安全需要等5个因子。

遗憾的是,研究者们没有找到区分有效领导者与无效领导者的特质模型。不过,研究者还取得了一些研究成果,如发现领导者有6项特质不同于非领导者,即进取心、领导意愿、正直与诚实、自信、智慧和与工作相关的知识。此外,还发现高自我监控者在调节自己行为以适应不同环境方面具有很高的灵活性,比低自我监控者更易于成为群体的领导者。

特质理论的最近研究发现,与领导有效性有关的关键能力有:驱力:追求目标的内在动机;领导动机:使用社会化的权力影响他人以获取成功;正直:可信赖性以及把话语变为行动的意愿;自信:相信自己的领导才能,坚信有能力实现目标;智慧:处理信息、分析选项并发现机会的能力高于一般人;商业知识:了解其运作的商业环境,有助于准确决策和为组织带来成功;情绪智力:基于自我监控的人格,确保优秀领导者具有更强调情境敏感性以及在必要时适应环境的能力。

同期相关的研究还有:美国普林斯顿大学教授威廉·杰克·鲍莫尔(William Jack Baumol)针对美国企业界的实况,提出了企业领导者应具备的10项条件:合作精神;决策能力;组织能力;精于授权;善于应变;勇于负责;勇于求新;敢担风险;尊重他人;品德过人。

(二)领导行为理论

"领导行为"即通过研究领导者在领导过程中具体行为,和不同行为对下属的影响,寻找最佳领导行为。领导行为的基础是领导特征和技巧,领导风格是领导者特质、技巧及和下属沟通时行为的统一体。领导行为理论是由爱荷华大学的 Lewin、Lippitt 和 White 所开创。

美国管理学家布莱克(Robert R. Blake)和穆顿(Jane Mouton)于1964年设计了一个巧妙的管理方格图,见图10-1,探讨了主管人员对生产关心程度和对人的关心程度的关系。横坐标与纵坐标分别表示对生产和对人的关心程度。每个方格就表示"关心生产"和"关心人"这两个基本因素以不同程度相结合的一个领导方式。

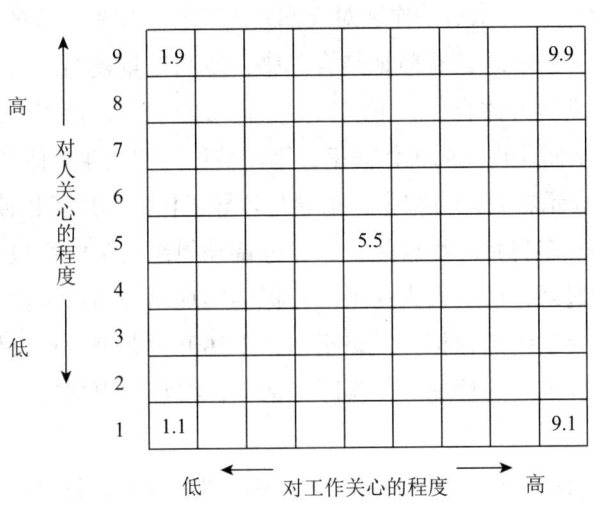

图 10-1 管理方格图

这就是所谓"管理方格",第 1 格表示关心程度最小,第 9 格表示关心程度最大。全图总共 81 个小方格,分别表示"对生产的关心"和"对人的关心"这两个基本因素以不同比例结合的领导方式。其中有 5 种典型的组合,表示典型的领导方式。

1.1 型管理者:表示对工作和人都极不关心,这种方式的领导者只做维持自己职务的最低限度的工作,也就是只要不出差错,多一事不如少一事,因而被称为"贫乏型的管理"。

9.1 型管理者:表示对工作极为关心,但忽略对人的关心,也就是不关心工作人员的需求和满足,并尽可能使后者不致干扰工作的进行。这种方式的领导者拥有很大的权力,强调有效地控制下属,努力完成各项工作。因而为"独裁的、重任务型的管理"。

1.9 型管理者:表示对人极为关心,也就是关心工作人员的需求是否获满足,重视搞好关系和强调同事和下级同自己的感情。但忽略工作的效果。因而被称为"乡村俱乐部型的管理"。

5.5 型管理者:表示既对工作关心,也对人关心,兼而顾之,程度适中,强调适可而止。这种方式的领导既对工作的质量和数量有一定要求,又强调通过引导和激励去使下属完成任务。但是这种领导往往缺乏进取心，乐意持现状。因而被称为"中庸之道型管理"。

9.9型管理者：表示对工作和对人都极为关心。这种方式的领导者能使组织的目标与个人的需求最有效地结合起来，既高度重视组织的各项工作，能通过沟通和激励使群体合作、下属人员共同参与管理，使工作成为成员自觉自愿的行动，从而获得高的工作效率，因而被称为"战斗集体型理论"。这种管理方式充分显示在管理过程中，指导与领导工作的作用可以使组织更有效、更协调地实现既定目标。也就是说，充分调动组织成员的积极性，把个人与组织目标结合起来，形成人人为组织目标的实现而努力的局面。其关键在于如何协调个人与组织的目标。应该指出，上述五种典型，也仅仅是理论上的描述，都是一种极端的情况。在实际生活中，很难会出现纯之又纯的典型的领导方式。

显然，9.9型管理者是最佳的管理类型。研究表明，具有这种管理风格的领导者的确比其他类型的领导者更容易取得好的领导效果——既促进了生产效率，也更受员工的拥戴。

（三）领导权变理论

亦称"领导情境理论"，也是领导理论的一种。20世纪60年代至70年代初形成。该理论认为，不存在一种绝对的最佳的领导方式。领导是领导者、被领导者及其环境因素相互作用的动态过程。领导有效性=f（领导者，被领导者，环境）。领导的效果与领导者所处的具体情境和环境有关。要根据具体情况来确定领导方式。费德勒模式是最具有代表性的权变理论。还包括豪斯的通路—目标理论，弗鲁姆和耶顿的领导—参与模式，卡曼的领导生命周期理论，瑞丁的三维领导理论，波渥斯和西肖尔的四维领导理论以及R. 坦南鲍姆的领导行为连续带理论。

【小知识】

情境领导模式

1.情境领导模式，见图10-2，在特定工作下将员工的成长过程分为四个阶段：第一阶段为M1"没能力，没意愿并不安"的阶段；

第二阶段为M2"没能力，有意愿或自信"；
第三阶段为M3"有能力，没意愿或不安"；
第四阶段为M4"有能力，有意愿并自信"。

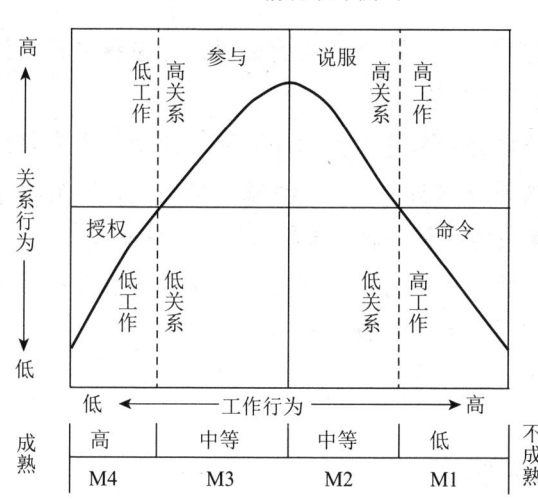

图10-2 情境领导模式

相对于员工的四个不同阶段，领导应采取四种不同的领导风格。当员工在第一阶段M1时，领导者要采取"命令式"来引导并指示员工；当员工在第二阶段M2时，领导者要采取"说服式"来解释工作从而劝服员工；而当员工在第三阶段M3时，领导者要采取"参与式"来激励员工并帮助员工解决问题；如果员工到了第四阶段M4，领导者则要采取"授权式"来将工作交付给员工，领导者只需进行监控和考察的工作。

2.情境领导模式员工的四种工作状态类型

第一种消极的学习者（工作水平低，工作意愿也低）；

第二种为热情的学习者（工作水平低，工作意愿高）；

第三种为谨慎的执行者（工作水平高，工作意愿低）；

第四种为高效的完成者（工作水平高，工作意愿高）。

3.四种不同的领导类型

与员工的发展阶段相对应的是四种不同的领导类型。

第一种为教练型领导，向员工解释工作内容以及工作方法，同时继续指导员工去完成任务；

第二种为指令型领导，对员工的角色和目标给予详尽的指导，并密切监督员工的工作成效，以便对工作成果给予经常的反馈；

第三种为支持型领导，领导者和员工共同面对问题，制定解决方案，并给予鼓励和支持；

第四种为授权型领导，提供适当的资源，完全相信员工的能力，将工作任务交由员工全权负责、独立作业。

将员工的工作状态和领导类型两相对照，就是一个完整的情境领导模式了。四种领导形态没有优劣之分，一切依情境而定，唯有领导者的领导形态能与员工的发展阶段相配合之时，他的领导才能够有效。

使用情境领导模式可以帮助管理者理解领导与管理的差异；根据四种领导类型进行自我诊断，可以帮助管理者改变"一刀切"的传统管理模式，形成员工差异化管理的意识。

（四）领导风格理论

美国依阿华大学的研究者、著名心理学家勒温和他的同事们从20世纪30年代起就进行的关于团体气氛和领导风格的研究。勒温等人发现，团体的领导并不总是以同样的方式表现他们的领导角色，领导者们通常使用不同的领导风格，这些不同的领导风格对团体成员的工作绩效和工作满意度有着不同的影响。

勒温等研究者力图科学地识别出最有效的领导行为，他们着眼于三种领导风格，即专制型、民主型和放任型的领导风格。

专制型的领导者只注重工作的目标，仅仅关心工作的任务和工作的效率。但他们对企业员工不够关心，被领导者与领导者之间的社会心理距离比较大，领导者对被领导者缺乏敏感性，被领导者对领导者存在戒心和敌意，容易使企业员工产生挫折感和机械化的行为倾向。

民主型的领导者注重对企业员工的工作加以鼓励和协助，关心并满足企业员工的需要，营造一种民主与平等的氛围，领导者与被领导者之间的社会心理距离比较近。在民主型的领导风格下，企业员工自己决定工作的方式和进度，工作效率比较高。

放任型的领导者采取的是无政府主义的领导方式，对工作和企业员工的需要都不重视，无规章、无要求、无评估，工作效率低，人际关系淡薄。领导者缺乏关于企业目标和工作方针的指示，对具体工作安排和人员调配也不做明确指导。

在实际的组织与企业管理中，很少有极端型的领导，大多数领导都是介于专制型、民主型和放任型之间的混合型。

【小知识】

什么是最有效的领导风格？

勒温等人试图通过实验决定哪种领导风格是最有效的领导风格。他们分别将不同的成年人训练成为具有不同领导风格的领导者，然后将这些人充当青少年课外兴趣活动小组的领导，让他们主管不同的青少年群体。进行实验的群体在年龄、人格特征、智商、生理条件和家庭社会经济地位等方面进行了匹配，也就是说，几个不同的实验组仅仅在领导者的领导风格上有所区别。这些青少年兴趣小组进行的是手工制作的活动，主要是制作面具。

结果发现，放任型领导者所领导的群体的绩效低于专制型和民主型领导者所领导的群体；专制型领导者所领导的群体与民主型领导者所领导的群体工作数量大体相当；民主型领导者所领导的群体的工作质量与工作满意度更高。

基于这个结果，勒温等研究者最初认为民主型的领导风格似乎会带来良好的工作质量和数量，同时群体成员的工作满意度也较高，因此，民主型的领导风格可能是最有效的领导风格。

但不幸的是，研究者们后来发现了更为复杂的结果。民主型的领导风格在有些情况下会比专制型的领导风格产生更好的工作绩效，而在另外一些情况下，民主型领导风格所带来的工作绩效可能比专制型领导风格所带来的工作绩效低或者仅仅与专制型领导风格所产生的工作绩效相当，而关于群体成员工作满意度的研究结果则与以前的研究结果相一致，即通常在民主型的领导风格下，成员的工作满意度会比在专制型领导风格下的工作满意度高。

三、领导者心理素质的修炼

随着服务行业竞争的日趋激烈,铁路运输企业领导者面临的竞争压力越来越大,而领导者的心理素质直接关系到企业的兴衰成败。因此,铁路运输企业领导者应从以下四个方面修炼心理素质。

(一)品德修炼

铁路运输企业领导者必须从以下几个方面加以修炼。

1. 敬业精神

敬业精神是人们基于对一件事情、一种职业的热爱而产生的一种全身心投入的精神,是社会对人们工作态度的一种道德要求。具体地说,敬业精神就是在职业活动领域,树立主人翁责任感、事业心,追求崇高的职业理想;培养认真踏实、恪尽职守、精益求精的工作态度;力求干一行爱一行,保持高昂的工作热情和务实苦干精神。有了敬业精神,干工作就会投入,就会不怕困难,就会认真负责。

2. 个人信誉

信誉是指依附在人与人之间的一种相互信任的关系。铁路运输企业领导者的个人信誉修炼包括两方面:一是保证目标如期实现。领导者做事的成功率越高,影响力就越大;二是要遵守诺言。员工对领导者的话十分重视,因此领导要说到做到,信守承诺。

3. 胸怀宽广

"海纳百川,有容乃大",领导者必须有宽广的胸怀。第一,要容人。容人之才,不怕别人在某方面超过你;容人之过,允许别人犯错误;容人之短,对别人的缺点能够包容;容人之言,给别人说话的机会。第二,要容事。不论遇到什么事,领导者决不可乱方寸,要拿得起,放得下,挺得住。

(二)学识修炼

领导艺术是知识、智慧和才能的结晶,领导者必须具备一定文化知识素质和修养。领导者要自觉学习行业和地方法规政策、熟悉企业的各项制度;学习基础文化知识、管理理论和专业技能等。

(三)能力修炼

提高自身能力与素质是当代领导者的一项重要任务。能力修炼主要包括两方面。

1. 人事能力修炼

首先,识人是人事能力修炼的基础,领导者要"知人善任";其次,领导者要会管人,要管人的思想和行为;第三,领导者要会用人,领导者应该善任,量才使用,用其所长,避其所短;最后,领导者要能留人,留不住人的领导难以成大事。

2. 管事能力修炼

不同的岗位,管理的事务不一样。领导者要弄清楚自己的职权与义务。知道自己有权决定什么,无权决定什么,什么时候要发表意见,什么时候要严格执行命令等。不懂计划、不会安排的领导不是一个称职的领导。

(四)意志修炼

企业的领导者要经得起打击,受得了苦难,百折不挠。在日常工作中,要吃苦耐劳、锲而不舍;要善于及时疏导和控制自己的不良情绪;要在关键时刻,做到沉着、果断、勇于担当。

第二节 激励行为

美国经济学家罗宾斯指出,"人力资本价值＝工作热情×工作能力"。由于工作热情不足,往往导致服务业投入的人力资本价值无法实现最大化,从而造成成本浪费。因此如何激发员工的工作动力就成为铁路运输企业管理层最为关注的人力资源问题之一。

一、"激励"的含义、功能、方式

(一)含义

"激励"(motivation)是指持续激发人的动机的心理过程,它是由"motive(动机)"演化而来的。具体说"激励"就是激发动机、诱导行为,使人发挥内在潜力,为实现目标而积极努力的过程。

（二）功能

现代企业管理的重要职能就是有效地组织并充分利用人力、物力和财力资源，其中人力资源的管理是最为重要的。由于竞争的日益加剧、激励对象的差异性和需要的多样化等，激励越来越受到企业的重视，激励的功能显得尤为突出。

1. 激励可以调动员工的积极性和创造性

激发人的积极性是古今中外政治家、军事家、思想家、管理学家们都十分重视的问题。通过激励可以激发员工的工作热情和兴趣，使消极怠工者变得积极上进，可以充分发挥每个员工的价值和作用；激励还可以激发员工的创造性和革新精神，提高员工的努力程度，从而大大提高工作绩效。

2. 激励可以提升员工的素质，有利于吸引人才

提高员工的素质不仅可以通过培训来实现，也可以运用激励的手段达到。企业可以采取措施，对坚持学习业务知识的员工给予表扬，对不思进取的员工给予批评，并在物质待遇、晋升等方面有所区别，这将有助于企业形成良好的学习风气，促使员工提高自身的知识素养。

同时，现代企业管理的实践表明，通过激励也可以把有才能的、企业需要的人才吸引过来。如为了吸引人才，美国不惜支付高酬金、好的工作条件等多种激励办法，从世界各国吸引优秀的有才能的专家、学者。

3. 激励有利于增强企业凝聚力，实现企业目标

企业是由若干员工个体、工作群体组成的，为保证企业作为一个整体协调运行，除了用严密的组织结构和严格的规章制度进行规范外，还需要通过激励法，满足员工的多种心理需求，调动员工工作的积极性，协调人际关系，从而增强企业的凝聚力和向心力。此外，企业的目标是靠人的行为实现的，而人的行为则是由积极性推进的。实现企业目标，要有人的积极性、人的士气。

（三）激励方式

有效的激励可以成为企业发展的动力保证，实现企业目标。从大的方面来看，激发、影响和改变一个人的行为通常有两种途径。

1. 外在激励

外在激励是根据个体需要、动机，提供能够满足个体需要的各种物质和

非物质因素，以调动其积极性。主要有晋升、福利、表扬、嘉奖、认可等。

2. 内在激励

内在激励是设法影响和改变个体行为的动机。主要有学习新知识新技能的责任感、光荣感、胜任感、成就感等。

外在激励虽然能显著提高效果，但不易持久，处理不好有时会降低员工的工作积极性。而内在激励过程需要较长时间，但一经激励，不仅可提高效果，且能持久。因此在实践中，两种激励方式应结合运用。

二、激励理论

（一）需要层次理论

马斯洛需要层次理论认为人的需要从低级到高级可以分为五个层次：生理需要、安全需要、归属和爱的需要、尊重需要和自我实现需要。前面已经阐述，此处不再赘述。

马斯洛从人的需要出发探索人的激励和研究人的行为。但是马斯洛的理论基础是存在主义的人本主义学说，即人的本质是超越社会历史的、抽象的"自然人"，由此得出的一些观点就难以适用于其他国家的情况。

（二）双因素理论

双因素理论又称"激励－保健理论"，是美国心理学家弗里德克·赫兹伯格在1959年提出的。这种理论认为引起人们工作动机的因素主要有两个：一是保健因素，二是激励因素。

保健因素是指除工作之外的影响员工的因素，包括公司政策、管理措施、人际关系、物质工作条件、工资、福利等。保健因素不能得到满足，容易使员工产生不满情绪、消极怠工，甚至引起罢工等对抗行为；但在保健因素得到一定程度改善以后，无论再如何进行改善和努力往往也很难使员工感到满意，也就难以激发员工的工作积极性，所以就保健因素来说："不满意"的对立面应该是"没有不满意"。它不能直接起到激励职工的作用，却有预防作用。

激励因素是指能让员工感到满意的因素，能带来积极态度和激励作用，能满足个人自我实现需要的因素，包括成就、赏识、挑战性的工作、增加的工作责任，以及成长和发展的机会。激励因素的改善而使员工感到满意，则能够极大地激发员工工作的热情，提高劳动生产效率。只有激励因素才能使人们有更好的工作成绩。

双因素激励理论促使企业管理人员注意工作内容方面因素的重要性，特别是它们同工作丰富化和工作满足的关系，因此是有积极意义的。

（三）期望理论

期望理论是由北美著名心理学家和行为科学家维克托·弗鲁姆于1964年在《工作与激励》中提出的，期望理论又称为"效价–手段–期望理论"。这个理论可以用公式表示为：激励力量＝期望值×效价。

在这个公式中，"激励力量"是指调动个人积极性，激发人的内部潜力的强度；"期望值"是人们根据个人的经验判断达到某种目标的可能性是大还是小，即能够达到目标的概率。"效价"是指达到目标对于满足个人需要的价值。同一个目标，由于个人所处的环境不同、需求不同，其需要的目标价值也就不同。这个理论公式说明，人的积极性被调动的大小取决于期望值与效价的乘积。也就是说，一个人对目标的把握越大，估计达到目标的概率越高，激发起的动力就越强烈，积极性也就越大，在铁路运输企业的领导与管理工作中，运用期望理论对于调动下属的积极性是有一定意义的。

期望理论是以3个因素反映需要与目标之间的关系的，要激励员工，就必须让员工明确：（1）工作能提供给他真正需要的东西；（2）他们欲求的东西是和绩效联系在一起的；（3）只要努力工作就能提高他们的绩效。

弗鲁姆的期望理论提出了目标设置与个人需求相统一的理论，因此，在分析激励员工的因素时，必须考察人们希望从组织中获得什么以及他们如何能够实现自己的愿望。期望理论也是激励理论中为数极少的量化分析理论。这一理论并不满足于对问题的定性说明，还非常重视定量分析。它通过对各种权变因素的分析，正确说明了人们在多种可能性中所做出的选择。但是期望理论在关注了人们行为的可能性和必要性对工作积极主动性的影响外，却忽视了人们的道德意识、责任意识、规则意识、义务意识、优越意识等意志过程对人们工作积极主动性激发的关键作用。此外，期望理论是在需要确定目标确定下的激励理论，因此在很多需求与目标难以确定的状况下难以进行运用，适用范围具有局限性。

(四)成就激励理论

成就激励理论由美国哈佛大学教授麦克利兰提出。他从 20 世纪 40 年代至 50 年代开始对人的需要和动机进行研究,并得出了一系列重要的研究结论。麦克利兰教授认为,人除了生存需要之外,还有三种重要的需要,即成就需要、权力需要和亲和需要,并提出了成就激励理论。

1. 成就需要:争取成功、希望做得最好的需求

麦克利兰认为,具有强烈的成就需要的人渴望将事情做得更完美,提高工作效率,获得更大的成功,他们追求的是在争取成功的过程中克服困难、解决难题、努力奋斗的乐趣,以及成功之后的个人成就感,他们并不看重成功所带来的物质奖励。个体的成就需要与他们所处的经济、文化、社会、政府的发展程度有关,社会风气也制约着人们的成就需要。

麦克利兰发现高成就需要的人往往具有三个主要特点。

(1)高成就需要者喜欢设立具有适度挑战性的目标,不喜欢凭运气获得的成功,不喜欢接受那些在他们看来特别容易或特别困难的工作任务。他们不满足于漫无目的地随波逐流和随遇而安,总是想有所作为。

(2)高成就需要者在选择目标时会回避过分的难度。他们喜欢中等难度的目标,既不是唾手可得没有一点成就感,也不是难得只能凭运气。他们会揣度可能办到的程度,然后选定一个难度力所能及的目标——也就是会选择能够取胜的、最艰巨的挑战。

(3)高成就需要者喜欢多少能立即给予反馈的任务。目标对于他们非常重要,所以他们希望得到有关工作绩效的及时明确的反馈信息,从而了解自己是否有所进步。这就是高成就需要者往往选择专业性职业,或从事销售,或者参与经营活动的原因之一。

2. 权力需要:影响或控制他人且不受他人控制的需要

权力需要是指影响和控制别人的一种愿望或驱动力。不同人对权力的渴望程度有所不同。权力需要高的人对影响和控制别人表现出很大的兴趣,喜欢对别人"发号施令",注重争取地位和影响力。

麦克利兰将组织中管理者的权力分为两种。一是个人权力。追求个人权力的人表现出来的特征是围绕个人需求行使权力,在工作中需要及时的反馈且倾向于自己亲自操作。二是职位性权力。职位性权力要求管理者与组织共

同发展，自觉接受约束，从体验行使权力的过程中得到一种满足。

3. 亲和需要：建立友好亲密的人际关系的需要

亲和需要就是寻找被他人喜爱和接纳的一种愿望。高亲和动机的人更倾向于与他人进行交往，这种交往会给他带来愉快。高亲和需要者渴望亲和，喜欢合作而不是竞争的工作环境，看重彼此之间的沟通与理解。亲和需要是保持社会交往和人际关系和谐的重要条件。

麦克利兰的成就激励理论在铁路运输企业管理中很有应用价值。首先，在人员选拔和安置上，通过测量和评价一个人的动机体系特征对于如何分派工作和安排职位有重要意义。其次，由于具有不同需要的人需要不同的激励方式，了解员工的需要与动机有利于合理建立激励机制。再次，麦克利兰认为动机是可以训练和激发的，因此可以训练和提高员工的成就动机，以提高生产效率。

麦克利兰的理论清楚地说明了高成就者希望从工作中得到什么类型的相关经验以及哪些因素会影响他们的需要。父母教育孩子的方式、文化背景、组织的习惯做法等环境因素也会影响人们成就动机的发展。

（五）公平理论

公平理论又称社会比较理论，是研究工资报酬分配的合理性、公平性对职工工作积极性影响的理论，由美国心理学家约翰·斯塔希·亚当斯于1967年提出。公平理论认为：人的工作积极性不仅与个人实际报酬多少有关，而且与人们对报酬的分配是否感到公平的关系更为密切。

亚当斯认为：职工的积极性取决于他所感受的分配上的公正程度（即公平感），而职工的公平感取决于一种社会比较或历史比较。所谓"社会比较"，是指职工对他所获得的报酬（包括物质上的金钱、福利和精神上的受重视程度、表彰奖励等）与自己工作的投入（包括自己受教育的程度，经验，用于工作的时间、精力和其他消耗等）的比值与他人的报酬和投入的比值进行比较。所谓"历史比较"是指职工对他所获得的报酬与自己工作投入的比值同自己在历史上某一时期内的这个比值进行比较。

每个人都会自觉或不自觉地进行这种社会比较，同时也会自觉或不自觉地进行历史比较。当职工对自己的报酬进行社会比较或历史比较的结果表明收支比率相等时，便会感到受到了公平待遇，因而心理平衡，心情舒畅，工作努力。如果认为收支比率不相等时，便会感到自己受到了不公平的待遇，产生怨恨情绪，影响工作积极性。当认为自己的收支比率过低时，会产生报酬不足的不公平感，比率差距越大，这种感觉越强烈。这时职工就会产生挫折感、义愤感、仇恨心理，甚至产生破坏心理。少数时候，也会因认为自己的收支比率过高，产生不安的感觉或感激心理。

当职工感到不公平时，他可能千方百计进行自我安慰，如通过自我解释，主观上造成一种公平的假象，以减少心理失衡或选择另一种比较基准进行比较，以便获得主观上的公平感；还可能采取行动，改变对方或自己的收支比率，如要求把别人的报酬降下来、增加别人的劳动投入或要求给自己增加报酬、减少劳动投入等；还可能采取发牢骚，讲怪话，消极怠工，制造矛盾或弃职他就等行为。

公平理论为组织管理者公平对待每一个职工提供了一种分析处理问题的方法，对于组织管理有较大的启示意义。

1. 管理者要引导职工形成正确的公平感

职工的社会比较或历史比较客观存在，并且这种比较往往是凭个人的主观感觉，因此，管理者要多作正确的引导，使职工形成正确的公平感。在人们的心理活动中，往往会产生过高估计自己的贡献和作用、压低他人的绩效和付出、总认为自己报酬偏低的不公平心理的现象。随着信息技术的发展，人们的社会交往越来越广，比较范围越来越大，以及收入差距增大的社会现实，都增加了职工产生不公平感的可能性。组织管理者要引导职工正确进行比较，多看他人的长处，认识自己的短处，客观公正地选择比较基准，多在自己所在的地区、行业内比较，尽可能看到自己报酬的发展和提高，避免因盲目攀比而造成不公平感。

2. 职工的公平感将影响整个组织的积极性

事实表明，职工的公平感不仅对职工个体行为有直接影响，而且还将通过个体行为影响整个组织的积极性。在组织管理中，管理者要着力营造一种公平的氛围，如正确引导职工言论，减少因不正常的舆论传播而产生的消极情绪；经常深入群众中，了解职工工作、生活中的实际困难，及时帮助解决；关心照顾弱势群体，必要时可根据实际情况，秘密地单独发奖或给予补助等。

3. 领导者的管理行为必须遵循公正原则

领导行为是否公正将直接影响职工对比较对象的正确选择，如领导处事不公，职工必将选择受领导"照顾者"作比较基准，以致增大比较结果的反差而产生不公平心理。因此，组织管理者要平等地对待每一位职工，公正地处理每一件事情，按章办事，避免因情感因素导致管理行为的不公正。同时，也应注意，公平是相对的，是相对于比较对象的一种平衡，而不是平均。在分配问题上，必须坚持"效率优先，兼顾公平"的原则，允许一部分人通过诚实劳动和合法经营先富起来，从而带动后富者不断改变现状，逐步实现共同富裕，否则就会产生"大锅饭"现象，使组织运行机制失去活力。

4. 报酬的分配要有利于建立科学的激励机制

对职工报酬的分配要体现"多劳多得，质优多得，责重多得"的原则，坚持精神激励与物质激励相结合的办法。在物质报酬的分配上，应正确运用竞争机制的激励作用，通过合理拉开分配差距体现公平。在精神上，要采用关心、鼓励、表扬等方式，使职工体会自己受到了重视，品尝到成功的欣慰与自我实现的快乐，自觉地将个人目标与组织目标整合一致，形成无私奉献的职业责任感。

【小知识】

不公平的原因

公平理论提出的基本观点是客观存在的，但公平本身是一个相当复杂的问题，这主要有几个原因。

一、与个人的主观判断有关。无论是自己的或他人的投入和报偿都是个人感觉，而一般人总是对自己的投入估计过高，对别人的投入估计过低。

二、与个人所持的公平标准有关。公平标准是采取贡献率，也有采取需要率、平均率的。例如有人认为助学金应改为奖学金才合理，有人认为应平均分配才公平，也有人认为按经济困难程度分配才适当。

三、与绩效的评定有关。我们主张按绩效付报酬，并且各人之间应相对均衡。但如何评定绩效？是以工作成果的数量和质量，还是按工作中的努力程度和付出的劳动量？是按工作的复杂、困难程度，还是按工作能力、技能、资历和学历？不同的评定办法会得到不同的结果。最好是按工作成果的数量和质量，用明确、客观、易于核实的标准来度量，但这在实际工作中往往难以做到，有时不得不采用其他的方法。

四、与评定人有关。绩效由谁来评定，是领导者评定还是群众评定或自我评定，不同的评定人会得出不同的结果。由于同一组织内往往不是由同一个人评定，因此会出现松紧不一、回避矛盾、姑息迁就、抱有成见等现象。

然而，公平理论对我们有着重要的启示。首先，影响激励效果的不仅有报酬的绝对值，还有报酬相对值。其次，激励时应力求公平，使等式在客观上成立，尽管有主观判断的误差，也不致造成严重的不公平感。再次，在激励过程中应注意对被激励者公平心理的引导，使其树立正确的公平观，一是要认识到绝对的公平是不存在的，二是不要盲目攀比。

为了避免职工产生不公平的感觉，企业往往采取各种手段，在企业中造成一种公平合理的气氛，使职工产生一种主观上的公平感。如有的企业采用保密工资的办法，使职工相互不了解彼此的收支比率，以免职工互相比较而产生不公平感。

三、激励方法

激励是以人的需要为突破口的，它通过满足员工的需要来激发其工作的积极性，但是人的需要又是复杂多样的，这就决定了激励的方法也必须是多种多样的。铁路运输企业管理者必须根据不同的对象、灵活地采取不同的激励方法，把握不同的激励程度。激励的方法主要有以下几种。

1. 目标激励法

目标是组织对个体的一种心理引力。所谓"目标激励"就是确定适当的目标，诱发人的动机和行为，达到调动人的积极性的目的。将目标作为一种诱引，具有引发、导向和激励的作用。一个人只有不断激发对高目标的追求，才能激发其奋发向上的内在动力。

运用目标激励必须注意三点：一是目标设置必须符合激励对象的需要，即要把激励对象的工作成就同其正当的获得期望挂起钩来，使激励对象表现出积极的目的性行为；二是提出的目标一定要明确；三是设置的目标既要切实可行，又要具有挑战性。目标难度太大，让人可望不可即；目标过低，影响人们的期望值，难以催人奋进。

2. 物质激励法

物质激励就是从满足人的物质需要出发，对物质利益关系进行调节，从而激发人的向上动机并控制其行为的趋向。物质激励多以加薪、减薪、奖金、罚款等形式出现，在目前社会经济条件下，物质激励是不可或缺的重要激励手段，它对强化按劳取酬的分配原则和调动员工的劳动热情有很大的作用。

3. 荣誉激励法

从人的动机看，人人都有自我肯定、争取荣誉的需求。对于一些工作表现比较突出、具有代表性的先进人物，给予必要的精神奖励，都是很好的精神激励方法。对于企业的各类人才来说，不仅要有物质激励，而且还要有合理的精神激励，因为这可以体现人对精神上满足的需要，在荣誉激励中还要注重对集体的鼓励，以培养员工的集体荣誉感和团队精神。

4. 情感激励法

情感激励既不是以物质利益为诱导，也不是以精神激励为刺激，而是指领导者与被领导者之间以感情联系为手段的激励方式。每一个人都需要关怀与体贴，一句亲切的问候，一番安慰的话语，都可成为激励人们行为的动力。运用情感激励要注意情感的两重性：积极的情感可以增强人的活力，消极的情感可以削弱人的动力。情感激励主要是培养激励对象的积极情感，其方式很多，如沟通思想、排忧解难、慰问家访、交往娱乐、批评帮助等。

5. 信任激励法

信任激励就是领导者要充分相信下属，放手让其在职权范围内独立地处理问题，使其有职有权、能够创造性地做好工作。企业中人与人之间必须建立相互信任的关系，特别是领导对自己的员工要充分信任，信任是加速人自信力爆发的催化剂，自信比努力对于成才更为重要。信任激励是一种基本激励方式。领导之间、上下级之间、下属之间的相互理解和信任是一种强大的精神力量。它有助于企业人与人之间的和谐共振，有助于企业团队精神和凝聚力的形成。

6. 参与激励法

在管理过程中，让组织成员参与管理行为，能够增加他们对组织的关注，进而把组织目标变成个人追求、变成组织成员乐于接受的任务，个人在实现组织目标的过程中也可以获得成就感。因为人都是有一定的志向和抱负的，是愿意为自己所追求的事业进行努力的，并在这种过程中获得精神上的满足。参与激励就是建立在这种心理基础之上的。

【小知识】

自我激励

自我激励是个体通过对自己的主动了解和认识，应用科学的激励方法，实施激发和鼓励自己的活动。企业员工通过自我激励，可以主动把个人发展与企业发展结合起来，充分发挥主人翁精神，为企业创造更大价值和利益。

1. 正确认识自己，具备积极心态

自我认识是指自己对自己心理特点、生理特征、性格、品质等方面的了解，是人们对自我的确认。正确认识自我是自我激励的重要前提。

首先，可以通过与他人的比较或自我比较来认识自我。在与他人比较中，借鉴他人成功的经验和过程，找出自己的不足，以及自己需要发展的方向、实现的目标。通过自我比较找出自己哪一方面进步了，哪些方面还存在不足，哪些方面需要改进，哪些方面需要坚持；其次，要重视他人对自己的客观评价。要善于听取他人对自己的客观评价，要学会积极地去面对，这对自身的不断完善与发展有积极意义。通过他人评价和自我了解，综合分析研究，找出存在的问题，作为自我评价的参考。

2. 设计职业生涯规划，确立发展目标

职业生涯设计是个体对自己工作和职业发展的展望和设计。它犹如茫茫大海中的指南针，使员工具有奋斗的方向感和不竭的动力，成为企业员工自我激励的最大动力。为此，企业员工应根据工作岗位需求，确定职业发展阶段、阶段目标和总目标。每工作一段时间后，自我反思一下目标完成情况，积极进行调整。通过坚韧不拔的毅力和恒心去实现每一个目标。这样才能最大限度地发挥个人的潜能，提升个人价值。

3. 树立自信心，强化成功意识

自信心是因个体对自己能力、品格和力量等的肯定评价而产生的信任自己的感情。具有自信心是员工心理成熟的一种表现，自信是力量的源泉、成功的保障，它是一种优秀的心理品质和积极的人生态度。

在科学技术不断发展的今天，许多工作岗位的要求不断提高，新的困难和问题不断出现，这些都考验着人们的信心和勇气。为此，企业员工要不断丰富自己的岗位知识、提高岗位技能；要敢于直面困难、接受挑战和竞争，锻炼坚强的身心，以树立职业信心、强化成功意识。

4. 把握好情绪，做自己的主人

服务工作每天要接触大量的人和事，其复杂、多样、变化的特点很容易引起员工情绪的变化。因此，把握、控制好情绪是服务工作者保持积极状态的必备修养。

首先，在服务工作的客我交往中，与员工要学会尊重、懂文明讲礼貌、了解必要的风俗习惯；其次，培养自己幽默、开朗的性格和一定的自控力；再次，及时化解工作、生活中的负面情绪，避免带着情绪工作。

（王琴茹，王培俊. 服务心理学 [M]. 北京：高等教育出版社，2015.）

本章小结

1. "领导"是在一定条件下，指引和影响个人或组织，实现某种目标的行动过程。"领导者"是指在正式的社会组织中经合法途径任用而担任一定领导职务、履行特定领导职能、掌握一定权力、肩负某种领导责任的个人和集体。领导者是领导活动中的重要因素，是社会组织顺利展开运作的重要条件。首先，领导者是领导活动的主体，在领导活动中起主导作用、居中心地位；其次领导者在领导活动中起发动作用；再次，领导者在领导活动中起统帅作用。

2. 领导理论是研究领导有效性的理论，影响领导有效性的因素以及如何提高领导的有效性是领导理论研究的核心。自20世纪40年代以来，西方组织行为学家、心理学家从不同角度，对领导问题进行了大量研究，产生了领导特质理论、领导行为理论、领导权理论、领导风格理论等。

3. 领导者的心理素质直接关系到企业的兴衰或成败，铁路运输企业领导者应从品德、学识、能力、意志四个方面修炼心理素质。

4. "激励"是指持续激发人的动机的心理过程。激励的功能越来越受到企业的重视，它可以调动员工的积极性和创造性；可以提升员工的素质，有利于吸引人才；有利于增强企业凝聚力，实现企业目标。激励通常有外在激励和内在激励两种方式，外在激励主要有晋升、福利、表扬、嘉奖、认可等，内在激励主要有学习新知识新技能的责任感、光荣感、胜任感、成就感等。

5. 激励理论，即研究如何调动人的积极性的理论。早期的激励理论研究是对"需要"的研究，回答了以什么为基础、或根据什么才能激发调动起员工工作积极性的问题，包括马斯洛的需要层次理论、赫茨伯格的双因素理论、弗鲁姆的期望理论、麦克利兰的成就激励理论、亚当斯的公平理论等。

6. 激励是以人的需要为突破口，它通过满足员工的需要来激发其工作的积极性，但是人的需要又是复杂多样的，这就决定了激励的方法也必须是多种多样的。铁路运输企业管理者必须根据不同的对象，灵活地采取不同的激励方法，常见的激励的方法有目标激励法、物质激励法、荣誉激励法、情感激励法、信任激励法、参与激励法。

思考与练习

一、思考题

1. "领导"的含义和职能。
2. 简述各种领导理论的核心观点。
3. "激励"的含义和功能。
4. 简述有关激励理论的主要观点。
5. 简述常见的激励方法。

二、实践题

1. 试用不同的领导理论对你身边的某个领导进行分析，形成分析报告。
2. 假设你是班级辅导员，请为你所在的班级制订有效的激励措施。

三、案例分析

三个领导，三种风格

刚刚大学毕业的吴君通过学校推荐来到钢材集团总公司下属的第三分公

司，给张总经理当秘书。张总经理工作繁忙，因为公司的大小事情都必须要向他汇报、得到他的指示才能行事。尽管如此吴君还是感到工作还是比较轻松。因为任何事情她只要交给张总经理，再把张总经理的答复转给相关责任人就算完成任务了。可是好景不长，因为张总经理每日奔波劳碌，终于病倒了。

新上任的是王总经理。王总经理开始对吴君每日无论大小事宜都要请示提出了批评，让她慢慢学会分清轻重缓急，有些事情可以直接转交其他副总经理处理。这样，王总经理每日有了更多的时间去考虑公司的长远目标，确立组织发展方向，然后在高层领导者之间召开会议，进行研讨。自王总经理上任以来，公司出台了新的发展战略、市场定位及公司内部的规章制度。公司的业绩也在短期内有了很大的提高。同时，吴君也很忙碌，有时需要跑很多的部门去协调一件工作，与此同时她觉得学到了很多东西，也充实了不少。因为业绩突出，王总经理干了一年就被调到总公司去了。

之后又来了李总经理。相对于张总经理的事必躬亲以及王总经理的有张有弛，李总经理就要随意得多了。他到任以后，先是了解一下公司的总体情况，感到非常满意，就对下面的经理说："公司目前的运营一切顺利。我看大家都做得比较到位，总经理嘛，关键时刻把把关就可以了，不是很重要的事情你们就看着办吧。"这样一来，吴君享受到了自工作以来没有过的轻松，因为一周也没有几件事情要找总经理。

吴君现在有时间了，她对比、思考着三个领导，真是各有各的特点。

思考：

1. 你认为三个领导的风格有区别吗？请按照所学的情景领导模式进行归类。

2. 你认为哪个领导的管理风格更可取？

第五篇

高铁服务人员心理健康

高堆朝委人民小野崂東

第十一章
高铁服务人员心理健康

引言

健康是指一个人在身体、精神和社会行为等方面的良好状态。铁路运输企业员工由于工作性质、社会文化观念的影响以及自身因素等,往往会产生一定的心理压力、心理挫折、职业倦怠。重视铁路运输企业员工的心理工作,维护和提高员工的心理健康水平,预防和控制各种问题行为的发生,不仅对员工自身健康发展,而且对企业的健康、可持续发展都有非常重要的意义。本章主要介绍了员工心理健康的标准,员工心理健康的调节,以及挫折心理和职业倦怠问题的预防与控制。

学习目标

1. 知识目标

了解"心理健康"的含义、心理健康的标准;掌握员工心理保健方法;了解"心理挫折"和"职业倦怠"的含义、成因及表现;掌握心理挫折和职业倦怠的预防措施与应对策略。

2. 技能目标

学会心理保健,维持心理健康,为旅客提供优质服务。

第一节 高铁服务人员心理健康及保健

一、"心理健康"的含义

"心理健康",是指一个人在适应社会生活等方面所表现出来的正常的、和谐的精神状态。1989年世界卫生组织提出,一个健康的人要达到生理健康、心理健康、社会适应健康和道德健康四个方面的健康,并且心理健康在人的整个健康体系中占据核心地位。

心理健康是现代人健康不可分割的重要方面,健康的心理能使人正确地认识自我,自觉地控制自己,正确对待外界影响,从而保持心理平衡。然而在现代快节奏的社会工作和生活过程中,人们往往陷入各种角色困境,加上社会转型与时代变革等因素的影响,相当多的人出现明显的心理障碍甚至心理疾病,如情绪情感问题、人际关系问题、焦虑问题、职业心理问题等,都已经成为当今世界人们普遍存在的心理健康问题。因此,保持心理健康对指导人们的学习、工作和生活具有极为重要的意义。

高铁服务人员平时工作强度大、时间长,经常会碰到各种各样的旅客,受到各种委屈等,如果不能很好地疏导,很容易产生多种心理问题,因此铁路运输企业应该对高铁服务人员的心理健康尤为重视。

> ●**拓展知识**
>
> **身心健康的10个标志**
>
> 1. 有充沛的精力,能从容不迫地担负起日常繁重的工作。
> 2. 处事乐观、态度积极,勇于承担责任,不挑剔要做的工作。
> 3. 善于休息,睡眠良好。
> 4. 身体应变能力强,能适应外界环境的变化。

5. 能抵抗一般性的感冒和传染病。
6. 体重适当，身体匀称，站立时头、肩、臂位置协调。
7. 眼睛明亮、反应敏捷、眼睑不发炎。
8. 牙齿清洁、无龋齿、不疼痛、颜色正常。
9. 头发有光泽、无头屑。
10. 肌肉丰满，皮肤富有弹性。

二、心理健康的标准

心理健康是人类的基本需求之一，也是每一个人都渴望的，特别是高铁服务人员，其身心健康状况直接影响铁路运输服务的质量和企业的声誉。因此，保证高铁服务人员的身心健康、激发其工作热情、提高工作效率，对实现铁路运输企业的均衡协调、可持续发展具有重要意义。

判断高铁服务人员是否心理健康，要依托一定的心理健康标准，这个标准一般是从个体适应环境的角度提出的，主要包括自我意识水平、情绪调控能力、挫折耐受能力、社会交往能力、环境适应能力等。具体有以下几点。

1. 智力正常

"智力"是指在不同种类的活动中表现出来的共同能力，它是有效地掌握知识、技能并顺利地完成活动所必需的重要心理条件。智力正常的人在工作、学习、生活中保持好奇心、求知欲，能发挥良好的智慧和能力。

统计结果表明，人的智力水平呈正态分布，即处于中间水平的占多数，处于两端水平的占少数，人的智力水平通常用智商（IQ）来表示。IQ超过130为智力超常，在90—110之间为智力正常，小于70为智力落后。智力不正常的人心理不可能健康，但是IQ不能说明一个人的成就，IQ高也不能保证其心理健康。

2. 自我评价正确

心理健康的人能够对自己的性格、优缺点和能力等进行客观的评价；能够接纳自我，喜欢自己，有适度的自尊心；能够努力发展自身潜力。自卑、自大等都是心理不健康的表现。

3. 情绪健康

"情绪"是指人对客观事物是否符合需要所产生的一种主观体验。情绪健康的标志是情绪稳定和心情愉快。包括：愉快情绪多于负性情绪，乐观开朗，富有朝气，对生活充满希望；情绪较稳定，善于控制与调节自己的情绪，既能克制又能合理宣泄；情绪反应与环境相适应等。

4. 意志健全

"意志"是人在完成一种有目的的活动时，所进行的选择、决定与执行的心理过程。意志健全者在行动的自觉性、果断性、顽强性和自制力等方面都表现出较高的水平。意志健全的人在各种活动中都有自觉的目的性，能适时地决定并运用切实有准备的方式解决所遇到的问题，在困难和挫折面前，能采取合理的反应方式，能在行动中控制情绪和言行，而不是盲目行动、畏惧困难，顽固执拗。

5. 人格完整

"人格"指个体比较稳定的心理特征的总和，包括气质、性格、能力、兴趣、动机、理想、信念、人生观等。

人格完整是心理健康的重要体现。一个人能否健康、幸福地生活越来越取决于其人格的健康状况，而一个民族、一个国家的群体性人格的健康发展将成为一个社会健康与和谐发展的强大动力。该标准要求人们思路开阔、积极开放，主动接受新思想、新事物并勇于探索；自尊并尊重他人，独立，信任他人。

6. 社会适应良好

衡量心理健康的一个重要指标就是看一个人能否很好地适应环境、适应社会。心理健康的人能正视现实、接受现实；能主动去适应现实环境，与之建立良好的接触，形成协调的关系；既有高于现实的理想，又不会沉湎于不切实际的幻想之中。

7. 人际关系和谐

一个人的人际关系状况最能体现其心理健康水平。心理健康的人不仅能悦纳自己，也能愉快地与他人相处，能和大多数人建立良好的人际关系；在交往中能保持独立而完整的人格，有自知之明、不卑不亢；善于取人之长补己之短，能关心帮助别人，也不拒绝别人的关心和帮助。

8. 心理行为符合年龄特征

个体在不同的年龄段会有不同的心理反应和行为模式。心理健康的人具有与年龄阶段相符的心理特征。

三、员工的心理保健

（一）员工心理健康的自我调节

俗话说："解铃还须系铃人"，解决高铁服务人员的心理问题，关键还是要从自我调节开始，员工是维护自我心理健康的关键和内因。

1. 了解并接纳自己

人类行为上的一大缺点是"知人容易知己难"，这是形成心理失常的主要原因之一。所谓"知己"，就是了解自己，了解自己的优缺点、能力和兴趣等。个人对自己的一切不但要了解，还要坦然地承认并欣然地接受；不要欺骗自己，更不要抗拒和憎恨自己。如果一个人不了解自己，看不到自己的优点，他就会产生自卑感，丧失信心，做事畏缩不前。相反，一个人过高地估计自己，他就会盲目自大，导致工作失误。因此实事求是地认识自己并接纳自己，是高铁服务人员心理健康自我调节的重要前提。

2. 建立和谐人际关系

建立良好的人际关系是维护高铁服务人员心理健康的好方法。在企业中，友好的上下级关系、融洽的同事关系可以创造和谐的人际关系氛围，使员工心情舒畅、精神焕发，让整个企业成为和睦的大家庭。反之，如果企业内部人际关系紧张，就会导致员工心理不适，产生心理问题。

3. 加强意志锻炼，积极克服困难

挫折是造成高铁服务人员心理问题的一大原因，高铁服务人员只有正确看待挫折，认识到挫折是普遍存在的，是人们生活的组成部分，才能做好面对挫折的心理准备。同时还要积极投身实践，不断磨炼自己的意志力并积累宝贵的经验，这样在遇到挫折后才不会惊慌失措、痛苦绝望，才能积极面对困难，尽快走出。

4. 重视情绪管理，学会合理宣泄

情绪是个体对外界刺激的主观体验和感受。压抑情绪对高铁服务人员的健康会有很大的影响，而且容易产生心理问题。情绪管理就是用对的方法、

正确的方式，探索自己的情绪，然后调整自己的情绪，理解自己的情绪，放松自己的情绪。合理宣泄就是利用或创造某种条件，以合理的方式把压抑的情绪表达出来，以减轻或消除心理压力，稳定思想情绪。

【小知识】

不良情绪宣泄方式

每个人都渴望事事顺心，但事实上"生活有苦也有甜"。当面对人生固有的烦恼和时代变革带来的种种困惑，面对疾病的纠缠、追求的失落、奋斗的挫折、情感的伤害、学习的压力等困扰时，不良的情绪体验油然而生。如果不能正确对待不良情绪，不加以及时调节疏导与释放，就会影响人的工作、学习和生活，继而导致身心疾病，危及人的健康。那么，怎样来排解生活中的不良情绪呢？

1. 放声痛哭

哭是人类的一种本能，是人的不愉快情绪的直接外在流露。从医学角度讲，短时间内的痛哭是释放不良情绪的最好方法，是心理保健的有效措施。因为人在情感激动时流出的泪会产生高浓度的蛋白质，它可以减轻乃至消除人的压抑情绪。有关专家对此进行研究，其结果表明健康男女要比有病者哭得多。

2. 学会倾诉

当遇到不愉快的事时，不要自己生闷气，应当学会倾诉。每个人的周围总会有几个知心朋友，当产生不良情绪时，朋友们聚一聚，把自己积郁的消极情绪倾诉出来，以便得到别人的开导和安慰。美国有关专家研究认为："一个人如果有朋友圈子，就能长寿20年"，可见，朋友对一个人生活的重要性。

3. 高歌释放

音乐对治疗心理疾病具有特殊的作用，而音乐疗法主要是通过听不同的乐曲把人们从不同的病理情绪中解脱出来。除了听以外，自己唱也能起到同样的作用。尤其高声歌唱，是排除紧张、激动情绪的有效手段。当有不满情绪时，不妨自己唱唱歌——唱歌时有节律的呼吸与运动，都可以缓解紧张情绪。

4. 适当运动

适当的体育运动也会有效缓解紧张不安的情绪，是情绪发泄的良好手段。有了不良情绪，闷在屋里可能"剪不断、理还乱"，到室外去跑步、打球、游泳、爬山等，呼吸一下新鲜空气，烦恼、失落、痛苦会消散许多，心情自然也会舒畅起来。

现实生活中宣泄的方法很多，人与人因个体差异和所处环境、条件各异，采用宣泄的方式也不同，从小小的一声叹气，到大声痛哭、疾呼、怒吼以及打球、散步、聊天等，都可以起到宣泄作用。

（二）企业对员工心理的积极干预

员工的心理保健既需要员工自身的积极努力和自我调节，也需要企业的积极干预和支持帮助。因此，为了帮助员工有效调节心理健康，企业应做好以下几方面的工作。

1. 转变观念，高度重视员工心理健康教育

转变观念是企业应对员工心理问题的第一关。企业管理者要转变"员工心理健康状况是个人事情"的观念，要从企业发展的高度对待和重视员工心理健康教育。要深刻认识到，员工个人的心理健康不仅直接影响其服务工作质量，而且会影响企业的形象和信誉，进而制约企业的社会效益和经济效益。因此，要把员工的心理和个人问题当成是企业的自身问题，看成是企业管理的必要组成部分，做好员工的心理健康保健工作。

2. 加强宣传，认真做好员工心理健康评估

加强宣传，把心理健康教育融入企业文化，开展丰富多样、生动活泼的心理健康教育宣传工作，如标语、海报、橱窗、讲座、知识竞赛等。通过这些活动向员工普及心理健康常识、介绍心理保健方法。同时企业要通过问卷、访谈、座谈会等方式，进行职业心理健康状况调查，了解企业员工的压力、人际关系、工作满意度等，并聘请心理专家对员工的心理健康状况进行评估，分析导致心理问题产生的原因。

3. 重视沟通，努力做好员工心理疏导工作

有效的人际沟通是缓解压力、增强信心、提高团队凝聚力的重要途径。企业应加强内部的有效沟通，为员工创造轻松舒适的工作环境，同时在企业

内部成立相关心理咨询与辅导机构，为员工提供舒缓压力、发泄不满的场所，在员工出现心理问题时能够科学及时地进行疏导。

4. 改进作风，真正实现以人为本管理模式

以人为本管理的核心是，在尊重员工的基础上激发他们工作的积极性。因此，企业要树立以人为本的观念，转变管理方式；对员工宽容大度、一视同仁；善于沟通和倾听，及时为员工排忧解难，尽量满足员工的合理需求。此外，要积极改善工作条件，努力给员工创造一个健康、舒适、团结、向上的工作环境。

第二节 高铁服务人员心理挫折的防御与调节

一、"心理挫折"的含义

"心理挫折"是指人遇到无法克服的障碍或者干扰，不能实现其心理需求的目标时而产生紧张、焦虑、不安等的情绪状态。

这是一种较为普遍的社会心理现象。如果没有及时正确的应对，会给个人造成巨大的心理痛苦，不仅会影响个人的工作和生活，还可能对他人造成伤害、给企业带来损失。

二、心理挫折的成因

造成心理挫折的原因很多，有客观的环境因素，但最主要的原因还是在于主观上的心理冲突。

（一）客观因素

1. 自然环境

当个人能力无法克服自然环境因素的限制时，就会产生心理挫折。如空间狭小、噪声大、照明差、工作单调乏味、超时工作等，都影响着人们的身心健康。此外，地震、海啸等自然灾害常致使人们无法实现日常生活的需要

甚至危及生命安全，也容易引起心理挫折。

2. 社会环境

个体在社会生活中遭受的政治、经济、法律、道德、宗教、习俗等因素的限制，以及人际关系紧张、经营失败、企业亏损等状况，均易导致其无法实现目标，从而形成心理挫折。

（二）主观因素

1. 个人生理条件

个人所具有的智力、能力、容貌、身材、生理缺陷、疾病等所带来的限制，如身体状况欠佳、专业知识匮乏、无法胜任工作等，从而产生心理挫折。

2. 心理动机冲突

在工作和生活中，人们同时产生两个和两个以上的动机，其中一种动机得到满足，其他的动机受到阻碍和排斥，产生难以选择的心理状态，称为"心理动机冲突"。这是产生心理挫折的主要原因，常见的冲突如下。

（1）竞争与合作的冲突

人们之间存在一定程度的、有时候甚至是激烈的竞争，一方面要取得工作成绩，另一方面又要求大家通力合作、互相谦让，甚至牺牲部分个人利益。因此内在的心理冲突不可避免。

（2）欲望激发与抑制欲望的冲突

一方面，现代社会提倡消费，各种诱因很多，欲望不断增长；另一方面，员工的收入和欲望之间总是存在距离，传统道德也要求人们抑制欲望，这样的冲突在各行各业普遍存在。

（3）自由与现实的冲突

自由是现代社会的主流理念，但是社会现实对人的自由选择有巨大的限制作用。在服务行业这种制约集中体现为员工的尊重需要与服务工作性质的冲突。

三、挫折后的行为表现

个体在遭受心理挫折后必然会引起思想、行为上的消极反应，主要表现在以下几个方面：

1. 攻击

面对挫折时所采取的一种常见的公开对抗行为。个体在遭受心理挫折后，会引起愤怒情绪，从而产生攻击行为。攻击行为可以分为直接攻击和转向攻击两种。直接攻击是把攻击行为直接指向阻碍达到目标的人或物；转向攻击是指当不能直接攻击阻碍自己达到目标的人或物时，就将攻击行为施加在其他人或物上，即寻找"替罪羊"实施攻击行为。转向攻击有迁怒、无名火（烦恼）和自我责备三种。

2. 退化

指个体遭受挫折后表现出来的与自身年龄、角色不符的行为。人们随着年龄的增长和阅历的增加，逐步学会应付世事和学会控制。但有的人在遭遇挫折后失去控制力，或者像小孩一样号啕大哭，或者暴跳如雷、无理取闹，抑或大睡、装病等。

3. 冷漠

指个体受挫后无法攻击或攻击无效时，以沉默、冷淡、无动于衷、失去喜怒哀乐的冷漠态度表现出来的一种行为。表面上看，似乎对挫折感到无所谓，实际上内心非常痛苦，状态严重的可导致忧郁型精神病。

4. 幻想

指个体受挫后，把自己置于一种脱离现实的想象世界中、企图以非现实的虚构方式来应付挫折或取得满足的行为。比如，一位瘦小体弱的人受到一位身强力壮者欺负后，可能便会幻想在某时某地将这个身强力壮者教训了一顿，从而得到心理上的满足。

5. 固执

指个体受挫后，即使情况有所改变，却仍然采取一成不变的、刻板的反应方式。这种人往往缺乏机敏的品质与随机应变的能力。

6. 逃避

指个体受挫后，不敢面对现实，放弃原来所追求的目标，撤退到比较安全的地方去的行为。如有的人生活中碰钉子，或者所追求的目标、理想一时不能实现时，便心灰意冷。

7. 焦虑不安和自卑

个体遭受挫折后，自信心受到打击，开始怀疑自己的能力和当初的选择。

四、面对挫折的心理防御机制

个体处在挫折与冲突的情境中时,经常会自觉不自觉地运用一些方法来减轻内心的不安,以恢复情绪的平衡与稳定,这些方法统称为心理防御机制。常见的防御机制主要有以下几种。

1. 否认机制

否认是指对某种痛苦的现实无意识地加以否定。不承认似乎就不会痛苦,这一过程可使一个人逐渐地接受现实而不致一下子承受不了坏消息或痛苦,属于保护性质的、正常的防御。

2. 压抑机制

指把不愉快的经历和体验压抑到无意识中,不去回忆,主动遗忘的行为。如对痛苦体验或创伤性事件的选择性遗忘就是压抑的表现。

3. 合理化机制

指采用合理的理由来解释所遭受的挫折,以减轻痛苦的行为。合理化有两种表现:一是酸葡萄心理,即把得不到的东西说成是不好的;二是甜柠檬心理,即当得不到葡萄而只有柠檬时,就说柠檬是甜的。两者均是掩盖其错误或失败,以保持内心的安宁。

4. 移置机制

指无意识地将指向某一对象的情绪、意图或幻想转移到另一个对象或替代的象征物上,以减轻精神负担而获得心灵安宁的行为。其实虽然客体变了,但其冲动的性质及其目的仍然未改变。

5. 升华机制

指把不易直接表现出来的行为或欲望转化为建设性的活动,将低层次的需要和行为上升为高层次的需要和行动的行为。这是一种最积极的、富有建设性的防御机制。

6. 补偿机制

指通过新的满足来弥补原有欲望达不到的痛苦的行为。如学习成绩平平,但体育成绩突出,或因有其他特长,而使自己能够得到满足。

7. 认同机制

指无意识中取他人(一般是自己敬爱和尊崇的人)之长归为己有,作为自己行为的一部分去表达，借以排解焦虑与适应的一种防御手段。如人们在遇到某些困难时常说"我要向某某学习"，使自己有力量和信心把事情坚持下去。

8. 反向机制

指为防止某些自认为不好的动机表现出来，而采取与动机相反方向的行动，即外在行为与内在动机不一致。如明明内心喜欢在行为上却极力排斥；过分炫耀自己的优点恰恰是自己内心有严重的自卑感；过分地逢迎献媚，可能内心有不可告人的敌意和企图等。

五、应对心理挫折的策略

1. 正确认识挫折

人在遭遇挫折后，心理处于紧张状态，往往会产生两种不同的态度倾向：一是消极的，把挫折的责任完全归结为客观因素，表现出愤怒、憎恨、痛苦、急躁等情绪；二是积极的，冷静地控制由挫折导致的紧张情绪，客观地分析导致挫折的原因，在挫折中吸取教训，并努力探索消除挫折的正确途径。面对挫折要积极地调整自己，在心理上保持平衡，以积极的人生态度投入新的工作和生活中。

2. 采取宽容态度

每个人应有严于律己、宽以待人的胸怀，不要计较别人的攻击行为，即使出现攻击行为时，也应保持和蔼态度。如果他人正在遭受挫折折磨，人们需要给予关心和照顾。冷淡歧视或以行政手段施加压力，还有可能激化矛盾，导致挫折再次出现。

3. 改变挫折环境

改变引起挫折的环境是相当有效的方法，其主要方式有两种：一是采取调动工作的办法，把受挫折的人调到一个新的环境中去工作；二是改善原有环境的气氛，努力创设一个良好、和谐、友爱的环境，给受挫者以同情和温暖。

4. 掌握心理调节方法

人在遭遇挫折后需要采取积极的方法进行自我调节。

（1）亡羊补牢。工作上出现失误、疏漏，要及时分析原因，采取妥善办法予以弥补，努力减轻不利影响或损失。这样容易获得他人的谅解，从而减轻由挫折导致的心理压力。

（2）积极转移。在一项工作上出现了失误，如果无法弥补，就全身心投入并出色地完成另一项工作，从而尽快从前面工作失误带来的挫折感中解脱。

（3）精神宣泄。这是一种心理治疗方法，通过创造一种环境或采取某种方式，使受挫折者自由表达其受压抑的情感，使其紧张和愤怒的情绪得以宣泄。

5. 进行心理治疗

"心理治疗"是指应用心理学的理论与方法治疗人心理疾病的过程。人遭受挫折后，可以通过心理咨询放松紧张情绪、摆脱心理压力，并从理智上使受挫者端正态度；同时也可以通过某些仪器和一定的训练，改善病人的心理条件，增强抗病能力，从而消除身心症状，达到治疗的目的。

现实与理想总会存在着一些差距，挫折感随时都有可能到来。适度的挫折感能够磨砺自我，挖掘潜能，增长才干；超负荷的挫折感则需要人们勇敢地面对，积极地应对，通过合理的调适，达到消除压力、平衡内心的目的。

第三节 高铁服务人员职业倦怠的预防与调节

一、"职业倦怠"的含义

"职业倦怠"是指个体在工作重压下产生的身心疲劳与耗竭的状态。一般认为，职业倦怠是个体不能顺利应对工作压力时的一种极端反应，是个体伴随于长期压力体验下而产生的情感、态度和行为的衰竭状态。

一个人长期从事某种职业，在日复一日重复机械的作业中，渐渐会产生一种疲惫、困乏，甚至厌倦的心理，在工作中难以提起兴致，打不起精神，只是依仗着一种惯性来工作。因此加拿大著名心理大师克里斯汀·马斯勒将职业倦怠患者称为"企业睡人"。据调查，人们产生职业倦怠的时间越来越短,有的人甚至工作半年到 8 个月就开始厌倦工作。

二、职业倦怠的原因

职业倦怠的感觉从哪里来呢？实际上这是有迹可循的,主要有以下几点。

1. 与职业有关

据专家表示,教师、医护工作者等相关从业人员是职业倦怠的高发群体,这类助人的职业,当助人者将个体的内部资源耗尽而无补充时,就会引发倦怠。此外,压力过低、缺乏挑战性的工作,由于个人能力得不到发挥,无法获取成就感,也容易产生职业倦怠。

2. 与职业错位有关

在找工作的过程中,有的人为了赶紧找一份工作而漫无目的地四处撒网,最后稀里糊涂进入职场工作,根本没思考自己究竟喜欢什么样的工作,往往等工作一段时间后才发现好像入错了行,这种严重的职业错位情况,长期延续必然会导致职业倦怠。

3. 与性格有关

自我评价低、凡事追求完美主义、A 型性格、外控性格等都容易受到职业倦怠的折磨。例如 A 型性格是一种"工作狂"的性格特点,容易紧张、情绪急躁、进取心强,在外界看来好像冲劲十足,就像永不断电的长效电池,实际上身心状况长期处于超支状态,易导致身心的疲倦。

4. 与工作内容或职场环境有关

工作负担过重、缺乏工作自主、薪资待遇不合期望、职场人际关系疏离、强烈认为组织待遇不公或是与公司的理念不和,都会引起职业倦怠。

三、职业倦怠的表现

1. 情绪方面

持续的精神不振,对服务工作产生厌倦,情绪低落,爱猜疑及易怒,丧失对工作的信心及热情,认为自己的工作毫无意义及价值,对外界和未来过分担心忧虑,对前途悲观失望。

2. 身体方面

处于生理能力耗竭的状态,经常感觉疲乏,食欲不振,体重骤变,睡眠不规律，对疾病的抵抗力下降，内分泌紊乱，神经衰弱，机体处于亚健康状态。

3. 行为方面

厌倦服务工作，对旅客冷漠，逃避与同事交往或拒绝与他人合作，对工作环境及企业管理牢骚多，不能做感兴趣的事，也不愿在工作之外与朋友一起进行社会活动。

四、职业倦怠的预防与调节

（一）改进企业的管理，进行有效的组织变革，形成健康的组织功能

铁路运输企业应实行民主开放的管理模式，赋予员工更多的专业自主权和自由度；明确规定员工的岗位职责，防止角色冲突和角色模糊；企业还应优化人员配置，改善管理机制，减少各种可能增加工作负担的繁文缛节和工作程序。

（二）加强对员工物质和精神方面的支持

铁路运输企业应着力改善工作环境和工作条件，为员工提供高水平的资源和设施；对员工的劳动成果予以认可和积极评价，学会赏识员工、信任员工，创造条件让他们施展才能；企业要为员工提供更多专业发展机会，如进修、同事互助等，为员工在工作中遇到困难给予支持。

（三）提供专业心理咨询和治疗

建立员工心理状况定期检查和心理素质测查制度，让员工了解自己的心理健康情况，为调整自己的心态提供依据；开展员工心理健康教育讲座，让员工掌握一些心理学知识，使他们能有效地进行自我调整；设立员工心理咨询点，随时为员工提供心理咨询方面的服务。

（四）澄清压力事件，促进自我觉察

员工经常抱怨自己疲惫不堪、身心憔悴，却常常说不出压力因何所致。可制订一个压力事件表，帮助员工澄清压力的来源和过程，当员工意识到问题所在时，已经离解决问题不远了。

（五）以积极的态度对待工作，调整自己的工作期望值

面对挑剔的旅客，以及不断重复的工作，员工要学会用积极的眼光来看世界，多关注工作中的积极方面，有效降低自己的紧张情绪，拥有积极向上

的心态；同时员工要客观评价自己，正确定位，为自己设定目标要与个人的能力和精力相吻合。

（六）努力提高职业能力，提高管理时间的能力

员工要面临一系列的要求和挑战，就要与时俱进，不断吸收新知识新信息。终身教育、学习型社会是时代的要求和发展趋势；制订合理的工作计划，忙而不乱，紧张而有条理地完成工作安排，是对付压力和职业倦怠的关键。

（七）建设支持性的社会网络，主动寻求社会支持

向领导、同事、亲朋等寻求情绪性的社会支持，健康和谐的人际关系是个人抵抗职业倦怠的有效保障。

（八）确立领域间的良好界限，享受平衡生活

员工需要学会建立家庭和工作之间的良好界限，使两者互为增益。除了照顾工作和家庭，还要学会照顾自己，在工作和家庭生活之余，为自己留下独处和思考的空间，做些自己想做的事情。

本章小结

1．"心理健康"是指一个人在适应社会生活等方面所表现出来的正常的、和谐的精神状态。心理健康是人类的基本需求之一，判断一个人是否心理健康，要依托一定的心理健康标准，主要包括自我意识水平、情绪调控能力、挫折耐受能力、社会交往能力、环境适应能力等。员工一旦出现心理健康问题，企业应该积极干预，员工自身也要加强自我调节。

2．"心理挫折"是指人遇到无法克服的障碍或者干扰，不能实现其心理需求的目标时而产生紧张、焦虑、不安等的情绪状态。造成心理挫折的原因很多，有客观的环境因素，但最主要的原因还是在于主观上的心理冲突。个体在遭受心理挫折后必然会引起思想、行为上的消极反应，主要表现有攻击、退化、冷漠、幻想、固执、逃避、焦虑不安和自卑等。个体处在挫折与冲突的情境中时，经常会自觉不自觉地运用一些方法来减轻内心的不安，以恢复情绪的平衡与稳定，这些方法统称为"心理防御机制"。常见的防御机制包括否认机制、压抑机制、合理化机制、移置机制、升华机制、补偿机制、认同机制和反向机制。人在遭遇心理挫折后，可采取一下策略应对：首先是正确认识挫折；其次是采取宽容态度和改变挫折环境；最后还要掌握心理调节方法，积极进行心理治疗。

3. "职业倦怠"是指个体在工作重压下产生的身心疲劳与耗竭的状态。一般认为，职业倦怠是个体不能顺利应对工作压力时的一种极端反应，是个体伴随于长期压力体验下而产生的情感、态度和行为的衰竭状态。职业倦怠的产生通常与职业、职业错位、工作内容或职场环境以及个人性格有关。职业倦怠产生后会带来员工情绪、身体和行为上消极的表现，因此应采取相应措施进行预防和调节，具体措施有改进企业的管理，进行有效的组织变革，形成健康的组织功能；加强对员工物质和精神的支持；提供专业心理咨询和治疗；员工个人也要澄清压力事件，促进自我觉察；以积极的态度对待工作，调整自己的工作期望值；努力提高职业能力，提高管理时间的能力；建设支持性的社会网络，主动寻求社会支持；确立领域间的良好界限，享受平衡生活等。

思考与练习

一、思考题

1. "心理健康"的含义及标准。
2. 简述员工心理保健的方法。
3. "心理挫折"的含义。简述心理挫折的成因及挫折后的行为表现。
4. 简述员工面对挫折的常见心理防御机制及应对心理挫折的策略。
5. "职业倦怠"的含义、原因及表现。
6. 结合实际分析职业倦怠的预防和调节措施。

二、实践题

试用心理学知识对自身成长道路上的心理挫折现象进行分析和总结。

三、案例分析

他们为何产生职业倦怠？

小李，男，30岁，某大型国营电信企业客服中心班组长，从业5年。

3个月前,单位搞了一次中层干部选拔,本来大家一直公认要被提拔的他却"意外落选"。这让他心里极不平衡。自从那件事情出来后,他开始变得消极,单位里搞活动能推就推,真的推不了也就敷衍了事。最后心里觉得烦了,就干脆称病,自己先做了"逃兵"。时至今日,在原单位是去是留成了他很纠结的问题。

老马,男,38岁,某省级研究院的科室主任,从业12年。

老马人如其名,是单位里的负重老马,业务骨干。8年前,因为勤勉肯干,他从一个科员晋升为科室主任,但头发也白了一半。这些年来,为了工作他顾不上家里,为此妻子一直埋怨他对家人不管不顾,让他心里既愧疚又无奈。

前不久,单位里又要他赶一个课题,他明显感觉力不从心,他说自己胸口好像总是压着一块大石头,喉咙里堵着,心情越来越沉闷。前几天,单位里要做部门调整,有风声传出来要把他所在的这个部门和其他部门合并,这也意味着他这个主任可能要下了,他感觉到前所未有的危机和失落……

思考:两个案例中的主人公产生职业倦怠的原因是什么?结合实际谈谈这个案例给我们带来的启示。

参考文献

［1］汪红烨，王立新，杜红梅．旅游心理学［M］．上海：上海交通大学出版社，2011．

［2］张国宪．旅游心理学［M］．合肥：合肥工业大学出版社，2008．

［3］朱晓宁．旅客运输心理学［M］．北京：中国铁道出版社有限公司，2013．

［4］魏全斌．民航服务心理与实务［M］．北京：旅游教育出版社，2007．

［5］李一文．旅游心理学［M］．大连：大连理工大学出版社，2006．

［6］黄继元、李晴．旅游心理学［M］．重庆：重庆大学出版社，2003．

［7］杜志敏．心理素质与综合能力训练教程［M］．北京：化学工业出版社，2007．

［8］蒋正芳、马国庆、罗怡平．旅游心理学［M］．成都：电子科技大学出版社，2007．

［9］麻益军、卢爱英、金海峰．旅游心理原理与实务［M］．北京：旅游教育出版，2005．

［10］王生辉．消费者行为分析与实务［M］．北京：中国人民大学出版社，2006．

［11］菲利普·布洛克．西方企业的服务革命［M］．北京：旅游教育出版社，2008．

［12］王琴茹，王培俊．服务心理学［M］．北京：高等教育出版社，2015．